国家社科基金
GUOJIA SHEKE JIJIN HOUQI ZIZHU XIANGMU
后期资助项目

法律隐喻学

Legal Metaphorology

刘风景　著

中国人民大学出版社
·北京·

国家社科基金后期资助项目
出版说明

后期资助项目是国家社科基金项目主要类别之一，旨在鼓励广大人文社会科学工作者潜心治学，扎实研究，多出优秀成果，进一步发挥国家社科基金在繁荣发展哲学社会科学中的示范引导作用。后期资助项目主要资助已基本完成且尚未出版的人文社会科学基础研究的优秀学术成果，以资助学术专著为主，也资助少量学术价值较高的资料汇编和学术含量较高的工具书。为扩大后期资助项目的学术影响，促进成果转化，全国哲学社会科学规划办公室按照"统一设计、统一标识、统一版式、形成系列"的总体要求，组织出版国家社科基金后期资助项目成果。

全国哲学社会科学规划办公室
2014 年 7 月

目　录

第一编　总论

● 第 1 章　法律隐喻一般理论

本编的重心是对法律隐喻进行概念的界定。从法学方法的角度提出：法律隐喻学的一般理论需要探究法律隐喻的概念、功能以及工作机制等主要问题。在概念上，法律隐喻是法学家为了理解或解释某一法律问题（本体）而借用其他领域的概念（喻体），以实现从其他知识领域到法律领域的意义转换的思维活动，是法学中常用的定义方式和认知方法。法律隐喻以类比推理为基础，是人们认识和把握各种法律现象的有效方法，还有助于培育公众的尊法情怀，推进民主政治建设，彰显对人性的尊重。运用法律隐喻时，须认识事物本质，了解其工作机制。

第1章　法律隐喻一般理论

隐喻在英语中为"metaphor"，它源于希腊语"metapherein"，在希腊语中"meta"是"beyond"（超越、在……之上）的意思，"pherein"是"to bring"（带来、产生）的意思，两者的组合意指带到（字面的）后面。隐喻是与明喻相对而言的，在本体与喻体的关系上它比明喻更为紧切，是各种比喻中最典型的一种形式。隐喻原本是一种修辞方式，其中有关话题被一种用于非字面意义描述的语词或句子来指称。在典型的隐喻用法中，字面上似乎是不合逻辑和荒谬的，但人们的理解和交流并不因此而受阻。20世纪70年代以来，隐喻不再仅仅局限于语言学领域，已成为逻辑学、心理学、美学、词源学、语义学、语用学、符号学、解释学等多学科所共同关注的重要课题，它在自然科学、社会科学中的方法论地位越来越为人们所重视，理论界掀起了一股"隐喻热"。在法学领域，许多重要的法律现象也是通过隐喻来表征的。仅与法本身有关的隐喻就有许多，例如，母法与子法、大法与小法、新法与旧法、死法与活法、软法与硬法、上位法与下位法、高级法与低级法、法律诞生、法律成长、法律死亡、法律渊源、法律漏洞、法系（或法族）、法圈、法网、法律沉默、法律休眠、法规泛滥、法律爆炸、法律环境、法律结果、法律移植、法律继承，等等。不夸张地说，隐喻是所有法律之母。[①] 然而，如同空气阳光之于人一样，在法学中不可缺少的隐喻也常被忽视，需要法学家们做出深入而细致的研究。

一、法律隐喻的基本含义

从法学方法论的角度看，所谓法律隐喻，就是法学家为了理解或解

[①] 参见［德］伯恩哈德·格罗斯费尔德：《比较法学家与语言》，载［法］皮埃尔·勒格朗等主编：《比较法研究：传统与转型》，李晓辉译，146页，北京，北京大学出版社，2011。

释某一法律问题（本体）而借用其他领域的概念（喻体），以实现从其他知识领域到法律领域的意义转换的思维活动，是法学中常用的定义方式和认知方法。法律隐喻具有以下特点：首先，法律隐喻是一种法学方法。在法学上，许多法律概念以隐喻的方式存在着，就此而言，法律隐喻属于法学本体论的范畴；同时，法律隐喻也是法学家认识复杂的法律现象的一种理论工具，属于法学方法的范畴。本章主要是从法学方法论的角度来分析和研究法律隐喻的，在此意义上，法律隐喻是法学家为了认识、表征相关法律现象而运用的理论工具。其次，法律隐喻是由作为本体的法律现象与作为喻体的其他领域知识所构成的。"隐喻总是引导我们依据较熟悉的系统去看不那么熟悉的系统。"① 其中本体是需要认识和把握的法律现象，而喻体是来自其他领域的知识，属于人们熟悉的"身边事物"，是认识的工具。再次，法律隐喻是以类比推理为基础而构建的。法律隐喻的运用过程是，法学家基于某一法律现象与其他领域现象具有一定的相似性，从而将已掌握了的其他领域现象的相关知识，由此及彼地转换到法律领域，实现对某一复杂的法律现象的认知、表征和交流。

　　法律隐喻广泛分布在各法学领域之中，而且其存在方式也复杂多样。根据不同的标准，可对法律隐喻做出不同类型的划分。

　　第一，按照法律隐喻的新鲜度，可将法律隐喻分为"死喻"与"活喻"。通常像民法、刑法、诉讼法这类传统的学科或者领域，大部分法律隐喻因被长期而广泛地使用，往往不被看作隐喻，遂成为"死喻"；而在一些新的法学学科或者领域中，人们只得使用语言系统中已有的词语来隐喻新的内容，存在着大量生动而新鲜的法律隐喻，即"活喻"。例如，在证券法的公司收购领域，就高密度地存在着许多有趣的法律隐喻：夜半突袭、狗熊的拥抱、烟幕弹、表演制止者、白马王子、灰马王子、黑马王子、鲨鱼驱逐剂、伤亡名单、扫射、雇佣杀手、垃圾证券、杠杆式买进、一网打尽、囚徒困境、穿靴大汉防御、毒药丸、毒药抛出、绿色邮件、金色降落伞、锡色降落伞和焦土政策等。② 在计算机犯罪领域，也有许多隐喻式的法律概念：意大利香肠术（Salami Techniques）、活动天窗（Trapdoors）、废品利用（Scavenging）、特洛伊木马术（Trojan Horse）、逻

---

① ［荷］F. R. 安克施密特：《历史与转义：隐喻的兴衰》，韩震译，16 页，北京，文津出版社，2005。
② 参见［美］托马斯·李·哈森：《证券法》，张学安等译，510～511 页，北京，中国政法大学出版社，2003。

辑炸弹（Logic Bombs）、寄生术（Worms Similar Zapping）等。

　　第二，按照喻体的不同，可分为意识类的法律隐喻、行为类的法律隐喻、物品类的法律隐喻和状态类的法律隐喻。隐喻是一种语义的替代和转换，是从知识的一个领域转换到另一个领域的选择活动。其中，对象域（本体）是法学家意欲解释或解决的概念或问题，而来源域（喻体）则是法学家用来理解或解释对象而借自另一领域的概念。能否选择适当的喻体，是一个法律隐喻运用得是否成功、其阐释力强弱的关键。在法律隐喻中经常被用作喻体的现象有：人的意识、人的行为、常见物品和外界事物状态等。（1）意识类的法律隐喻。凯尔森认为，说法律是立法者的命令或意志就属于隐喻，即法律规则规定人的一定行为模式，就像一个人要另一个人以如此这般方式行为并以命令的形式表示这一意志的状态。① 而法律目的也一个隐喻。"法是一个抽象观念，包含一套规则、原则和概念。法具有目的的想法含有法的目的论观点，其背后存在着为一定目的服务的思想，但法本身并无思想。制订法律的人当然可能怀有他们希望法律达到的目的，而且有时这些目的体现得非常明显。当出现这种情况时，相对来说比较容易将立法者的目的转移到法本身，并可以假定法的目的（或政策）是为了达到这一或那一目的。"② 这类法律隐喻还有法律精神、法律思想、法律灵魂等。（2）行为类的法律隐喻。例如，"洗钱"，源于英语"money laundering"一词。在汉语中"洗"的主要含义是用水或汽油等去掉泥污。洗钱，是将非法所得的钱财（俗称"黑钱"）通过一定方式变为合法收入。毒品交易、贿赂、走私、逃税等都会产生"黑钱"，为掩饰、隐瞒其来源和性质，采取提供资金账户、资金转移、存入境外银行、复杂的金融交易等手段，将"黑钱""洗"得合法化，这一过程即为"洗钱"。基于洗钱的隐喻义，我国《反洗钱法》第 2 条规定，洗钱是指通过各种方式掩饰、隐瞒毒品犯罪、黑社会性质的组织犯罪、恐怖活动犯罪、走私犯罪、贪污贿赂犯罪、破坏金融管理秩序犯罪、金融诈骗犯罪等犯罪所得及其收益的来源和性质的洗钱活动。再如，公司法中的"揭开公司面纱"，还可称为"揭开公司的面罩"（lifting the corporation's mask）、"撩去公司面纱"（lifting the corporation's veil）

----

　　① 参见［奥］凯尔森：《法与国家的一般理论》，沈宗灵译，37 页，北京，中国大百科全书出版社，1996。
　　② ［英］P. S. 阿蒂亚：《法律与现代社会》，范悦等译，125～126 页，沈阳，辽宁教育出版社，1998。

或"刺破公司面纱"（piercing the corporation's veil）①，是指在具体法律关系中，基于特定事由，可以否认公司的独立人格，使股东在某些场合对公司债务承担无限责任的法律制度。这类法律隐喻还有美国代理法中的"狂欢"，婚姻法中的第三者插足，宪法上的"搭便车"等。（3）常见物品类的法律隐喻。例如，英国宪法中的内阁就是以"密室"为喻体的法律隐喻。② 内阁导源于 1660 年王权复兴后的枢密院。最受国王信任的枢密院成员单独成立一个委员会。在安妮女王时期，这种委员会成为政府的主要机关，而枢密院本身则名存实亡。内阁的名称可能是由于这种委员会在国王的私室开会引申而来的。在现代，内阁是一个由首相从下院多数党中挑选人员组成，并由首相领导的委员会，阁员大多由首相任命为某个主要政府部门的首脑。内阁事务具有高度的保密性，对内阁讨论的问题和做出的决定，阁员要严格保密。再如，美国宪法中的口袋否决权③，意指美国总统在国会休会 10 天前，接到国会送交其签署的立法议案时，若总统既决定否决该项议案，又不愿由此引起国会对总统否决的推翻，总统便既不签署该项议案，也不将该项议案否决后退回国会，而是有意搁置不签不退，使该项议案到期自行作废。再如，证据法中的"毒树之果"，是指在非法取证的情况下，尤其是由非法口供引出的"毒树之果"，即以非法取得的口供为线索而收集到的实物证据虚假性成分更大。一些严重违反程序的行为，如刑讯逼供、非法取证等，即使裁判结果是公正的，也损害了整个制度的公正，好像采食了"毒树之果"④。又如，法律漏洞也是一个法律隐喻。我们日常用语中把物品存在的透空部分称为洞或孔。餐具上常有透空的部分，如锅子、水瓢上的洞或孔等。这些洞或孔如是不该有的，便称为漏洞。人们将漏洞的概念借用到法律的讨论上来，用来指称法律体系上之违反计划的不圆满状态。⑤ 这类法律隐喻还有刑法中的保护伞、口袋罪；贸易壁垒、绿色壁垒、法律壁垒；知识产权陷阱、合同陷阱、诉讼陷阱等。（4）事物状态类的法律隐喻。

① 参见郭升选：《"公司人格否认"辨》，载《法律科学》，2000（3）。
② 参见［英］戴维·W·沃克：《牛津法律大辞典》，李双元等译，154 页，北京，法律出版社，2003。
③ 参见赵宝云：《西方五国宪法通论》，99 页，北京，中国人民公安大学出版社，1994。
④ 孙长永：《刑事庭审方式改革出现的问题评析》，载《政法论坛》，2002（3）。
⑤ 参见黄茂荣：《法学方法与现代民法》，292～293 页，北京，中国政法大学出版社，2001。

在此，"日落立法"（sunset law）① 即为适例。美国国会为加强立法控制，对行政机关的活动进行监督考核并实施定期评估。一旦发现行政机关并未按旨意行事并缺乏效率者，则该机关的政策制定权和执行权非经再授权即自动无效，濒临"日落"的境地。再如，环境法中的"长尾"问题，是指由于引起环境侵权责任的原因行为发生在保险期间，保险人应当承担赔偿责任，这就使得保险人在其后仍将面临难以预期的保险索赔。② 这类法律隐喻还有兜底条款、包裹立法、空框结构等。

另外，作为事物状态特殊形式的颜色，也常常被用作喻体。例如，"黑社会"是英语"under-world society"的译语，主要指具有一定政治、经济目的，秘密从事卖淫、贩毒、盗窃、抢劫等非法活动的社会集团。黑社会性质组织是指以暴力、威胁或者其他手段，有组织地进行犯罪活动，称霸一方，为非作恶，欺压、残害群众，严重破坏经济、社会生活秩序的反社会组织。以颜色为喻体的法律隐喻还有国际经济法中的灰色区域措施，绿色补贴，绿盒子政策；企业法中的红帽子企业；刑法中的红包（贿赂），黄色出版物；执行领域中的法律白条；清代民事法律中的红契和白契③；等等。

第三，根据各自所处地位和所起作用的不同，可将法律隐喻分为一般隐喻与核心隐喻。一般隐喻是用于表述普通的法律概念的隐喻；而核心隐喻则是用于阐释法的概念或者法的基本范畴的隐喻。一般而论，核心隐喻也称根隐喻（root metaphor），它在特定思想体系中居于中心位置，集中体现其独特的世界观，是一种全新的理解系统、理论框架、研究方法。④ 诚如科学哲学家库恩所言："模型的类型尽管从启发式的到本体论的多种多样，却都具有类似的功能。例如，它们供给研究团体以偏爱的或允许的类比和比喻，从而有助于决定什么能被接受为一个解释和一个谜题的解答；反过来，它们也有助于决定未解决谜题的清单并评估其中每个的重要性。"⑤ 当我们注意到赫拉克利特的"河流"，柏拉图的

①　参见罗传贤：《立法程序与技术》，313 页，台北，五南图书出版公司，1996。
②　参见张梓太、张乾红：《我国环境侵权责任保险制度之构建》，载《法学研究》，2006 (3)。
③　参见黄宗智：《清代的法律、社会与文化：民法的表达与实践》，40 页，上海，上海书店出版社，2001。
④　参见胡壮麟：《认知隐喻学》，108 页，北京，北京大学出版社，2004。
⑤　[美] 托马斯·库恩：《科学革命的结构》，金吾伦、胡新和译，165 页，北京，北京大学出版社，2003。

"洞穴"，维特根斯坦的"语言游戏"，赖尔的"机器中的幽灵"以及罗尔斯的"无知帷幕"，就不会否认这些思想家的理论体系都是以核心隐喻为基本范畴而构建起来的。同样，在法律概念体系中也存在着核心隐喻，中国古代思想家的规矩方圆，自然法学派的社会契约，柏拉图、黑格尔的法律（国家）有机体，庞德的社会工程，博登海默、苏永钦的建筑物，马克思主义法学的经济基础与上层建筑等。一个新的重大法律隐喻的发现和定型，就意味着新的法学思维模式的生成。苏力教授在分析近代西方社会契约论的形成时提到，在资本主义上升时期，契约活动大量增加，契约现象成为日常生活中一种最普遍、最基本的现象，它不仅成为构建新型社会关系和社会组织的一种可供借用的理论资源，而且使人们的思想发生了新的"格式化"①。借助交易契约，社会契约论改变了人们以往对国家的压制、暴力印象，突出了保障公民权利、协商对话的自由平等色彩。法学中的核心隐喻是法学世界观和法学方法论，决定着人们观察、研究世界的进路、方式。可以说，几乎每一个法学流派或者著名的法学家都有其独特的核心隐喻，一部法律思想史也是各种核心的法律隐喻兴衰更替的过程。

　　核心的法律隐喻也是形成法律概念体系的神经中枢。隐喻并不是本体与喻体之间一对一的对应关系，而是两个不同语义系统之间整体的对比、映射与转移。霍布斯曾以人为喻体，提出国家"要模仿有理性的'大自然'最精美的艺术品——'人'。因为号称'国民的整体'或'国家'（拉丁语为 civitas）的这个庞然大物'利维坦'是用艺术造成的，它只是一个'人造的人'；虽然它远比自然人身高力大，而是以保护自然人为其目的；在'利维坦'中，'主权'是使整体得到生命和活动的'人造的灵魂'；官员和其他司法、行政人员是人造的'关节'；用以紧密连接最高主权职位并推动每一关节和成员执行其任务的'赏'和'罚'是'神经'，这同自然人身上的情况一样；一切个别成员的'资产'和'财富'是'实力'；人民的安全是它的'事业'；向它提供必要知识的顾问们是它的'记忆'；'公平'和'法律'是人造的'理智'和'意志'；'和睦'是它的'健康'；'动乱'是它的'疾病'，而'内战'是它的'死亡'。最后，用来把这个政治团体的各部分最初建立、联合和组织起来的'公约'和'盟约'也就是上帝在创世时所宣布的'命令'，那命令

---

① 苏力：《从契约理论到社会契约理论》，载《中国社会科学》，1996（3）。

就是'我们要造人'"①。在这里，霍布斯以"利维坦"为核心隐喻，借用生物有机体的一套话语对国家的结构和活动进行重新描述，在该核心隐喻的周围形成一个新的概念体系。通常，以核心隐喻为中心，喻体的概念系统会整体移入本体之中，从而生成一个紧密联系着的隐喻群、隐喻链，即一套新的话语体系。例如，过去我们在理解法院性质和职能时，往往将其比作杀人工具的"刀把子"。如果从"刀把子"这个核心隐喻出发，即形成了一套完整的话语系统："武器""驯服工具""刀锋""锋芒""锐利""严厉打击""消灭""镇压""制裁""阶级斗争""敌人""人民民主专政""你死我活"等。在这一长串的词语链条中，则体现出关于司法、审判的较为清晰的整体意象。如果以手术刀为喻体重新理解"刀把子"，并以此为中心，将形成一套新的话语系统："医生""医院""疾病""病理""手术""治疗""康复""护理""药品""健康"等；在新的"刀把子"论之下，将有助于确立"人权保障""和谐共存""正当程序""专业司法""审判独立"等司法观念。②

二、法律隐喻的存立根据

(一) 唯理主义的"非理性"

法律隐喻的理论基础是类比推理。在法学中，"比喻说法往往来自类推（analogy）"③，质言之，"隐喻就是一种类比"④。具体而论，在法律隐喻与类比推理之间，前者是后者的具体形式，后者是前者的理论基础。当然，类比推理在法学上运用的范围很广泛，它不仅包括法律隐喻，还包括类推适用、法律拟制、法律寓言、法律格言等具体形式。类比推理是依照这样的方式进行的：A 事物具有属性 a、b、c、d，B 事物具有属性 a、b、c，A 事物与 B 事物之间就具有明显的类似性，所以，B 事物就具有属性 d。它是根据两个事物在一系列属性上是相同（或相似）的，而且已知其中的一个事物还具有其他特定属性，由此推出另一个事物也具有同样的其他属性的结论。作为类比推理具体形式的法律隐喻，也是照

---

① ［英］霍布斯：《利维坦》，黎思复、黎廷弼译，1～2 页，北京，商务印书馆，1985。

② 参见刘风景：《"刀把子"的隐喻学阐释——分析人民法院性质与功能的新进路》，载《清华法学》，2008（1）。

③ ［奥］凯尔森：《法与国家的一般理论》，沈宗灵译，37 页，北京，中国大百科全书出版社，1996。

④ ［美］理查德·A·波斯纳：《法理学问题》，苏力译，116 页，中国政法大学出版社，2002。

此方式进行的。例如，作为法律隐喻适例的法律移植，就意味着"一国借鉴、吸收外国法律，类似于医学上的器官移植"。一般而言，移植是指把苗床或秧田里的幼苗拔起或连土掘起移栽到别处；它还指将有机体的一部分组织或器官补在同一机体或另一机体的缺陷部分上。从植物学术语的角度看，移植意味着整株植物的异地栽培，因而有整体移入而非部分移入的意思。但是，从医学术语的角度看，器官的移植显然是指部分的移入而非整体的移入，而且器官移植还可使人想到人体的排他性等一系列复杂的生理活动过程，从而更能准确地反映法律移入后的复杂情况。[①] 由于以类比推理为根基的法律隐喻之中，理性表达和情绪性表达的区分并不明显[②]，经由它获得的结论具有或然性，可能是真而非必然真，所以遭到以唯理主义为理论基础的概念法学的否定和拒斥。概念法学认为，法律概念构成一个完整的体系，通过法律概念的逻辑推导，由高位阶的抽象概念即演绎出低位阶的具体概念，法律隐喻是理性的对立物，它在法学研究领域中不占重要位置。唯理主义认为，人能够"几何学地"、"清晰而明确地"、数学般地认识各种现象；只有单义的、明确的概念，不承认类推概念、意义概念、功能性概念、次序概念、类型概念。[③]特别是，数学真理由一个独一无二的推理模式所建立，这个模式由假设到结论，是通过一连串环环相扣的逻辑推理完成的，而每一个步骤都是机械的、必然的展开过程。但是，"全然严谨或形式化的数学其实只是一个神话。在现实生活中，数学是一种社会交流的形式，而'证明'则是糅合了正式和非正式、精确运算和不经意的评论、具说服力的论说和诉诸想象及直觉的一个复合体"[④]。即使在崇尚精确、追求高度形式化的科学领域，隐喻作为一种"超逻辑形式"的科学凝聚，同样也是不可或缺的。科学在其最核心处也需要文学等的人文主义，牛顿就同时使用逻辑和比喻，达尔文也兼用事实和故事。科学是文艺的，在其日常操作中经常使用比喻和故事。"以理性的名义缩窄我们论证的立足点，此一现代主义的计划，就是非理性。现在，承认比喻和故事也在人类理性能力中扮

① 参见王晨光：《不同国家法律间的相互借鉴与吸收》，载《中国法学》，1992（4）。

② 参见［美］理查德·A·波斯纳：《法理学问题》，苏力译，582页，北京，中国政法大学出版社，2002。

③ 参见［德］亚图·考夫曼：《类推与"事物本质"》，吴从周译，51页，台北，学林文化事业有限公司，1999。

④ ［美］麦克洛斯基等：《社会科学的措辞》，许宝强等编译，76页，北京，生活·读书·新知三联书店，2000。

演一定角色，不是说要变得较非理性。相反，要的是更多的理性思考。因为有更多说服认真的人的东西要我们小心审视。现代主义对部分的理性能力很严格，但对其他部分就表现得极不理智。现代主义的专家不能和他们的对手讲理，在大多数的问题上，他们只能大声喧吵和冷嘲热讽。经过现代主义，现在对所有的论据说理，我们都要表现得更严格更合理。"① 马克思更适切地指出，人不仅通过思维，也以全部感觉在对象世界中肯定自己。"科学只有从感性意识和感性需要这两种形式的感性出发，因而，科学只有从自然界出发，才是现实的科学。"② 可以断言，完全排斥感性的所谓科学，无法在言者与听者之间形成有效的沟通和交流，只是一种"非科学"。

（二）感性是法律的内在因素

随着唯理主义根基的松动，概念法学在法学领域也受到质疑，类比推理打破了三段论推理在法学界的一统天下，不断拓展自己的作用空间。在立法领域，"通常可以选择，或者以概念性的方式，质言之，借助尽可能清楚地描绘其轮廓的，不可或缺并且终局确定的要素来支撑意想的案件事实，或者以类型描述的方式，易言之，接着提出一些例示的特征或事例来描绘案件事实"③。毋庸置疑，概念与类型都是法律的构成要素，如果法律仅以抽象概念来设定权利义务，难免词不达意、挂一漏万，偏离法律的真正目的。在裁判领域，"规则适用的范围也许不确定，因此法官就必须不断地决定，这一规则对制定规则时未曾预见的或至少是未作决定的情况是否适用。规则总是把无限连续的现象一分为二。对夜间入室行窃的惩罚要比白日入室行窃的惩罚更严厉，这个规则在语义学上很清楚，但是由于不关心实际的白天黑夜间的联系（一种难以觉察的逐步过渡），这条规则就不能跟踪其描述的实在，造成适用中的模棱两可。更为普遍的一点是，法律规则频繁地把那些其实确定指涉的语词都当作确有所指的语词（例如'白天'和'黑夜'）"④。与抽象概念相对应的三段论推理方式，在调整范围上比较封闭，在解决方法上比较呆板，在价值

---

① ［美］麦克洛斯基等：《社会科学的措辞》，许宝强等编译，152～153 页，北京，生活·读书·新知三联书店，2000。

② ［德］马克思：《1844 年经济学哲学手稿》，88～89 页，北京，人民出版社，2000。

③ ［德］卡尔·拉伦茨：《法学方法论》，陈爱娥译，101 页，北京，商务印书馆，2003。

④ ［美］理查德·A·波斯纳：《法理学问题》，苏力译，59 页，北京，中国政法大学出版社，2002。

取向上比较中性，难以胜任纠纷解决的繁重任务。所以，有人认为，与三段论推理相比，"类推推理位于法律思维的核心，而且理由非常充分。它非常适于律师和法官担任的特定角色——非常适合这样一个制度，即各种不同的人尽管在时间和能力上有各种限制，尽管在根本性问题上存在不同意见，但他们必须得出结论。类推过程没有任何静止的东西；它为灵活性留有大量余地，实际上也就是进行大量的创造活动。法律中的许多创造活动都来自于人们能够看到新的类推的能力。不管一个法律文化是多么的复杂，也不管它对法治是多么的投入，它都可能为类推推理留下大量空间。因此，在日常生活中坚持的类推思维在法律中也得到反映"①。总之，人是理性的也是感性的，理性只是人存在的一个侧面，同时也应该给感性以适当的位置。"在法律理性后面，潜藏着非理性。掘开文明的表层，人们就会发现大量冲突的感情和欲望。"② 法律作为人的一种重要生存方式，它既具有理性也不排斥感性，两者各有自己的作用空间和特殊功能，缺一不可。与之相适应，法律隐喻作为感性的产物和表征，采用类型以及类比推理的方式，也是人们认识和把握各种法律现象的有效方法。

（三）法学须接纳隐喻方法

德国法学家考夫曼认为，每一个日常用语或专门用语均有两个面向：一种是理性的、范畴的面向，另一种是意图的、比喻的面向。科学语言必须是严密的，但也不能完全放弃图像性，否则它将丧失其"可言谈性"以及创造性与革新能力。语言的极度精密性，只能是内容、意义的极度空洞化。任何人为了"精细地"表达而完全将比喻排除于科学语言之外，均忽略了比喻有时能够"更清楚地"，也即在其意义上更精确地表达一个抽象的概念。③ 每一个日常语言包括法律语言，都不断地在两个领域间移动——水平的或直线的领域，以及垂直的或超验的领域。在第一个领域中，是与理性的、范畴的语言有关，亦即和数学的语言有关。它通过抽象作用和语言规定，以人工语言实现其单义性与精确性；第二个领域则

---

① ［美］凯斯·R·孙斯坦：《法律推理与政治冲突》，金朝武等译，120 页，北京，法律出版社，2004。
② ［英］韦恩·莫里森：《法理学：从古希腊到后现代》，李桂林等译，311 页，武汉，武汉大学出版社，2003。
③ 参见［德］亚图·考夫曼：《类推与"事物本质"》，吴从周译，171 页，台北，学林文化事业有限公司，1999。

与语言之意图的及比喻的面向有关，即与类推的语言有关。这涉及的是语言的超验与逻辑的意义，从一开始它就排除语言的单义性与精确性，发挥着语言的传达或象征功能。数字的语言是纯粹复制的、机械的；相反地，类推的语言则是创造的、革新的。在实际被说出的事物中，这两个面向一直是相互重叠的，不是一种非此即彼的关系，而是一种或多或少的关系。① 在人类的语言、思想中，隐喻无所不在，概念系统就是建立在隐喻之上的。语言中的隐喻只是一种表层现象，真正起作用的是深藏在我们概念系统中的隐喻概念。隐喻具有一种心理学意义上的说服力，同时，隐喻也是一种重新描述，一种改变事物外观的努力，并且这种努力对于智识改变也很重要，还包括对法律原则的改变。② 人们通过隐喻用一个术语来解释另一个新的情况，赋予旧词以新意，使法学家的观点能够与学术共同体、社会公众进行有效的沟通交流，可以丰富和发展法学理论。

三、法律隐喻的功能评价

（一）法律隐喻的先天性缺陷

法律隐喻在法律认知和法律实践方面都具有重要作用，但同时也存在着一些不可小觑的先天性缺陷。

第一，认识片面。所有的隐喻都突出了本体的某些方面，而遮蔽或淡化了另一些方面。何勤华教授在论述中国古代法学的死亡与再生时，就法学死亡这一隐喻与生物体死亡的异同做了分析。所谓"死亡"，一般是指人、动物等生物"失去其生命"。法学的死亡与自然界生物的死亡不同。它既不会在外形上完全灭失，它的载体如书籍、文献及碑石、铸鼎等还会保存下来，也不会马上退出人类历史的舞台，它的观点、概念和思想等还会在人们的头脑中存留下来。③ 如果看不到其差别，将对生物体死亡的理解简单地套用到法学上，势必得出中国古代法学的死亡就是它完全消失、不发生任何影响的错误结论。隐喻的意象往往会诱使人们将注意力集中于法律现象的某一方面，忽略事物的其他方面，不利于全面

---

① 参见［德］亚图·考夫曼：《类推与"事物本质"》，吴从周译，215页，台北，学林文化事业有限公司，1999。

② 参见［美］理查德·A·波斯纳：《法理学问题》，苏力译，116~117页，北京，中国政法大学出版社，2002。

③ 参见何勤华：《法律文化史谭》，300页，北京，商务印书馆，2004。

地、整体地把握事物。

第二，界线模糊。所有的隐喻都只能是诉诸一种整体性观照，它对事物的把握只能是大致的、粗线条的。"术语，是由自己相应指称的对象，延伸至其他种类的对象的，延伸至前者并不属于的类别的对象的，尽管，后面这些对象，由于较远稀疏的相似，而与前者有着联系，尽管，'相似'是可以被我们描述为'某些方面的类似'（analogy）的。不过，即使如此，在采用这些习俗和惯例已建立的表述时，我们在一个术语的类比使用和一个术语的隐喻使用之间，依然可以发现一个区别。"① 法律隐喻在把握法律对象时可能会忽视其中一些关键细节，难以准确划定事物之间的界线。

第三，情感滥用。与演绎推理、归纳推理不同，类比推理是以情感为基础的。"影响感情的事物的名词，也就是使我们感到愉快或不快的事物的名词，由于同一事物不可能使所有的人发生相同的感情、也不可能在所有的时候使同一个人发生同一种感情，所以在人们一般讨论中，意义便是不固定的。由于所有的名词都是用来表示概念的，而所有情感又都是概念，所以当我们对同一类事物的感受不同时，就难免有名词方面的分歧。"② 法律推理如果不给理性以位置，任由感性支配，就无法对权力进行有效的制约，其结论将是随意的任性的，将破坏和瓦解法治。

第四，概念偷换。隐喻"以对产生说服效果的原因的认识为基础的技巧给那些完美地掌握这门技巧的人提供了非常可怕的权力：这是一种不需要实物而支配词语的权利，这也是通过支配词语而支配人的权力。"③ 这种修辞是法律人常用的技术，如若使用不当，也极易蜕变为一种词语暴力。在纳粹德国时期，法官往往以一种"健康的偏见"来处理案件，"作出符合纳粹法律秩序与政治领导层意志的价值判断"④。当时，法律语言极具弹性，隐喻等法律修辞成为纳粹分子随心操纵法律、肆意破坏法治、无端侵害人权的工具。

（二）法律隐喻的认知功能

从法学方法论的角度看，除了上面已提及的核心的法律隐喻所具有

① ［英］约翰·奥斯丁：《法理学的范围》，刘星译，139 页，北京，中国法制出版社，2002。
② ［德］霍布斯：《利维坦》，黎思复、黎廷弼译，26 页，北京，商务印书馆，1985。
③ ［法］保罗·利科：《活的隐喻》，汪家堂译，3 页，上海，上海译文出版社，2004。
④ ［德］英戈·穆勒：《恐怖的法官》，王勇译，66 页，北京，中国政法大学出版社，2001。

的提供新的法学范式、形成法律概念体系等功能外，法律隐喻还是法学家认识、表征法律现象的有效工具。

第一，法律探源的可靠进路。从词源的角度看，绝大部分的概念和短语都是隐喻①，也可以说隐喻是概念的近亲或者远亲。但是，概念的隐喻性是有程度之分的，一方面是隐喻性极高的新鲜隐喻即活喻，另一方面是已经失去隐喻性的死喻。如果某一词汇的隐喻义与该词的原意之间已经失去了联系，或已经成为该词的常规意义的一部分，那么这个词就可被称为"死喻"。新鲜隐喻一旦被接受和传播，随着使用频率的加快，其隐喻义便成为词义的一部分，隐喻性开始减弱，最后变成"死喻"。例如，破产（bankrupt）一词，源于意大利语"banca rottp"，其中"banca"意指"板凳"，"rottp"意指"砸烂"。在中世纪意大利商业城市，商人在市中心交易市场各有自己的板凳。当某个商人不能偿付债务时，依据习惯，他的债权人就砸烂他的板凳，以示其经营失败、经营资格丧失。② 现在，破产一词的原意已经退化，其隐喻义变成其真正的用法。从知识考古学的角度看，即使是死喻，也是一座随时可能"复活"的"死火山"③。通常人们只注意到一个概念的常规意义，而忽视其出处和源头，但不可否认的是隐喻的意象仍然在或强或弱地型塑着人们的思维结构。还有，各国家早期的法律都是用隐喻式的诗性语言写成的，这些法律语言经历了漫长的岁月，承载着法律发展过程的丰富信息。维柯指出："如果各民族都是用法律来奠定的，如果在这些民族中，法律都用诗来制定的，如果这些民族最早的典章制度也都是保存在诗里，那么必然的结论就是：凡是最早的民族都是些诗人。"古罗马法是一篇严肃的认真的诗，是由罗马人在罗马广场表演的，而古代法律是一种严肃的诗创作。在十二铜表法里，大半都以阿朵尼（Adonil）诗格结尾，也就是英雄体诗的结尾部分。④ "如果我们能通过任何方法，断定法律概念的早期形式，这将对我们有无限的价值。这些基本观念对于法学家，真像原始地壳对于地质学家一样的可贵。这些观念中，可能含有法律在后来表现其自己的一

---

①　参见［法］孔多塞：《人类精神进步史表纲要》，何兆武译，35 页，北京，生活·读书·新知三联书店，1998。

②　参见王卫国：《论重整制度》，载《法学研究》，1996（1）。

③　束定芳：《隐喻学研究》，73 页，上海，上海外语教育出版社，2000。

④　参见［意］维柯：《新科学》，上册，朱光潜译，241、563、240 页，北京，商务印书馆，1989。

切形式。"① 正是基于"一种东西的本性是它的起源"的判断，许多学者对法律概念、法律制度进行了细致的词源学考察②，让人看到法律不间断的发展过程以及难以更改的制度基因。因此，对法律概念、法律隐喻进行词源学考察，有助于探寻法律的起源，把握法律的发展规律。

第二，法学分析的崭新视角。人们在把握所感知的物质世界和精神世界时，隐喻能从其他事物、概念和语言中发现相似点，建立想象丰富的联系，实现认识上的质的飞跃，从而形成新的关系、新的语言表达方式。"隐喻会使一个人用一种新鲜的、或许更有启示的方式看待某个东西，因此他会从自己先前的参照系中惊醒过来，在这里，隐喻扮演了一种很有用的认知角色。"③ 隐喻是一种转义，是一种词语的借用，将其所指和认知内容作反常并列，初看起来是不合语法的，令人产生不自然的反应，但其特点在于想象、虚构和夸张，包含了人们从别的地方得不到的东西。一般地，越是严格的、抽象的地方，人们就越需要隐喻进行思考和交流，隐喻的使用就越频繁。黑格尔曾经做过许多生动形象而又耐人寻味的比喻，来阐述非常复杂的哲学问题。他曾运用"庙里的神""厮杀的战场""花蕾、花朵和果实""密涅瓦的猫头鹰""消化与生理学""同一句格言"和"动物听音乐"等比喻，以启发人们了解哲学的意蕴和哲学思考的实质，帮助人们获得哲学的辩证思维。边沁在对布莱克斯通的《英国法律诠释》一书进行评析时指出："在所有讲授法理学而又是法律制度评论者的作家中，他是第一个用学者和绅士的语言来谈法理学的人。他使这门文句艰涩生硬难读的科学得到了润饰，为它洗清了官府里的尘埃和蛛网。即使他没有用那只能从科学宝库中获得的精密的思想来充实法律，至少也是从古典学术的梳妆台上拿了许多化妆品，把法律打扮得非常漂亮。他用许多引喻和隐喻使法律生色不少，然后再把她送到五花八门、甚至是最爱挑剔的社会人士中去；一方面是为了启迪他们，而更重要的却是给他们娱乐。这部书之所以能够出名，最大的长处就是其文字念起来和谐动人。这种长处本身就能使一本别无其他长处的书在一定程度上受人欢迎，因为人们在很大程度上是受耳朵支配的。"④ 隐喻

---

① ［英］梅因：《古代法》，沈景一译，2 页，北京，商务印书馆，1959。
② 意大利思想家维柯的《新科学》，可谓这方面的代表作。
③ ［美］理查德·A·波斯纳：《超越法律》，苏力译，598 页，北京，中国政法大学出版社，2001。
④ ［英］边沁：《政府片论》，沈叔平等译，113 页，北京，商务印书馆，1995。

是一种诗性语言，法律以隐喻的方式存在，也就意味着法律在隐喻中"诗意地栖居"。由于法律具有一般性，其内容比较抽象和概括，经由隐喻的中介，可为法学研究提供新的视角，挖掘出为人忽视的新意蕴。

第三，中华法学的深层契合。与欧美人比较，东亚人的思维结构是感性的、形象性的。海德格尔认为，"日本人与众不同的特征以及与其相应的日本艺术的特征，在于其审美感性。日本人在思辨、抽象思维和构思方面并不擅长，也缺乏动力。人们在所有事务中的作为，很显然都具体地以特定感觉和感情为基础。日本艺术并不满足于对感觉印象的简单再生产，而是随着艺术感程度的加深，倾向于把由感觉所把握的内容逐渐设想出一种象征性格。于是，甚至在表达最精微的事物时，经常以各种方式将这些事物与空间性相关联。"① 何兆武先生在谈到自己关于中国人思维特征的心路历程时说，初读中国哲学最感到惶惑不解的莫过于中国古人何以总是以比喻来代替论证。如"性，犹水也"或"性，犹杞柳也"之类。为什么他们不能采用严谨的逻辑，直接推导出自己的结论来？比喻能够代替论证吗？大概当时我们那一辈青年头脑里先入为主地是以欧几里得和笛卡儿为准的。后来逐渐体会到中国古人大抵是诗意的，他们偏爱具体的形象有甚于抽象的概念；他们的思维方式是一种诗情的领悟，而非一种名理的推导。② 李泽厚先生也认为，中国人之思维特征与"诗"有关。它不重逻辑推论，不重演绎归纳，不重文法句法，而重直观联想、类比关系。这种类比既有情感因素，也有经验因素，无固定秩序，呈模糊多义状态；其非纯理性，乃美学方式。③ 中国人的这种思维特征，与其语言文字也有一定的关联。中国人所使用的带有象形文字特色的方块单字，在语句中充满着讽喻、比拟和暗隐。④ 例如，"囚"字，有拘禁、囚犯、俘虏等含义。作为一个词素，可以组成囚犯、囚禁、囚牢等词语，使人自然产生监狱、牢笼等意象，进而引申出拘束、监禁等意义来。这种思维方式，对法学家的认识也产生了深刻的影响。我国古代许多思想家给法律下定义时，往往采用的就是隐喻的方法，例如，管仲曰："尺寸

① 转引自〔德〕莱因哈德·梅依：《海德格尔与东亚思想》，112 页，北京，中国社会科学出版社，2003。
② 参见何兆武：《西方哲学精神》，142 页，北京，清华大学出版社，2002。
③ 参见李泽厚：《论语今读》，204 页，合肥，安徽文艺出版社，1998。
④ 参见〔法〕孔狄亚克：《人类知识起源论》，洪洁求、洪丕柱译，221 页，北京，商务印书馆，1989。

也，绳墨也，规矩也，衡石也，斗斛也，角量也，谓之法"；"法律政令者，吏民规矩绳墨也"。考夫曼在分析拉德布鲁赫的语言特点时指出："他不仅不为概念和抽象的思维所羁绊，而且还使既有的概念重新面对实际。这是一种类型学和分析学的思维，它比那种现今大多数法学著作所采用的形式抽象语言，恰恰更适用于东亚人。"① 在中华民族走向伟大复兴的历史背景下，我们的法学家们如果能够有效地运用隐喻，形成符合中国人思维特征的法律话语体系和思维方式，可为形成有中国气派的法学理论提供新的契机和路径。

（三）法律隐喻的实践功能

从法学方法论的角度看，法律隐喻的政治功能可能已超出本章的问题域，但不可否认的是，法律隐喻的政治功能与认知功能关系密切，前者是后者的延伸和折射。

第一，尊法情怀的生长沃土。具有强烈美感的法律隐喻，有助于社会成员对法律的认同和接受。在古代中国，乐与礼、刑、法、律一样具有国家强制力，其被作为特殊的"法"用于治国平天下。乐在当时包括乐制、器乐、声乐、诗歌、歌舞等内容，其既可娱人、化人，也可治国。刑、法、律这些中国古代法的重要形式最初都不同程度地源于乐。"法源于乐"绝非只意味着法借用了乐的概念、术语，更重要的是，法的原理也是模仿乐而形成的。乐的规范将杂乱的音乐元素组织协调为节奏清晰、悦耳动听、和谐流畅的曲调，而接受这种乐的人，心态、思想、行为自然而然逐渐也会变得规范、和谐起来。同理，法也是使社会、国家、民众思想、行为规范化、有序化的工具。因此，乐与法同源、同理、同旨。从某种意义上说，在中国古代，乐是最温和、最美妙的法，而法则是最严肃、最枯燥的乐。② 而隐喻初看起来是不合语法的，读者或听者会产生不自然的反应，即张力感。隐喻是一种转义，是一种词语的借用，包含了人们从别的地方得不到的东西，其主要功能是能够使演说词熠熠生辉，可以增强怡悦的氛围。③ 法律隐喻同样也起着娱人、化人的作用，是另一种形式的"乐"。好的法律语言在我们心里引起一种反应，作用在我们的

---

① ［德］拉德布鲁赫：《法学导论》，考夫曼中译本序，米健译，北京，中国大百科全书出版社，1997。
② 参见张飞舟：《中国古代的乐与法》，载《法律科学》，2005（4）。
③ 参见［意］西塞罗：《论演说家》，王焕生译，621页，北京，中国政法大学出版社，2003。

精神波长上。我们在自身之内有一个和法律语言的发送器相同波长的接收器。就如同士兵们按照鼓点行军一样，我们是被法律语言的结构、韵律和声音迷惑住了。法律隐喻之类"语言承载着我们基因中继承的文化感觉；我们对法律的服从，乃是源于一种两厢情愿的内在冲动，我们把这种冲动当做道德义务甚至是快乐来体验。法律在我们体内引起共鸣。法律是我们自己的；我们现在要做我们应该做的，因为我们与之相和谐。没有任何自由的法律体系能没有这一点而有所发展"①。毫不夸张地说，充盈着人的生命意志的法律隐喻，可改变社会成员对于法律的束缚性、约束性、压迫性的消极意象，将权利义务内化为内心的自觉追求，从而主动地遵守、信仰、爱护、捍卫法律。

第二，民主政治的话语形式。在法治社会，法律作为调整人的行为的社会规范，并非立法者单方面的恣意任性，而是立法者与公众相互博弈、彼此调适的双向过程。"立法者会运用一般的语言，因为他是针对国民而立法，希望他们可以了解。此外，他还广泛地运用法学术语，借此他可以作精确的陈述，可免于很多繁琐的说明。这些术语经常也以一般语言为基础，因为法律是针对所有人的规定，与所有人有关，因此，起码的一般理解性是必不可少的。在涉及一般人的法律领域，换言之，在日常事务的领域，法律语言已经成为一般用语的构成部分，虽然运用时未必如此精确。借此，每个人都可以直接进入法的世界，大家也需要这个管道以便能经营适当的社会生活，因为现行法秩序也是社会的一部分。因此，法律语言不能像其他一些学术语言，能独立于一般语言的用法之外。"② 当法律语言所表达的，与日常用语的意识彼此类似或相符时，才能对社会成员课以违反法律的归责。③ 法律语言是日常生活的还是专业技术的，是判断一个社会法律是否民主的重要标准。"民主派一般都对修辞比较友好，而对科学心存疑虑。修辞看重的是普通人的看法，更极端一点，可以说修辞是把舆论视为真理的决断者，而科学则把权威授予专

---

① ［德］伯恩哈德·格罗斯菲尔德：《比较法的力量与弱点》，孙世彦、姚建宗译，165 页，北京，清华大学出版社，2002。

② ［德］卡尔·拉伦茨：《法学方法论》，陈爱娥译，200～201 页，北京，商务印书馆，2003。

③ 参见［德］亚图·考夫曼：《类推与"事物本质"》，吴从周译，216 页，台北，学林文化事业有限公司，1999。

家。"① 在民主国家，法律是人民意志的体现，它来自并服务于人民。隐喻就是一种日常语言形式，它扎根于普通人的思维结构和语言习惯之中，是民主性法律的理想话语形式。与此同时，与法律语言的特征相适应，法学家对一个概念下定义的任何企图，必须要将表示该概念的这个词的通常用法当作它的出发点。② 法学家不应仅在纯粹学术定义的基础上建立法学理论，而应致力于分析法律语言在实际生活中是怎样被使用的，不应忽视法律隐喻等日常语言及其用法。除此之外，人们还可运用消极性的法律隐喻，婉转地表达特定内容。如"二进宫""三进宫"，指的是人犯被抓进去又放出来，放出来又抓进去的现象。这个进进出出的去处，特别是"进去"的地方，考虑到当事人的羞耻心和尊严，不愿直呼其名（拘留所、看守所、劳教所、监狱等），而委婉地表达其义。③ 这类法律隐喻可以避免或淡化令人不快的感觉，体现了对人的理解和尊重。

四、法律隐喻的运用方法

美国法学家庞德曾对法律隐喻的运作过程做过细致的描述："所有的解释都依据类比。我们一般都会努力通过将某种东西与另一种东西的比较来理解前者。我们会通过将一种理论与另一种理论的比较来解释前一种理论的产生过程。家长的命令、或城邦国家长官的命令（如执政官同意或禁止财产的敕令）、或军事将领的命令，老年人传授给青年人的有关本部落的知识、或教师教给学生的本民族的知识、或师傅传授给徒弟的手艺，交战双方的家族之间、或氏族之间、或部落之间就拥有财产或采取行动的权利主张的界限所达成的条约，从数量有限的给定原则中推论出三角的特性，植物从种子开始的生长，可以用数学计算的星球在轨道上的循环，经由自然选择的物种起源，单个有机体之间以及物种之间的生存之争，其特定性格和特质渗透进其工作之中的个人，经济竞争中彼此冲突的个人利益之间的争斗——上述所有的类比都曾被用来解释法律和法律史。我们的确需要一种类比，而且如果我们拥有一种根据当时占支配地位的活动解释事物的类比，那么对我们就会有很大的益处，因为

---

① ［美］理查德·A·波斯纳：《超越法律》，苏力译，589 页，北京，中国政法大学出版社，2001。

② 参见［奥］凯尔森：《法与国家的一般理论》，沈宗灵译，4 页，北京，中国大百科全书出版社，1996。

③ 参见陈忠诚：《法窗译话》，110 页，北京，中国对外翻译出版公司，1992。

它有可能产生种种与我们的法律应予适用的当时生活相一致的结果。我们还需要这样一种类比，它既不以形式的和逻辑的决定论（formal and logical determinism）为前提条件，也不以实证主义的决定论（positivist determinism）为前提条件，但是却能够提醒我们：我们在法律方面的所作所为会受到许多因素的限制。这种类比必须为我们提供一种以活动为根据的法律史解释，引导我们不仅把法律制度视作是固有之物，而且也把它们视作是被创造的事物；不仅把法律制度视作是传承至我们的传统之物，而且也把它们视作是人们在此前某个时代创制的事物，并且是那些相信它们和需要它们的人在当下所创制的事物——而且在很大程度上也就是后者相信并需要的那种东西。此外，这种类比还必须为我们提供一种以有条件的活动为根据的法律史解释——人的活动受到那些计划并从事活动的人的能力、性格和偏好的制约，会受到他们必须在其间进行工作的环境的制约，还会受到他们为之工作的特殊目的的制约。"① 沿着庞德的进路，我们认为，运用法律隐喻时，对于其主要功能和生理缺陷不能偏执于一端，要做出全面的把握，在深刻认识法律隐喻的含义、遵循事物本质的基础上，进一步了解其具体的工作机制。

第一，预设价值。世界是普遍联系的，任何两个事物之间都有一定程度的相似性。如果不以价值判断为先决条件，法律隐喻的运用将是盲目的，也难以为人所理解。"相似"应被理解为两个事物有相同之处，也有不同之处，但它们在法律所关注的要点上呈现出相同之处，而其不同之处是无足轻重的，因此，两者在法律目的、评价的要点上具有完全相同的意义。② 法律隐喻以某种特定的价值取向为前提，通过将两个事物并置，可以发现两种事物之间存在着事先未被注意到或未被发现的相似性。"在构造知识以服务于我们的社会和政治目的的方面，隐喻有着明显的效果（而且这也说明为什么社会的、政治的，因而，还有历史的世界是隐喻所喜欢的领域）。在我们支配把实在转变成人类目标和目的能够接受的世界方面，可以论证隐喻是我们拥有的最强有力的语言工具。隐喻把社会实在有时甚至把物质实在'拟人化'，而且通过这样做，使我们在这些词语的真实意义上把握或者变得熟悉实在。"③ 隐喻并非客观的描述，而

① ［美］庞德：《法律史解释》，邓正来译，223～225 页，北京，中国法制出版社，2002。
② 参见林立：《法学方法论与德沃金》，91 页，北京，中国政法大学出版社，2002。
③ ［荷］F. R. 安克施密特：《历史与转义：隐喻的兴衰》，韩震译，16 页，北京，文津出版社，2005。

具有明显的价值取向性。例如，进入 20 世纪 80 年代，代孕母问题引起美国全社会的关注。根据代孕母契约，使用委托方男性的精子，通过人工方法怀孕，代孕母将出生的孩子交给委托方，而委托方支付给代孕母一定的价金。代孕母是个新问题，对其属性、解决方案可能有多种选择。①这里，对隐喻的选择，实际上包含着使用者的价值预判。其中，提供服务、租赁、收养子女、慈善行为、基本权、平衡等的比喻，都是以社会承认的某种现象为基础，这自然地导出承认代孕母契约的结论；反之，卖淫、孩子买卖、南北问题、无票乘车等为社会所否认的负面隐喻，就蕴含着否定代孕母契约的价值判断。可以说，在思维过程上，先进行价值判断，然后才可能有效地选择和运用法律隐喻。

第二，依托语境。法律隐喻具有很强的语境依赖性，它只有建基于言者与听者之间共享的知识背景之上，才能是成功的、有效的。言者在说话时，通过使听者了解其想法来传达他的意图。对理解过程的完成，需要通过利用言者和听者共享知识、信仰和假设来实现。听者通过参考言者和听者共享的知识可以确定法律现象与其他领域现象的显著特征，在隐喻所拥有的无数可能意义中确认其中一个或几个。相反，脱离特定语境的法律隐喻将是失败的，如"利维坦"系《圣经》中的一种力大无穷的巨兽，霍布斯借此词意在比喻一个强大的国家，在基督教文化背景下这无疑是个成功的隐喻。但对于不了解基督教教义的人来说，该隐喻将导致交流失败。再如，证券法上的"鲨鱼驱逐剂"，对远离海洋的内陆国家或地区的人们来说，十分费解，徒增迷惑。由此可见，法律隐喻具有很强的语境性，它只有建基于言者与听者之间共享的知识背景之上，才能是成功的、有效的。

第三，关注本体。隐喻包含本体与喻体两个组成部分，在两者之间，本体是理解和说明的内容和目标，而喻体只是用来说明本体的工具和手段。隐喻意义是喻体的特征经过映射转移到本体上，但本体的特征决定着喻体的哪些特征可以转移，它起到一种"过滤"的作用，强调某些特征而抑制另外一些特征。在隐喻理解过程中，喻体实际上只有部分的特征发生转移。苏力教授在分析社会契约的隐喻时指出："实际上，就国家学说而言，最重要的是研究国家本身，而不是研究提供某一研究思路的那个原型或隐喻。霍布斯、洛克的例子都表明，普通契约理论只是为我

---

① 参见［日］松浦好治：《法与比喻》，57 页以下，东京，弘文堂，1992。

们提供了构建各自的国家学说的工具，因此必然会随着他们各自所理解、感受到的社会需要而有所调整。如果忘记了这一点，将契约、家庭、有机体或其他任何一种隐喻无限推延、绝对化，把它当作普适的绝对真理，都同样会使学者放弃对国家本身的研究，而专注于隐喻，削足适履地用原型套国家，其结果必然会使对国家的研究或国家学说的发展陷入困境，甚至会造成政治实践上的困境。国家就是国家，任何隐喻也仅仅是隐喻。说国家像什么，恰恰因为国家不是那个'什么'。"① 在法学领域，人们通过隐喻把握熟悉事物的意义，并将其含义辐射到相对陌生的法律现象的本体之上，可实现由此及彼的意义转换。在这里，喻体只是认识的手段，而本体才是最终的认识目标。

　　第四，借"熟"释"生"。人类认识遵循着"近取诸身，远取诸物"，即由近及远、由实体到非实体、由简单到复杂、由具体到抽象的基本规律。一般地，隐喻中的喻体对言者或听者来说，要比本体更为熟悉。在两者发生互动反应时，更为熟悉的事物的特点和结构就被映射到相对陌生的事物上，在言者与听者之间建立起理解和沟通的桥梁，以帮助认识本体事物的属性。法律隐喻以我们身边的日常行为和现象为基础，即使不是法律专家的一般人也能够知道比喻基础的事物。在 19 世纪下半叶，法理学受到了当时正在兴起的生物科学尤其是达尔文理论的影响。② 由于达尔文为那一代人创造了大量的语汇，提供了各种类比，而且还指明了思路，因而物理学定律的类比以及星球运动的类比已被生物学定律的类比所取代。法律进化的概念深深扎根于英美法律思想之中，以致大多数法律家甚至不再意识到它是一种比喻。进化论的比喻是时代精神的一个部分，如果在法理学中没有进化理论将会令人费解。法律家们"试图利用进化论模式的独特的力量在很少知道特定案件的决定因素时，在抽象的水平上做相对精密的陈述"③。对法学家而言，以"身边事物"为喻体，可将其已熟知的意义投射到陌生的本体上，使崭新的话题可以言说，使难解的法律问题通俗易懂。

---

　　① 苏力：《从契约理论到社会契约理论》，载《中国社会科学》，1996（3）。
　　② 参见［美］庞德：《法律史解释》，邓正来译，100 页以下，北京，中国法制出版社，2002。
　　③ ［美］E•唐纳德•埃利奥特：《美国法学中的进化论传统》，载《法学译丛》，1986（5）。

余论

　　法律隐喻是法学家们从其他学科当中吸收理论营养，而逐渐形成的一个有效研究工具。隐喻方法在法学领域中的广泛运用，反映了法学与其他学科之间相互学习、彼此靠近，也从一个侧面揭示出法学的发展规律。历史上，法学家们从哲学、政治学、经济学、社会学、语言学、人类学甚至自然科学等其他学科之中，积极地寻求思想灵感和理论资源，形成了诸多具有创新价值的法学流派和有影响的法学观点。在当代世界，随着法学家的知识结构更加合理，法学研究水平不断提高，法学与其他学科相互融合的趋势越发明显；同时，由于当代世界存在着的社会问题涉及面广、成因复杂，内在地需要多学科联合攻关、协同作战，法学与其他学科之间应展开更广泛的合作、更深入的交流。在当代中国，法学界应当基于法学的立场，积极地开展与其他学科的科际整合，大胆移植其他人文社会科学、自然科学有效的研究方法，为不断出现的各种法律问题提供科学、合理的理论解决方案，在依法治国、建设社会主义法治国家的伟大事业中不辱使命，再立新功。

第二编　法的本体

法的本体就是法的存在及其本质、关系、规律和内在联系。法的本体论研究法的本质，法的要素、结构和体系，法的渊源、形式和效力，权利义务，法律责任，法律程序等许多重大问题。这里，我们运用隐喻学方法对于属于法的本体范畴的法律原则进行研究。

　　从隐喻学思维出发，将法律比作建筑物，那么，法律原则就是介于法律空间与外部世界之间的"窗户"，它同时发挥着联系与隔离这两种相反相成的功能。法律原则具有强大的联系功能，可根据社会形势的变化，针对各种具体情况，有效地解决法律规则的模糊、疏漏、滞后、不合理等问题，为社会伦理原则进入法律规范体系开启通道，实现法律与社会基本价值观的有效沟通与紧密衔接。同时，法律原则通过严格的法律程序、法律机制的筛选，有限度地将法外价值纳入法律之中，将不当的法外因素阻挡于法律体系之外，使法律成为相对独立但并非自我封闭的体系，为人类社会生活营造惬意的法律世界。

第 2 章　法律原则的窗户隐喻

一、窗户隐喻：法律原则的图像

一般地，法律原则是法律的基础性真理、原理，或是为其他法律要素提供基础或本源的综合性原理或出发点。[①] 近年来，法学家们分别从哲理的、规范的或裁判的角度，对法律原则进行了诸多有价值的研究，但是，关于它的构成、认定、适用和职能等方面，迄今仍有许多未解的难题。因而，对法律原则问题，既需要沿着以往的进路做更深入的研究，同时也需要拓宽理论视野，选取新的认识进路，运用新的分析工具，以期获得新的洞见。

在隐喻学的视角下，如果将法律看作一座房屋，原则的存在形态、作用方式，很类似于房屋的窗户。以窗户为喻体，来理解法律原则，将会开启人们思维的另一扇"窗户"，产生许多丰富的联想与灵感。窗户，是房屋墙壁上通气透光的重要装置。《说文解字》对"窗"的解释是，"在墙曰牖，在物曰囱。象形。"著名学者钱锺书先生曾就窗户的功能做过生动的描述："墙上开了窗子，收入光明和空气，使我们白天不必到户外去，关了门也可生活。屋子在人生里因此增添了意义，不只是避风雨、过夜的地方，并且有了陈设，挂着书画，是我们从早到晚思想、工作、娱乐、演出人生悲喜剧的场子。""屋子本是人造了为躲避自然的胁害，而向四堵墙、一个屋顶里，窗引诱了一角天进来，驯服了它，给人利用，好比我们笼络野马，变为家畜一样。从此我们在屋子里就能和自然接触，不必去找光明，换空气，光明和空气会来找我们。所以，人对于自然的胜利，窗也是一个。"[②] 这里，关于窗户功能的描述，为我们理解法律原

---

① 参见张文显主编：《法理学》，73 页，北京，高等教育出版社，2011。
② 钱锺书：《写在人生边上》，16 页，沈阳，辽宁人民出版社，2000。

则提供了一幅较为清晰的思维图画。基于隐喻学思维与方法，如果将法律比作房屋、堡垒、大厦等建筑物的话，那么，法律原则就是介于法律空间与外部世界之间的窗户，它同时发挥着联系与隔离这两种相反相成的功能，既能将法外的社会道德价值等引入法律体系内部，也能将其阻挡于法律体系之外，使法律成为相对独立但并非自我封闭的体系，为人类社会生活营造惬意的法律世界。美国法学家弗里德曼指出："为了富有意义地讲述现代法律的故事，我们不应仅仅谈论法律本身，即那种法学家视野中所看到的法律。运用法律所特有的语言和范畴也不能很好地讲述这种故事。我们必须从别处即从法律自身之外开始讲述故事。"① 由于隐喻具有明显的图画性、日常性，用它对法律原则的结构与功能进行解释，比较形象生动、通俗易解。

　　基于窗户的隐喻，我们可以自然地联想到，原则就是法律规范和社会生活之间的中介。恩格斯指出："一切差异都在中间阶段融合，一切对立都经过中间环节而互相转移，对自然观的这样的发展阶段来说，旧的形而上学的思维方法不再够用了。辩证的思维方法同样不承认什么僵硬和固定的界线，不承认什么普遍绝对有效的'非此即彼！'，它使固定的形而上学的差异互相转移，除了'非此即彼！'，又在恰当的地方承认'亦此亦彼！'，并使对立的各方相互联系起来。"② 一般而论，中介是联系功能和阻隔功能的辩证统一，绝不能仅仅简单地将其局限于联系功能或阻隔功能。一方面，中介具有"亦此亦彼"性，表明中介具有与两端事物的同质性，它表现为中介的联系功能，即中介具有使事物、现象之间及其内部要素之间保持过渡转化性趋势和存在的功能。另一方面，中介功能也具有"非此即彼"性，表明的是中介与两端事物的异质性，它表现为中介的阻隔功能，即中介具有使事物、现象及其内部要素之间保持分离性趋势和独立存在的功能。在法学界，规范法学代表人物哈特虽主张法律是一个规则系统，不承认原则的合法身份，但通过构思"承认规则"和"最低限度的自然法"，在法律与社会之间构建了一座桥梁，同时也设置了一道屏障，法律因此也被视为一个既自足又开放的规则体系，这就是所谓的"隔离—沟通机制"。而德沃金认为，法律原则是有关正

---

① ［美］弗里德曼：《选择的共和国：法律、权威与文化》，高鸿钧等译，5 页，北京，清华大学出版社，2005。

② 《马克思恩格斯选集》，3 版，第 3 卷，909～910 页，北京，人民出版社，2012。

义、公平或者其他道德维度的要求，与规则、政策一道，都是法的要素。我们更同意德沃金的观点，并沿着他的进路，研究法律原则问题。可以说，从法本体论的角度看，法律原则是居于法律体系与外部世界之间的中介，它既发挥着联系、沟通的作用，也发挥着隔离、屏障的作用。从法认识论的角度看，窗户的隐喻对法律与社会之间复杂的联系，能够做出有效的描述与揭示。

二、思维定向：上位隐喻的寻绎

在思维脉络上，原则是法律之窗这一隐喻的选择，就预设着法律是一座建筑物，更直接地说，是一座供人居住的房屋。作为法的"窗户"的原则，承担着独特的功能，只是法律的一个组成部分。

与静态的建筑物不同，庞德则将建筑物的设计、建设活动作为喻体，来理解法律现象。他指出："所有的解释都依据类比……我认为，这种类比应当由社会工程（engineering）来提供。让我们暂时把法理学看成是一门社会工程科学（a science of social engineering）。这门科学所必须处理的事务乃是整个人类领域中可以通过政治组织社会对人际关系进行调整的做法而得以实现的那一部分事务。"[①]"我们决不能从一种有机体的角度去思考问题，因为这种有机体得以发展的原因和手段乃是其内部固有的某种特性；我们还是应当像在 18 世纪那样，从一种建筑物的角度去思考问题——该建筑物乃是人类为了满足自身的欲求而建造的，尔后人类又为了满足其日益扩大或日益变化的欲求甚或日益变化的时尚不断地对它进行修理、改造、重建并不断地给它添砖加瓦。"[②]庞德关于法律是社会工程的隐喻，突出了人在法律发展和法律建设中的主体性地位，明显区别于将法律视为自生自长的有机体的隐喻，强调在建筑物形成过程中人的主动性与积极作为。如果沿着庞德的进路思考，人们将不会把生物有机体与法律相类比，而会把建筑物的建造过程作为喻体，这样，经常使用的词语就是"工程师""设计方案""建筑材料""搬迁""安装"等。与庞德的分析不同，我们关注的是业已竣工的建筑物，而非建筑物形成的动态过程。

---

① ［美］罗斯科·庞德：《法律史解释》，邓正来译，202～204 页，北京，商务印书馆，2013。

② 同上书，30 页。

　　建筑物也有许多种类，还需进一步聚焦可作为法律原则喻体的那一种。例如，为了强调法律是私人权利不受国家权力侵犯的制度保障，有人将法律比作私人对抗国家的"堡垒"。在 17 世纪，普通法作为反对不可一世的国王的专制统治和保障民众个人自由的"堡垒"，在由普通法法律家坚定团体组成的议会手中成为了强有力的斗争武器。① 沿此进路，苏永钦也指出："如果把我们的法律体系当作一个社区从上空俯瞰，民法典就会像一个典雅的中古城堡，立刻进入眼帘。城墙上高竖'私法自治'的大纛，迎风招展。夹处于栉比鳞次、风格各异的现代建筑中，显得十分不协调。但来到社区近观，却只见穿着入时的人们在古堡和公寓大厦间进进出出，全无窒碍。原来城堡还是城堡，只是功能已经不同。外观的不协调，并不影响建筑之间动线的流畅。堡内长伴黄卷青灯的僧侣，还在激烈争辩一些亘古的难题，其实只要走出城堡，看看社区居民的真实生活，也许很多问题根本不是问题。"② 从语源上看，"堡垒"是指在军事要冲作防守用的坚固工事。法谚云："枪炮一响，法律沉默。"在正常的社会生活遭到破坏，社会秩序极其混乱，特别是战争的状态下，已有的法律无法正常发挥作用甚至完全失效，那是一种没有法律、权利得不到保障的社会状态。必须看到，法律"堡垒"的比喻有其特定的语境，即公权力与私权利之间无法进行有效的沟通对话，难以达成共识，矛盾尖锐对立，因而对其使用不宜泛化。在国泰民安、政通人和之时，把它作为理解法律原则的上位概念容易产生误导，不太合适。

　　还有，舒国滢先生曾以"墙"为喻体，分析法律与秩序、自由等法价值的关系。③ "墙"之符号含有多方面的意义。首先，墙具有防护性，它可以强化我们内在的安全意识。墙体把可能的入侵、混乱或喧嚣阻挡在我们的感觉空间之外，使人们在其防护之下可以安全地劳作或休养生息。就此而言，"墙"使我们生成一种对抗的能力，一种对有限物控制的能力，一种自由伸展意志的能力。其次，墙具有型塑功能，它的构造形式及其所圈定空间范围的大小，会对生活于其中的人群之习性和行为方式产生影响。墙标识出我们视力所及的范围和行为的空间界限，人们通过"墙"的边界看清和熟悉界限之内的人际关系、空间之物的方位及距

　　① 参见［英］R·C·范·卡内冈：《英国普通法的诞生》，李红海译，5 页，北京，中国政法大学出版社，2003。
　　② 苏永钦：《私法自治中的国家强制》，1 页，北京，中国法制出版社，2005。
　　③ 参见舒国滢：《在法律的边缘》，10 页以下，北京，中国法制出版社，2016。

离，以至于根据有限而"可靠的"经验知识，做出习以为常的、"合适的"决定和行为，与所熟悉的社群确立的秩序和法度融为一体。但是，"墙"又不可避免地带有某种褊狭性。墙总是与"界"如影相随。墙是防止"外人"入侵的，翻"墙"而入者，往往被视为"贼"。同时，"墙"也禁锢了墙内之人的活动。人们在修筑墙的时候，实际上在限缩自由腾挪的空间，甚至是在人为设定一种有限的思想空间、一种视界、一种认识能力或想象力。"墙"阻隔了危险、恐惧和侵略，但也阻隔了人际自由的交往、信息的通达和意见的交换，阻隔了人与人之间相互的友爱、人类的基本信任和相互依赖。高垒城墙，在很大程度上体现着一种信心的缺失，一种能力的衰退和一种海纳百川的精神的消隐。另外，人际积怨或仇恨由于墙的阻隔而不断延续，人类辩谈和对话的途径出现中断，具有普适性的价值和原则受到扭曲。那些时刻龟缩在围墙之内寻求安全的类群，甚至由于缩小自己的生存空间而逐渐趋于消亡。只有意识到围墙之危害的类群，才会主动打通墙体，寻找通往更大的自由空间的道路，在与其他类群和平交往的过程中求得安身立命的可能性。在此意义上，筑墙或拆墙，事实上是一种生存与发展的选择。筑墙或拆墙，也同样影响着规则的形成，影响着法律和制度的风格与式样。因为，规则、法律和制度，在一定意义上，都是人类的观念的产物，自然也反映着不同社群的人们对"墙"之意义的认识和持守。一般而言，那些过分持守"防墙"意识的社群，可能更为看重本社群或防墙之内自然生成的活的法律、活的制度或活的规则，把体现民族精神、民族意识或乡理民情的法律视为永恒不变的、最高的法律，并且以此为借口排拒跨越地域界限的法律观念、价值和原则。舒国滢先生以"墙"的比喻，对其设定的话题进行讨论是有很强的解释力的。但是，墙作为一种建筑物，结构比较简单，往往没有窗户之类的装置，功能相对单一，似乎也不适合充作研究原则之类复杂法律现象的认知原型。

除上述几种情况外，作为法律喻体的建筑物，最理想的大概就是供人居住的住宅。一般地，住宅有墙壁、窗户和屋顶，内部则区隔出大小不一、功能各殊的房间，它能抵挡各种天气变化，以及入侵的人或动物。理想的住宅能给人提供安全、舒适的生活空间。同样，如将法律比作供人居住的房屋，那么法律的制定与实施，目的就在于形成国家权力运用有度、公民权利受到实质保障的惬意的法律秩序。由此我们可以自然联想到，一方面，法律原则可将社会基本价值引入法律中，消除法律体系的僵化与静态性，保证法律的灵活性和适应性；另一方面，法律原则也能阻止不必要的社会价值因素随意进入法律系统内，维护法律的稳定性和独立性。正是法律原则同时具备联系功能和阻隔功能，才使得法律能成为一个相对独立、适度开放的规范体系。因而，只有从联系和阻隔两个方面来观察，才能全面、正确地理解法律原则的中介功能。

三、窗户敞开：亦此亦彼的联系

在房屋的建筑结构中，与呆板、僵硬、封闭的墙壁不同，窗户是生动、灵活、开放的装置。窗户开启可以调节与改善室内的空气、温度、湿度、光亮，使人感到更加惬意、舒适。与此相类，法律原则作为法的要素，是联系法外价值的"窗口"，它协调着实然与应然、稳定与变动、法内与法外的关系，能使法律自身更加健全完善，更有效地调整社会关系。"试图把法律同外部的社会力量——这些社会力量不断冲击着法律力图保护的内部结构所依凭的保护层——完全分隔开来的企图，必然而且注定是要失败的。"① 法律原则具有强大的联系功能，可根据社会形势的变化，针对各种具体情况，有效地解决法律规则的模糊、疏漏、滞后、不合理等问题，为社会伦理原则进入法律规范体系开启通道，实现法律与社会基本价值观的有效沟通与紧密衔接。

第一，联系法外世界的通道。从某种意义上说，法律原则即为法的价值的载体。法的目的价值，是指法律在发挥其社会作用的过程中能够保护和助长那些值得期冀、希求的或美好的东西，它构成了法律制度所追求的社会目的，反映着法律创制和实施的宗旨，是关于社会关系的理想状态是什么的权威性蓝图，也是关于权利义务的分配格局应当怎样的权威性宣告。法律原则是"超实证法"，是先于并外在于实证法的根本法律规范，构成法律内容之指导原则。原则就是一种根本规范或基础规范，其在一国法律体系或法律部门中居于基础性地位，为一国法律的基本信条和准则，它寄托了法律的总体精神和根本价值。② 法律原则使法律具有道德的属性，"正是法律的这种由法律原则所给予的道德特征，给予了法

---

① ［美］博登海默：《法理学：法律哲学与法律方法》，邓正来译，242 页，北京，中国政法大学出版社，1999。

② 参见李可：《原则和规则的若干问题》，载《法学研究》，2001（5）。

律特别的权威，也给予了我们对法律的特别的尊敬"①。夏勇先生从宪法学的角度对法律原则进行分析，认为"蕴涵基本价值的根本法则，才是宪法所由产生的根据，并决定宪法和宪政的真正本质和道德基础。只有这样的法则，才能高于宪法，并因此真正赋予宪法以根本法特征，使宪法享有最高的法律权威……这样的法则叫什么，在很大程度上，是个修辞策略问题。我们可以称之为'客观法'、'自然法'、'最高法'、'天法'，也可以称之为'共识'、'基本原则'、'宪政观念'、'道统'、'天道'等"，这种"宪法之上的法"，"要求包括宪法在内的一切制度和法律都具有终极意义上的合法性和正当性"②。

在民法领域，基本原则是关于民法目的之法律，属于准则法；民法规范为维持该目的之法律，属于技术法，起确保准则法实现的作用。狄骥在分析《法国民法典》后发现，除家族法外，仅有契约自由、权利不可侵犯及过失责任这三项民法基本原则为准则法，其余一概为实现这三大原则之技术法。③ 原则可将法律规则与社会道德、社会价值观相连接，将法外因素转化为法内要素。"'法律原则是规则和价值观念的会合点。'原则的特点是，它不预先设定任何确定的、具体的事实状态，没有规定具体的权利和义务，更没有规定确定的法律后果。但是，它指导和协调全部社会关系或某一领域的社会关系的法律调整机制。在制定法律规则，进行司法推理或选择法律行为时，原则是不可缺少的，特别是遇到新奇案件或疑难案件，需要平衡互相重叠或冲突的利益，为案件寻找合法的解决办法时，原则是十分重要的。"④ 在原来法律条款文字不变的情况下，其负载的价值内容已悄悄地发生变化。通过法律原则，"逐渐把未作规定的行为和状态引进法律秩序，使之成为'被规定的'和'有效力的'，旧秩序就会让位于更好的秩序"⑤。

第二，法律发展的动力源泉。"在发达的法律体系中，法的原则是法律内容的某种'精华'，不仅能揭示该体系的内容最重要的特征，而且也

① ［美］罗纳德·德沃金：《认真对待权利》，信春鹰、吴玉章译，21 页，北京，中国大百科全书出版社，1998.

② 夏勇：《论宪法改革的几个基本理论问题》，载《中国社会科学》，2003（1）。

③ 参见徐国栋：《民法基本原则解释》，41 页，北京，中国政法大学出版社，2001。

④ 张文显：《法哲学范畴研究》，54 页，北京，中国政法大学出版社，2001。

⑤ ［俄］伊·亚·伊林：《法律意识的实质》，徐晓晴译，62 页，北京，清华大学出版社，2005。

是法的结构中有高度意义的调整因素。"① 作为基础规范的法律原则，是衍生法律规则的源头。在日常语言中，"原"字含有源头、起始的含义。"起源是一切事物的最重要的部分"②。法律原则是整个法律体系的原点，就是一种根本规范或基础规范，其在一国法律体系或法律部门中居于基础性地位，它体现了法律的总体精神和根本价值，是具体法律规则的出处和源头。"一个原则是一种用来进行法律论证的权威性出发点。各种原则是法律工作者将司法经验组织起来的产品，他们将各种案件加以区别，并在区分的后面定上一条原则，以及将某一领域内长期发展起来的判决经验进行比较，为了便于论证，或者把某些案件归之于一个总的出发点，而把其他一些案件归之于某个其他出发点，或者找出一个适用于整个领域的更能包括一切的出发点。"③ 在实证法体系中，宪法是根本大法，它的许多规定都具有法律原则的属性，是法律、法规的制定根据，人们可以从中找寻和推导出部门法的原则、规则。部门法的原则主要应从宪法中推导出来。"刑事诉讼法并非总是明确地规定了刑事诉讼法原则。刑事诉讼法原则有一部分体现在刑事诉讼程序规定的字里行间，有一部分被制定进其他法规，在某些情况下，我们只能从'基本法'的规定中去推导它们。"④

在罗马人手里，"法律第一次完全变成了科学的主题，他们从作为法律原材料的细碎规则中提炼出原则并精心构建成一个体系。这一提炼进程之所以重要，不仅是因为它能够使规则制定工作变得简化，还因为原则不同于规则，前者蕴含丰富：一位法学家可以通过对两三项原则的组合创造出新的原则，并且由此创造出新的规则。原则体系与规则体系间的区别可以说类似于字母拼写文字与象形文字（比如中文）间的区别"⑤。诚信原则仍是大陆法系国家使垂老的古典法典通导外部变化着的社会经济条件的窗口，是新规则进化的不竭源泉。⑥ 在法律存有漏洞的情况下，

① ［苏］阿列克谢耶夫：《法的一般理论》，上册，271页，北京，法律出版社，1988。
② ［意］桑德罗·斯奇巴尼：《桑德罗·斯奇巴尼教授文集》，费安玲等译，38页，北京，中国政法大学出版社，2010。
③ ［美］罗斯科·庞德：《通过法律的社会控制》，沈宗灵译，27页，北京，商务印书馆，2010。
④ ［德］约·阿希姆·赫尔曼：《〈德国刑事诉讼法典〉中译本引言》，载《德国刑事诉讼法典》，李昌珂译，北京，中国政法大学出版社，1995。
⑤ ［英］巴里·尼古拉斯：《罗马法概论》，黄风译，1页，北京，法律出版社，2000。
⑥ 参见徐国栋：《民法基本原则解释》，124页，北京，中国政法大学出版社，2001。

法律原则可以成为法官推理的基础，构成司法三段论的大前提。在大陆法系的一些国家，"法学家们在一定场合毫不犹豫地适用不曾写进法律的道德方面的原则：欺诈破坏一切原则，任何人不得违反确凿的客观事实原则"①。这些法律原则往往直接来自道德或政治理论，而不是从严格的法资料中得出的，它们的"出身甚为可疑，因为你看不到它的文字出处"②。"关于法律原则内容的某些特定的公理，在这里不是采取理智的法律规则的形式，而是采用假设方式的箴言形式，并且要求：法只有在不违背那些假设时，才是真正合法的。"③ "生活资料之得丧变更，在大陆法系之成文体制下，民法典常有未作规范之情形。未作规范之原因或为漏未规定，或为留待判例或学说之开发。当生活资料发生得丧变更而民法典不能提供变动之依据时，不问原因为何总须另寻法源以兹因应。诚信原则在此民法典规定之空隙中，以法理之姿态，扮演法源，充当变动之依据。"④ 日本刑法学者大谷实指出，法律原则是有关个人（或由若干人组成的集团）权利、正义或公平的要求，或其他道德方面的要求。因此，法律原则就是习惯、条理等非正式的法律渊源的归结。⑤ 台湾法学家翁岳生认为，"行政法的一般法律原则的性质，实际上并非构成独特的、新的法源范畴，而是各种不同的法源的集合概念，亦即其常以其他法源形态表现，例如违法负担的行政处分的自由撤销原则，或为公共利益特别牺牲的公法上补偿原则，一方面符合当事人间法的确信，另一方面如已经长期施行，则可谓构成习惯法，其他行政法上一般法律原则，除已明定为成文法规定外，大部分多透过法院裁判上加以承认，而具有法官法（判例法）的不成文法性质。"⑥ 在此意义上，法律原则是指自发形成的，没有经过国家机关制定或认可的行为规范，即非正式法律渊源。原则构成"续造法律"的法源，经法官的发现、认定和论证而进入现行的法律

①　[法] 勒内·达维德：《当代主要法律体系》，漆竹生译，144～145 页，上海，上海译文出版社，1984。

②　[美] 理查德·A·波斯纳：《法理学问题》，苏力译，352 页，北京，中国政法大学出版社，2002。

③　[德] 马克斯·韦伯：《经济与社会》，下卷，林荣远译，188 页，北京，商务印书馆，1997。

④　曾世雄：《民法总则之现在与未来》，39 页，北京，中国政法大学出版社，2001。

⑤　参见 [日] 大谷实：《刑法各论》，黎宏译，45 页，北京，法律出版社，2003。

⑥　翁岳生编：《行政法》，上册，148 页，北京，中国法制出版社，2000。

秩序体系。① 我国民法中并未规定正义原则，但司法案例中却多次适用。
在"杨尔特诉礼泉县教育局、礼泉县教育工会给付募捐款纠纷案"② 中，
法院认为："被告教育局、教育工会在原告杨尔特患白血病无力医治之
时，向全县师生发出募捐倡议，是符合社会主义精神文明的正义之举。"
在此，法院运用法律没有规定的"正义"原则，认定被告募捐行为的合
法性。在"陈莉诉徐州市泉山区城市管理局行政处罚案"③ 中，法院判
决："由于城市管理局不正当行使了自己的诉讼权利，实际上加重了被上
诉人陈莉的负担，基于公平原则，城市管理局应当负担陈莉因此次诉讼
而支付的直接的、合理的费用……"本案中法院所适用的"公平原则"
在行政诉讼法中并没有规定，是没被写入行政法条文中的社会公理，但
已为法院所认可，因而具有法律的属性。

　　第三，法律规则弊害的矫正器。由于规则在适用上的高度抽象性和
僵硬性，在特殊情况下，规则的严格实施可能导致个案的极端不公正。
有时，法律原则的作用就是证明违反规则为正当，纠正或缓和规则的极
端和严苛，杜绝消极适用法律可能产生的不当后果。对于曾经轰动一时
的"张学英诉蒋伦芳案"④，法院认为，黄永彬的遗嘱行为违反了法律的
原则和精神，损害了社会公德，破坏了社会公共秩序。如果机械地执行
法律，按照继承法处理本案，就会助长"第三者""包二奶"等不良社会
风气。因而，法院以《民法通则》第 7 条"民事活动应当尊重社会公德"
的公序良俗原则，来替代《继承法》第 16 条第 3 款"公民可以立遗嘱将
个人财产赠给国家、集体或者法定继承人以外的人"的法律规则，认定
遗嘱无效，驳回原告张学英的诉讼请求。

　　总之，每一原则都是在广泛的、现实的社会生活和社会关系中抽象
出来的标准。法律原则覆盖面宽，它所涵盖的社会生活和社会关系比一
个规则要丰富得多；宏观上指导性强，它能在较大的范围和较长的过程
中对人们的行为有方向性指导作用；稳定性强，法律原则一旦形成，即
在较长的时间段内持续操作并发挥作用。成文法规则内容上的具体性、
结构上的封闭性、适用上的严格性、历时上的稳定性，固然有其优点，
但优点之中也伴生着一些不可忽视的重要缺陷。这些缺陷可以通过内容

---

① 参见舒国滢：《法律原则适用的困境》，载《苏州大学学报》，2005（1）。
② 《最高人民法院公报全集》，1995～1999 年卷，547 页。
③ 《最高人民法院公报》，2003 年卷，413 页。
④ 王甘霖：《"第三者"为何不能继承遗产》，载《南方周末》，2001 - 11 - 01。

上具有模糊性、结构上具有伸缩性、适用上具有灵活性的法律原则加以弥补，以提高法律对社会生活的调整能力。

四、窗户关闭：非此即彼的区隔

窗与门，都是建筑物上与外界相联系或区隔的重要装置，但两者之间的结构与功能也有明显的差别。《说文解字》曰："门"，"闻也。从二户。象形。"段注云：闻，"以叠韵为训。闻者，谓外可闻于内，内可闻于外也。"墙的功能是分隔空间，楼梯和走廊用于连接空间，但门既能分隔，又能连接。所以，发明门的人懂得"辩证法"。人类社会通过许多方式在不断地划分界线，把无限的自然分隔成不同类别的有限空间。门和墙都是人类用于分隔空间的手段，但它们的性质有所不同。门固然是人们出入建筑物的主要通道，但与窗户比较，它的联系功能弱，区隔功能强；相对地，窗户的联系功能强，区隔功能弱。

法律原则作为法律系统与外部世界之间的"窗口"，不仅起着联系的作用，同时也起着阻隔作用。敞开的窗户，不仅能收入光明和空气，还会导入灰尘、蚊虫、禽兽、强盗、寒冷等令人难以容忍的东西。当屋内黑暗或者空气浑浊的时候，打开窗户可以让窗外的阳光、空气进来；另一方面，"假使窗外的人声物态太嘈杂了，关了窗好让灵魂自由地去探胜，安静地默想。"[①] 就如同窗户之作用机制，只有开启的一种功能尚不够理想，还必须能够由人操控而关闭起来。如要实现法律自治，就必须全面预设一套完善的法律规则，以及可以自如地关闭起来的法律原则，维护其相对独立的规范空间。"每一事物要成为某种事物，就应该把自己孤立起来，并成为孤立的东西。"[②] 法律原则既体现着社会一般道德意识和道德标准，又是法律的构成要素。在法学上，法律原则与立法指导思想、立法宗旨、法律制度、一般条款等法律现象非常类似，对它们不加区分地混同使用，有损于法律的明确性。原则不全是由立法创造的，有时候它们出现在司法判决中，有时候出现在法规序言中，有时候则没有明确的陈述而是从法规、判决或宪法中推导出来的。但是，有时候原则直接来自道德或政治理论，而不是从严格的法资料中得出的。就此，美国法学家波斯纳对这些实质性政治原则提出疑问，法律原则的"出身甚

---

① 钱锺书：《写在人生边上》，19 页，沈阳，辽宁人民出版社，2000。
② 《马克思恩格斯全集》，中文 2 版，第 1 卷，251 页，北京，人民出版社，1995。

为可疑，因为你看不到它的文字出处"①。法律原则可区分为"非实定的法律原则"与"实定的法律原则"。许多法律原则都具有社会公理的属性，像诚实信用、公序良俗等社会公理已被写入制定法中，就成为法内原则。假如不是彻底否定实在法的法律属性，"非实定的法律原则"的评价就需要在现行法律秩序的框架之内来展开。梅因指出："一个社会对于某些特殊案件，为了要得到一个理想的完美的判决，就毫不迟疑地把阻碍着完美判决的成文法律规定变通一下，如果这个社会确有任何司法原则可以传诸后世，那它所能传下来的司法原则只可能仅仅是包括着当时正在流行的是非观念。这种法律学就不能具有为后世比较进步的概念所能适合的骨架。"② 法律原则的阻隔功能，可以防止法外因素的不当进入，维护法律体系的独立性。只看到法律原则的联系功能，而没有看到其阻隔功能，无疑就会导致法外的政治、经济、文化、道德等的价值可以不经过严格的过滤、中介，避开严格的法律程序，轻易地就进入法律的地盘。事实上，许多人往往只看到法律原则的联系功能，而忽略其阻隔功能，认定中介的功能就是联系或主要是联系，那就是极其片面的。同样重要的是，法律原则还发挥着很强的阻隔功能，维护法律的自治性。

第一，法律原则的刚性约束。法律原则是法律体系中最关键的部分，是法律的"硬核"。在法律体系中，不管发生什么变革与更新，原则总是稳定不变的：即使社会发生重大的发展转型与变迁，法律体系本身也在不断地发展，但是总有一些基本的原则在发展的同时保留着最初的那部分根基。③"罗马法系基丁其鲜明的普世主义，以开放的态度投射于这些因素之上，以其作为活着的'万民法'（所有民族的共同法）这样一种角色，提供其基本原则，不断来适应当代的需要。"④ 孙国华先生认为：社会主义法的基本原则是反映社会主义法的本质和内容的指导思想，是整个社会主义法律制度（legal system）的"灵魂"，是扩散在现行社会主义法律规范中的经济、社会政治的和专门法律的要求，反映着社会主义社会发展的最高普遍性、最高命令性。所谓最高普遍性就是说基本原则要

---

① ［美］理查德·A·波斯纳：《法理学问题》，苏力译，352 页，北京，中国政法大学出版社，2002。

② ［英］梅因：《古代法》，沈景一译，43 页，北京，商务印书馆，1959。

③ 参见［意］桑德罗·斯奇巴尼：《桑德罗·斯奇巴尼教授文集》，费安玲等译，27 页，北京，中国政法大学出版社，2010。

④ 同上书，163 页。

渗透到一切法律手段中并在任何法律状态下都应考虑到它；所谓最高命令性，意味着基本原则是无可争议的、必须遵守的，它比那些非基本原则和从原则中引申出的规定的必须遵守性还强。① 我国《民法通则》第151 条规定："民族自治地方的人民代表大会可以根据本法规定的原则，结合当地民族的特点，制定变通的或者补充的单行条例或者规定。"这意味着民族自治地方的立法必须根据宪法和国家法律的原则，不能违反这些原则，但可以变通或者补充母法的法律规则。此时，基本原则比规则更加具有刚性的约束力，不容随意变动。再如，全国人民代表大会常务委员会《关于授权广东省、福建省人民代表大会及其常务委员会制定所属经济特区的各项单行经济法规的决议》规定："授权广东省、福建省人民代表大会及其常务委员会，根据有关的法律、法令、政策规定的原则，按照各该省经济特区的具体情况和实际需要，制定经济特区的各项单行经济法规，并报全国人民代表大会常务委员会和国务院备案。"在上位法授权的情况下，下位法可以通过"补充"和"修改"的方式，对上位法没有规定的内容做出新的规定，对上位法已有的规定进行变动，而且，只要不同上位法的基本原则相抵触，即使与上位法的具体原则、法律规则相抵触，仍然是合法的。这类法律原则消极地设定下位法不得有的内容，构成任何人的任何行为都不得违反的底线标准。

　　第二，防止原则的司法滥用。长期以来，我国许多法律人都患有法律原则"崇拜症"，夸大法律原则的作用，试图以"原则之治"来代替"规则之治"，这有瓦解法治根基之虞。几乎每本法理学及部门法学的著作都有法律原则的论述，每部专门法律都有原则的内容规定。原则的泛滥在当代中国的各法律部门绝不是个别的现象，它基于论者们对原则到底是什么缺乏正确的理解，似乎任何重要的东西都是原则。在立法中出现的原则恐怕不仅是一种价值宣示性的东西，换言之，并非立法者把凡自己认为重要的东西都确立为基本原则，它应该是某种立法技术手段，承担着不止价值宣示的其他功能。② 在民商法领域中，基本原则具有扩张机能，一切民法条文都是基本原则的具体化，在没有明文规定的情况下，有时可以按照基本原则处理相关案件。即使如此，模糊的法律原则往往有损法律的明确性，有时也不能直接作为裁判的依据。例如，《婚姻法》

---

① 参见孙国华主编：《法理学教程》，181 页，北京，中国人民大学出版社，1994。
② 参见徐国栋：《民法基本原则解释》，序言，北京，中国政法大学出版社，2001。

第 4 条规定："夫妻应当互相忠实，互相尊重；家庭成员间应当敬老爱幼，互相帮助，维护平等、和睦、文明的婚姻家庭关系。"作为一项法律原则，人们对此是有争议的。最高人民法院《关于适用〈中华人民共和国婚姻法〉若干问题的解释（一）》第 3 条的回答是："当事人仅以婚姻法第四条为依据提起诉讼的，人民法院不予受理；已经受理的，裁定驳回起诉。"该司法解释明确地否认《婚姻法》第 4 条规定的法律原则可作为法院审理案件的直接依据。

不难想象，假如法外因素无限制地进入，随意干涉实证法领域，法律调整的空间将呈不安定状态。"法律一旦过分执着地遵循价值观念（例如宗教原则），或屈从于特殊的政治上做法和倾向，就不能维持充分自主的社会定位，从而也就不能维持自身在社会结构中的自主地位，以及政治和经济生活的微妙平衡。"[①] 在西方，"虽然法律受到宗教、政治、道德和习惯的强烈影响，但通过分析，可以将法律与它们区别开来。例如，作为习惯行为模式意义上的习惯区别于习惯法，后者是指被认为具有法律约束力的习惯性行为规范。与此相似，政治和道德可能决定法律，但它们不像在某些其他文化中那样被认为本身就是法律。在西方，法律被认为具有它自己的特征，具有某种程度的相对自治"[②]。可以说，原则是将法律与外部世界联系起来，将法外价值输入法内的"通道"和"窗口"，同时，它也是维护法律的自治性和独立性，阻止法外因素随意进入法律内部的挡板和屏障。

第三，不宜成为定罪科刑的根据。在私权利领域，奉行"法不禁止即自由"原则，法律是确保公民权利不受侵犯的制度屏障。在公权力领域，实行"法不授权即禁止"原则。民法基本原则具有扩张机能；一切民法条文都是基本原则的具体化；在没有明文规定的情况下，按照基本原则可以处理。因而，民法基本原则具有拾遗补阙的作用，它为法官自由裁量提供了根本准则。而在刑法领域，则完全不同。罪刑法定作为刑法基本原则恰恰具有限制机能，它不允许法官超出成文法的规定，随便地定罪科刑。因而，如果说民法是一个相对开放的规则体系，那么，刑法就是一个相对封闭的规则体系。就法官的自由裁量权而言，在民事司

①　［英］科特威尔：《法律社会学导论》，潘大松等译，97 页，北京，华夏出版社，1989。
②　［美］哈罗德·J·伯尔曼：《法律与革命》，贺卫方等译，9 页，北京，中国大百科全书出版社，1993。

法中远比在刑事司法中要大。在民法中更需要从基本原则中引申出实质
判断；而在刑法中，基本原则本身要求不能做出超越法律的实质判断而
只能依法做出形式判断。不能将民法中立法与司法的构造照搬到刑法中
来，这是由刑法的性质决定的。与民事司法相比较，刑事司法的自由裁
量权要小一些。刑法调整非正常社会关系的特性，也使它基本上有可能
做到罪刑法定，因为犯罪这种反社会行为的种类毕竟有限。而民法调整
正常社会关系的特性使其面临着无限广阔的调整范围，做到法定主义实
不可能。因此，民法更为强调灵活性。①

　　法治国家的刑事法，实行规则中心主义。刑法是以刑罚性强制为内
容的，它涉及对公民自由、财产乃至生命的处置。因此，如果对刑事司
法活动不加限制，危险是显而易见的。20 世纪 30 年代，德国纳粹政权上
台后，于 1935 年将 1871 年刑法典修改为："任何人，如其行为依法律应
受处罚者，或依刑事法律的基本原则和人民的健全正义感应受处罚者，
应判处刑罚。如其行为无特定的刑事法律可以直接适用者，应依基本原
则最适合于该行为的法律处罚之。"当时，除了极少数共和者外，德国法
学界再没有人赞同法律实证主义了。卡尔·施密特 1932 年声称：法律实
证主义时代已经过去了。宪法教授厄恩斯特·福斯特霍夫也认为：现在
的国家无论如何都无法再从仅具个性而缺乏权威性的法律实证主义思想
中得到一点支持了。② 法官的工作不应受形式正义的、抽象的法律稳定原
则所囿，而是应依据在法律中得以表达的，并由元首来代表的人民法律
观的法律原则。新型的法官判案"不应基于对案件因素的分析调查，而
是从整体着眼抓住其本质并具体地掌握之"。一个案件事实的"理性分
割"和公正方法所导致的"对其本质的歪曲——这些观点被他们完全地
抛弃。毕竟，法律的新形式并不能单靠逻辑推理来达到……而是靠人民
之一员以其与人民的亲密血缘来感受或经验的"。因此，一名法官应以一
种"健康的偏见"来处理案件，"作出符合纳粹法律秩序与政治领导层意
志的价值判断"。这种法理学超出了"典型地被夸大的对滥用司法的自由
主义的恐惧"，"一种充满情感和价值取向的整体方式"和一种"对法律
本质的总体看法"将保证法官做出正确的判决。③ 法律应该有意以含混的

---

　　① 参见陈兴良：《罪刑法定的当代命运》，载《法学研究》，1996（3）。
　　② ［德］英戈·穆勒：《恐怖的法官》，王勇译，203 页，北京，中国政法大学出版社，
2001。
　　③ 参见上书，66 页。

措辞表达："总则、类推的适用、将健康的人民意见作为法律渊源之一。对公正的直接、即刻的认识的适用……正是纳粹刑法的标准。"①

　　第四，法律原则的具体化。抽象的法律原则需要通过立法、司法与学术研究等途径予以具体化，并获得相对明确的含义。"为了使法律具有逻辑自洽性、可预见性和稳定性，高度发展的各个法律制度都力图创建一个有关法律概念、法律技术与法律规范的自主体。"② 抽象的法律原则一般不能直接作为裁判的依据。作为原则，其并非可直接适用于具体个案的规则，毋宁为一种指导思想，透过立法，或由司法裁判依具体化原则的程序，或者借形成案件类型以演绎较为特定的原则，借此可以将原则转变为能被用作裁判的规则。"法律原则并不是一种———一般性的案件事实可以涵摄其下的，同样——非常一般的规则。毋宁其无例外地须被具体化。然而，于此须区分不同的具体化阶段。最高层的原则根本尚不区分构成要件及法效果，其毋宁只是——作为进一步具体化工作指标的——'一般法律思想'。此类法律原则有：法治国原则、社会国原则、尊重人性尊严的原则及自主决定与个人负责的原则。区分构成要件及法效果的第一步，同时也是建构规则的开始则是：相同案件事实在法律上应予相同处置的命令以及各种不同方向的信赖原则（例如负担性法律溯及既往之禁止以及——作为私法中'信赖责任'的基础之——在所有法律上的特别关系均应循行'诚信'的要求）。即使是此等'下位原则'，它们距离——可直接供作具体个案裁判基准的———规则还是甚远。其毋宁仍须进一步的具体化，此工作首先多由立法者来承担。而最终的具体化则多由司法裁判针对该当个案为之。"③ 裁判是法律原则获得具体化的重要契机与路径。"尚未实证化的法律原则，经常是'借一范例性的事件，突破意识的界阈而进入法律之中'。学说或法院有一天会将之表达出来，而因其内存的说服力，其迟早会逐渐被当时的法意识所普遍承认。"④

　　第五，裁判法官的说理义务。法律原则往往不具有明显的外观形式，主观性较强，对它的认定与理解实属不易。与法律规则比较，无论是其

---

　　① 〔德〕英戈·穆勒：《恐怖的法官》，王勇译，68 页，北京，中国政法大学出版社，2001。

　　② 〔美〕博登海默：《法理学：法律哲学与法律方法》，邓正来译，240 页，北京，中国政法大学出版社，1999。

　　③ 〔德〕卡尔·拉伦茨：《法学方法论》，陈爱娥译，348～349 页，北京，商务印书馆，2003。

　　④ 同上书，293 页。

调整对象还是调整方式，都不够明确、具体。"规则支配的行为所着眼的东西被限于各种情况的共性。对任何情况来说，要紧的是适用于那一类情况的规则是什么，为那一类情况规定的那类行为必须去做，针对那一类情况禁止的那类行为则不得去做，没有必要把某一情况作为个别情况来加以考虑。某一情况的细节、特征和特定环境，都可以忽略不计。原则支配的行为所着眼的东西不被限于各种情况的共性，必须注意个别的情况。个别情况的细节、特征和特定环境，对于决定如何最好地满足运用于那一类情况的原则的要求，具有显而易见的重要性。"① 对法律原则的理解和适用，并非单纯的逻辑操作，还存在着复杂的价值判断。"因为原则不是以要么有效要么无效的方式适用，并且原则可能互相冲突，所以，原则有'分量'（weight）。就是说，互相冲突的原则必须互相衡量或平衡，有些原则比另一些原则有较大的分量。因为规则是以要么有效要么无效的方式适用的，所以它们并不必须互相衡量或平衡。"② 为了限制法官的自由裁量权，保障法的安定性，维护当事人的权利，在没有可适用的规则或者排斥法律规则而适用法律原则时，法官有充分说明理由的义务。

总之，作为法律之"窗"的原则，在法律体系与社会生活之间，既是联系的通道也是阻隔的屏障。如果没有法律原则的中介，实际的法制运行过程极易走向两个极端：一方面是短路连接、荒腔走板、权力滥用。领导人的意志、社会舆论直接就是行为准则和裁判依据，就是官方决策的根据。另一方面是萧规曹随、麻木不仁、机械执法。执法者固守法律具文，无视社会生活的重大变化，漠视广大人民的根本利益，推卸责任。因而，在法治中国建设过程中，通过法律原则这一制度化、程序化的装置，可以很好地协调、整合法律的稳定性与变动性、独立性与开放性、自治性与社会性之间的复杂关系，确保法律对社会关系的有效调控，增强社会发展活力，提高社会治理水平。

---

① ［英］米尔恩：《人的权利与人的多样性》，夏勇、张志铭译，24 页，北京，中国大百科全书出版社，1995。

② ［美］迈克尔·D·贝勒斯：《法律的原则》，张文显等译，13 页，北京，中国大百科全书出版社，1996。

第三编　法的创制

法的创制是把由物质生活条件所决定的人民意志、国家意志客观化的过程，是国家对法律资源进行权威性、制度性配置的过程，它是由特定主体，依据法定职权和程序，运用特定技术，制定、认可和变动法的活动。

第3章对分散于立法学领域的许多鲜活生动的隐喻，进行概览式的宏观把握。在立法主体及其职能方面有"橡皮图章"，"房子建造"；在立法技术方面有"机器使用说明书"，"祖父"条款，"包裹立法"；在立法的客观条件方面有"食品柜里的储物"；在立法评价方面有"法律漏洞"，"法律爆炸"，法律的"牙齿"；在立法监督方面有"铁锤"条款，"日落规则"。

第4章对作为立法隐喻一种具体形式的"包裹立法"，进行细致的微观分析。包裹立法，是立法机关基于一个共同的立法目的，将数个与经济社会发展存在明显不适应、不协调问题的不同法律文本，整合在一个法律案中进行小幅度变动的法律修改技术。在社会发展节奏加快，法律体系已经形成，全面深化改革的历史背景下，包裹立法被赋予重任。自2009年以来，全国人大常委会多次采用包裹立法，透视这些集成式法律修改的过程，可发现中国包裹立法的发展轨迹。包裹立法除应遵循法治原则、民主原则和科学原则等法定的立法原则外，还有其特殊的内容规定性。提高包裹立法的质量，除了改进立法技术外，立法机制的创新也很关键。

第3章　立法隐喻

党的十八届四中全会审议通过的《中共中央关于全面推进依法治国若干重大问题的决定》，立足中国社会主义法治建设实际，直面我国法治建设的突出问题，提出了全面推进依法治国的指导思想、总体目标、基本原则，提出了关于依法治国的一系列新观点、新举措。该决定明确提出："法律是治国之重器，良法是善治之前提。"此处提及的"良法"概念，对执政党而言，系重大理论创新，对于建设中国特色社会主义法治国家具有重要的指导意义。立法是由特定的主体，依据一定职权和程序，运用一定技术，制定、认可和变动法的活动，它是实现良法之治的最重要途径。对立法问题进行研究的学科，即为立法学。立法学的研究范围包括立法的概念、立法的性质与功能、立法原则、立法主体与立法体制、立法程序、立法技术、立法监督、立法评估、立法完善等。在立法学领域的各方面，都存在着许多鲜活生动的隐喻式词语。

一、立法主体及其职能

立法主体，主要是指各种有立法权的机关及其内部从事立法工作的专业人员。立法技术的主要运用者，主要是在立法工作机构内，直接从事立法工作的专业人员，即立法工作人员。立法工作机构，是指有立法权或立法创议权的国家机关为进行立法活动而在其内部设置的负责立法事务的办事机构。我国立法工作机构可分为常设性立法工作机构和临时性立法工作机构。常设性立法工作机构又可以分为专门性立法工作机构，即法制工作机构和兼任性立法工作机构。法制工作机构是我国立法工作机构的主要类型。立法工作人员的地位决定于立法工作机构的性质和地位。在我国，不同层次的立法工作机构，是有关国家机关设置的负责具体立法事务的办事机构。例如，全国人大常委会法制工作委员会，是根据《全国人民代表大会组织法》第28条"常务委员会可以根据需要设立工作委员会"的规定设置的；国务院法制办公室是根据《国务院组织法》第 11 条，国务院可以"设立若干办事机构协助总理办理专门事项"的规定设置的。立法工作机构的基本性质和地位，是设置它的国家机关的负责立法事务的办事机构，是该国家机关或其他领导人在立法工作方面的参谋和助手。立法工作人员在立法中的地位，是对立法者负责的专门人员，本身不是立法者，不具有立法权。在立法工作中，立法工作人员的地位具有以下两个特征：（1）地位相对超脱。立法工作人员作为参谋、助手，没有自身部门的特殊利益，也不大容易受有关利益关系方的左右。在立法工作中，立法工作人员必须站在立法决策者的立场上进行具体工作，他们在各类立法工作的参与人中，地位较为超脱、中立。（2）接近立法决策者。立法工作机构及立法工作人员在立法事务上，直接对立法决策者负责。因而，在立法活动中，立法工作人员较为接近立法决策机关及决策人员，能及时、准确地了解和掌握立法所需的有关信息，尤其是立法者的立法意图，并能有效地代表立法决策者了解或协调有关方面在立法上的矛盾和分歧。立法工作人员的主要任务正是从国家法制建设的全局出发，在立法的各个环节上，通过具体的立法操作，协助立法机关保证立法的质量。例如，通过立法调研，编制立法规划，在法律体系上保证立法的必要性和可行性；通过法案的起草、审查工作，保证法案的规范性和可操作性；通过检查法律执行情况，承办法律修订、备案、解释等活动，保证法律的有效实施，消除法律间的矛盾和冲突。

——"橡皮图章"：立法机关没有充分发挥其职能。是用来描述一个人或组织在法律上被赋予很大的权力，而实际上只能行使很少的一部分权力。"在西方舆论中，以前常有人以'橡皮图章'称呼中国的两会，但现在这种说法在减少"[1]。宪法规定，全国人民代表大会是最高国家权力机关。它的常设机关是全国人民代表大会常务委员会。但由于各种原因，长期以来它在社会生活中发挥的作用非常有限，它制定的法律、做出的决定缺乏刚性约束。可以断言，随着我国社会主义民主法治建设的发展，全国人大及其常委会将发挥越来越大的作用，"橡皮图章"的"雅号"将被摘掉。

——"锤子"：法案起草者实践理性的重要性。实践中，法案起草者只能够通过基于经验理性的方法，拟制合理的法案。我们仅仅知道我们

---

① 萧达等：《世界借两会审视中国》，载《环球时报》，2013 - 03 - 04。

亲身经历的事物，我们能够做出的最佳决定，应该是基于已知。所以，要完成一项伟业，仅凭天赋才能是不够的，还要有经验和思考经验而参悟的理性。有丰富使用铁锤经验的人，参悟经验之后，终于设计出可以用在特定场合的铁锤，做家具或打砖块。基于经验的理性是指通过经验展现的事实设计解决问题的新方法。试想许多不同种类的锤子。多年来，人们用不同的锤子干不同的活，如木匠做框架的锤子和瓦工的锤子，铺设板条用的铁锤，地质学者的石锤，机修工的尖头锤，细木工的华伦式专利锤，铁路工人的拔钉锤，以及家具商的磁铁锤。没有一种锤子是发明家凭空想象的，而是有人在使用既有锤子从事某项工作时，根据经验发现改进现有锤子能使工作做得更好。作为判断应该做什么的基础，长期社会经验告诉我们基于经验的理性具有优越性。①

当下我国法学教育的整体质量虽大幅度提升，但与其他法治成熟国家一样，法学教育日益变成了标准化的学术训练，与社会实际相脱节。实际上，具有高度复杂性的立法活动，仅靠人们的常识是远远不够的。而"法律为专门之学，非俗吏之所能通晓，必有专门之人，其析理也精而密，其创制也公而允"②。立法事业需要有科学的理论、方法和技术予以指导，因而需要有大量的熟悉立法实务、通晓立法理论和技术的专门人才。"草拟法案是一种需要高度技巧、知识和经验的工作。"③ 我国的法学教育应正视法制建设各个方面的需求，不仅要培养出适格的司法人才、执法人才、法律服务人才，法学院也有责任为社会培养出一大批掌握立法方法的专门人才。

改革开放以来，我国地方经济社会发生了巨大的变化，许多设区的市规模相当大。管理此类人口众多的区域，特别是随着城镇化的发展，与其相关的土地、人口、环境、城乡建设与管理、社会治理等问题复杂，当然要靠法治来管理，除了国家的法律法规、省一级的法规，还有一些具有本行政区域特点和特别需要的事项，国家和省级不可能针对其专门立法，所以有必要按照依法治国的要求赋予其地方立法权。近年来，一些全国人大代表多次提出议案、建议，要求增加具有地方立法权的较大

---

① 参见［美］安·赛德曼等：《立法学：理论与实践》，刘国福等译，109～110 页，北京，中国经济出版社，2008。
② 沈家本：《历代刑法考》，第 4 卷，2060 页，北京，中华书局，1985。
③ ［美］查尔斯·J·津恩：《美国如何制定法律》，陈若桓译，6 页，香港，今日世界出版社，1976。

的市的数量。《中共中央关于全面推进依法治国若干重大问题的决定》提出："明确地方立法权限和范围，依法赋予设区的市地方立法权。"修改后《立法法》第72条第2款规定："设区的市的人民代表大会及其常务委员会根据本市的具体情况和实际需要，在不同宪法、法律、行政法规和本省、自治区的地方性法规相抵触的前提下，可以对城乡建设与管理、环境保护、历史文化保护等方面的事项制定地方性法规，法律对设区的市制定地方性法规的事项另有规定的，从其规定。设区的市的地方性法规须报省、自治区的人民代表大会常务委员会批准后施行。省、自治区的人民代表大会常务委员会对报请批准的地方性法规，应当对其合法性进行审查，同宪法、法律、行政法规和本省、自治区的地方性法规不抵触的，应当在四个月内予以批准。"在立法法修改前，我国共有49个较大的市拥有地方性法规制定权，包括27个省会市、18个经国务院批准享有地方性法规制定权的较大的市，以及4个经济特区所在地的市。立法法修改后，235个其他设区的市也拥有地方立法权（立法法修改后，2015年4月，国务院又批复同意西藏自治区撤销林芝地区设立林芝市，新疆维吾尔自治区撤销吐鲁番地区设立吐鲁番市），再加上虽不设区，但属地级市的广东省东莞市和中山市、甘肃省嘉峪关市、海南省三沙市，比照适用有关赋予设区的市地方立法权的规定，有地方立法权的主体范围大幅扩张。在此背景下，建立和完善地方立法机构，培育一大批政治素质高、业务能力强的立法工作者，已成为法治中国建设的重要任务。

——"房子建造"：法案起草者的重要作用。政策和其具体实施的关系类似一个家庭建新房"政策"和具体建造的关系。"房子"一词对家庭成员意味着什么？在他们与一个建筑师商量并决定他们家庭的需要、地点、建筑风格、要造多少个房间、造价、大小和材料等详细情况，建筑师做出计划之前，"房子"只意味着"家庭居住的地方"。详细情况定义了家庭成员所说的"房子"一词。没有建筑师的协助，家庭成员所说的"房子"只是一个模糊的概念。同理，没有起草者的参与，无法将泛泛的政策转变为具体的可操作意义上的法案。"政策"与"法规"之间有一个过渡地带。如同建筑师可以创造性地帮助家庭成员将"房子"转变为具体的建房计划，起草者可以创造性地帮助立法者将"政策"转化为可实施的法律。给予起草者的指示会笼统地说明起草者的实质性作用与技术性作用间的联系。实际上，提案部门很少会给出详细的指示，指导起草者写出法案的细节。在某种程度上，起草者作为政策转换者的作用出自他们必须履行的职责，即保持形式与实质内容、思想与语言固有的统一。①

二、立法技术

法儒萨维尼将立法分为政治因素和技术因素。政治因素是与民众意志紧密联系的部分，而技术因素是指法律独特的科学性部分，法学家发挥作用的空间主要是在立法的技术方面。② 雅科布斯进而论述道："法学家证明自身能够产生法就在于，他能清晰地表达民众信念；或者当立法者欲规定或改变民众信念的发展方向时，他能清晰地表达民众意志。对于民众信念的形成，对于民众意志的形成，对于这个完全与一切技术分离的法的问题，法学家必须沉默，他的声音不再是任何其他人的声音。因为法学只能表达问题，清楚地表述答案，但从不能给出答案。只有［立法者］需要了解的问题出现及其答案必须提出时，才需要法学。只有在这种情况下，法学才被允许做出决定，因为只有法学才能理解这个问题和答案。如果一个问题的解决必须联系其他所有问题的解决，则该问题被视为技术性问题，法学可以做出这方面的决定。而那些不顾及这些联系，否则会得出破灭性决定的问题则被视为政治性问题。这个界限只是一般意义上法的政治性因素与技术性因素之间的界限，并没有解决在具体情况下确定这种界限的难题。这个难题会带来一种后果，即我们可能会争论某个具体法律问题到底是技术性还是政治性质。但是在一个被认为具有政治性的问题上，法学家必须沉默，这意味着他只能像其他人一样参与这场辩论。"③ 拉伦茨也认为，法学在立法时有三个方面的任务：其一，将待决事务当作法律问题清楚地显现出来，并且指出因此将产生的相关情事；其二，它必须与其他学科，特别是检验性的法社会学合作，研拟出一些能配合现行法的解决建议，供作立法者选择的方案；其三，它必须在起草技术上提供帮助。法学须将法律政治上的要求表达出来，并且为立法者研拟新的建议。为了配合这项目标，法律家也一再进行法

---

① 参见［美］安·赛德曼等：《立法学：理论与实践》，刘国福等译，30～31 页，北京，中国经济出版社，2008。

② 参见［德］弗里德里希·卡尔·冯·萨维尼：《论立法与法学的当代使命》，许章润译，北京，中国法制出版社，2001。

③ ［德］霍尔斯特·海因里希·雅科布斯：《十九世纪德国民法科学与立法》，王娜译，9～10 页，北京，法律出版社，2003。

律事实的研究，并且也运用社会学的方法，诸如统计调查，对机关、社团的咨询等。为了将所获得的认识转化为法律方案，其仍然需要应用精确的法学知识。①

立法技术是指"对立法目的、政策及原则等思想架构，赋予适当之表达言辞文字，并有体系地将法律修文编纂起来之技巧"②。立法技术包括法律的结构设计，法律之间的衔接和协调，法律规范的构造，法律的宣示条款和规范条款的配合，法律效力的表达，法律责任的适当，法律语言的准确和精练，等等。③ 在那些政治意志色彩浓厚的问题上，法学家没有任何特权或优势，他作为一名普通的公民，应当与普通民众一道进行平等、自由的对话和交流，以形成社会共识；而在那些法律技术成分较高的问题上，特别是立法表述技术方面，法学家可以凭借自己的法学知识与专业技能，参与立法过程，并发挥其作为专家的独特作用。目前，作为一门独立学科的立法学，是包含着立法总论、立法制度、立法技术等内容的复杂理论体系，这些内容的地位和分量是不同的。在构建立法学的知识体系时，要特别关注立法技术，而立法总论、立法制度，则被作为理解立法技术这一主题的背景和语境来看待。沿此进路，可将立法技术限定于立法工作的技术、法案表达的技术、立法研究报告的写作技术以及立法评价的技术。

立法技术具有可操作性。立法技术是一种实用技术，具体地回答人们在立法活动中的各种实际问题，告诉人们怎样具体地开展立法活动。立法技术作为开展立法活动的方法和技巧的总和，主要有三方面的内容：(1) 立法工作的方法和技巧。立法需要进行一系列的社会工作，例如，要掌握立法时机、制订立法规划、进行立法决策，要起草、审查、审议法案，公布法规；在这一系列社会工作中，要进行调查研究，征求意见，收集资料，要进行论证，有不同意见还要进行协调；立法发展到一定阶段，要注意法规体系的协调与配套，要进行立法解释，还要进行法规清理、法规汇编与法典编纂。(2) 立法研究报告写作的方法和技巧。立法

① 参见〔德〕卡尔·拉伦茨：《法学方法论》，陈爱娥译，114 页，北京，商务印书馆，2003。
② 罗传贤：《立法技术应注意避免之瑕疵》，载林锡山主编：《立法原理与制度》，367 页，台北，"立法院法制局"，2002。
③ 参见信春鹰：《中国特色社会主义法律体系形成意义深远》，载全国人大常委会法制工作委员会组织编写：《中国特色社会主义法律体系学习读本》，98 页，北京，新华出版社，2011。

的过程，也是研究问题的过程。把这一研究过程以报告的形式表述出来，使阅读者既了解研究的过程，又了解法规内容的来龙去脉，有助于阅读者接受法律的规定，因而立法研究报告的写作过程，也是说服阅读者，向阅读者做工作的过程，具有很强的技术性。为此，需要把握立法研究报告的内容，掌握立法研究报告的结构，还要注意附送有关材料。（3）法案表达的方法和技巧。法案表达不同于写文章，具有特殊的规律。要科学地表达法案，就要掌握法律规范的分类、法案的实质结构和形式结构以及法案的结构单位，要研究法案的附属部分和立法语言，还要掌握一些特定的表达方法。其中，法律条款的表述技术，在立法、司法执法、守法、法学研究以及法学教学诸方面，均具有突出的意义。

　　——"机器使用说明书"：立法语言应通俗易懂。法律就如同指导人们如何使用一台复杂机器的说明书。想一下新电脑的说明书。说明书的作者由于在工作中习惯了电脑语言，所以会不自觉地假设电脑购买者和他一样通晓有关的电脑知识。糟糕的是，一些购买者并不能看懂说明书里的专业用语。新电脑购买者对该说明书感到费解，以致不能充分使用电脑。同样，有关社会行为者因法律使用的语言隐晦不明而看不懂其规范内容，却能遵守之，纯属偶然。如果法律不能清楚地说明何人做何事，这些人也就不能明确新的法律所授权、命令及禁止的行为。在人们普遍要求变革的情况下，缺乏细节的法律就是位高权重者的定心丸，他们相信什么都可以做。当法律言语不明、模棱两可时，诚实执法者不得不依赖个人的价值判断；而不诚实执法者则依赖对自己物质利益的考虑。在这样的环境下，发展和善治无法实现，腐败将会滋生。善治和发展所需的社会转型，要求立法起草者能够在法律不断完善的过程中，尽可能具体地撰写规范人们行为的规则。①

　　——"祖父"条款：新法与旧法之间的衔接。为了实现旧法向新法转换，起草者需要设置保留条款或"祖父"条款。例如，保留被新法实质性改变地位者的权利（一部新的城市建筑法规定，城市建筑应该用石头或者其他防火材料建造。但是，立法者并不打算让目前的木制房屋所有人毁坏房屋，于是，规定了保留条款，给予现有木制房屋以新要求豁免）；保留旧法规定的职位或者对职位的任命；保留现行的诉因或者诉讼

———————
　　① 参见［美］安·赛德曼等：《立法学：理论与实践》，刘国福等译，332～333 页，北京，中国经济出版社，2008。

程序；保留源于旧法的从属法律；防止新法事实上废止旧法；确保从前立法规定的各种权利的延续性，像养老金、住房补贴、未成年人补贴，或者汽车补贴。有些人称旨在保护旧法规定的权利的条款为"祖父"条款。例如，根据旧法，一些郊区的房屋所有权人可以将公寓出租给房客。设计的新法禁止在这些家庭共享一栋房屋，起草者可以通过"祖父"条款允许现在的房东继续出租公寓。①

——"包裹立法"：一次性集中修改多部法律的方法。包裹立法是指立法机关基于一个共同的立法目的，将数个（或多个）与经济社会发展存在明显不适应、不协调问题的不同法律文本，整合在一个法律案中进行小幅度变动的法律修改技术。例如，2009 年 8 月 24 日，第十一届全国人大常委会召开第十次会议，对关于修改部分法律的决定（草案）进行第二次审议，提出了修改和审议意见，经对草案进一步修改后，8 月 27 日，第十一届全国人大常委会第十次会议审议通过了《关于修改部分法律的决定》。《决定》共修改了 59 部法律中的 141 条规定，这些法律规定存在不适应、不一致或者不衔接的问题，已不能适应经济社会发展的需要，损害法律体系的和谐统一，也在相当程度上影响到法律的正确适用，对它们进行修改实属必要。

中国特色社会主义法律体系形成后，应当把更多的精力放到法律的修改完善上来。随着经济社会的深入发展，现行法律的一些规定可能难以适应新形势，甚至可能阻碍经济社会的发展，需要及时修改完善。有的法律当时规定得比较原则，实施一段时间后，经验不断积累，认识不断深化，有条件修改得更具体明确一些、操作性更强一些。还有，不同时期制定的法律所调整的社会关系可能相同或相近，需要在通盘研究的基础上对这些法律进行整合。因此，我们要高度重视法律的修改完善工作，这既是完善法律体系的内在要求，也是今后一个时期立法工作的重要任务。同时，我们要在总结试点经验基础上，积极开展立法后评估工作，通过多种形式，对法律制度的科学性、法律规定的可操作性、法律执行的有效性等做出客观评价，为修改完善法律、改进立法工作提供重要依据。另外，我们还要加强法律解释以及法律编纂、清理等工作。

三、立法的客观条件

社会物质生活条件培植了人们的法律需要，同时又决定着法的本质。

---

① 参见［美］安·赛德曼等：《立法学：理论与实践》，刘国福等译，451 页，北京，中国经济出版社，2008。

社会物质生活条件指与人类生存相关的地理环境、人口和物质生活资料的生产方式，其中物质生活资料的生产方式是决定性的内容。统治阶级意志的内容由社会物质生活条件决定，这是从最终决定意义上说的。除了物质生活条件外，政治、思想、道德、文化、历史传统、民族、科技等因素，也对统治阶级的意志和法律制度产生不同程度的影响。

——"食品柜里的储物"：立法不能脱离社会物质生活条件。有多少钱，办多少事。有多少事，找多少钱。有什么条件，办什么事。有什么要求，创造什么条件。法案要具有可行性。除非已经有了政府相关部门有效执行法案所需必要资源的保证，否则在政府计划中列入一项法案起草任务是没有意义的。部委官员应该向立法项目排序者提供他们对实施法案所需资源（人力、物力和政府投资）和如何获得资源的精确估计。

食品柜里有什么？从某种程度上讲，起草法案过程和烹饪过程是类似的。试比较家庭烹饪的两种方法。（1）决定菜单；在烹饪书中查找烹饪美食所需原料；在最近的超市购买所需原料；烹饪；上菜。（2）打开食品柜，确定"有什么可以用来烹饪"；加工找到的食品原料；就餐。

哪一种模式与政府通过法律收集实施政策的信息解决社会问题类似呢？政府在法律方面没有一个万能工具，可供受过良好培训的起草者有效使用，解决出现的任何问题。法律是有局限性的。法律调整对象在法律面前如何行为，取决于影响其的一些非法律因素的性质和力量。政府不一定有资源抗衡这些力量。但是，政府应该有能力最大限度地善用拥有的资源。[1]

立法可能类似于烹饪。就像一个优秀的厨师，立法者得不断积累关于食材的知识，并思考如何调制出最佳的美味。任何好的厨师都承认，他们所处理的现实的材料中存在一种本质的内在秩序。[2]

归根结底，法律在受制于社会物质生活条件和社会关系中的客观利益格局，对社会利益关系进行调整安排时，应当遵循社会发展的客观规律。法律应该以社会为基础，立法者在任何时候都不得不服从经济条件，并且从来不能向经济条件发号施令。在法律和社会物质生活条件的关系上，如果夸大法律的作用，立法盲目超越社会条件、超越历史发展阶段，

---

① 参见［美］安·赛德曼等：《立法学：理论与实践》，刘国福等译，95～96 页，北京，中国经济出版社，2008。

② 参见［美］罗伯特·S·萨默斯：《美国实用工具主义法学》，柯华庆译，212 页，北京，中国法制出版社，2010。

将使立法丧失其社会基础，成为没有实效的本本上的法律。另一方面，人类具有超越既存、面向未来的精神追求。利益是人们行为的内在动力，人们奋斗所争取的一切，都同他们的利益有关。人是有理想的社会动物，决不会满足于眼前的既得利益，他们有追求利益最大化的内在动因。对这种自然的、既存的社会关系，人们不会无动于衷，总设想通过立法等手段进行积极的干预，以实现其利益的最大化。立法者所追求的对象不是自然现成的东西，而是通过其创造性活动有可能产生的东西，以趋利避害。

四、立法评价

美国法学家马默认为，"制定良法是一个成就，并且一些法律比另一些更好——但显然这并不是就法律效力本身而言的。良法之所以好，是因为它增进了某些善，而并不是因为比之于其他可供选择的事物它更合法或者看着更像法律"①。立法评价，是指有关主体根据一定的标准和程序，对立法活动及其过程、规范性文件的质量以及法律的实施效果，进行测量、分析并做出结论的评估活动。立法评估具有重要的法治意义，它有利于加强社会各方面对立法活动的广泛参与，推动立法民主化进程；它有利于提高立法科学化水平，为立法完善提供准确依据；它有利于强化立法监督，确保立法的合法化；它有利于改善立法质量，为法治建设奠定良法基础。

——"法律漏洞"：立法对应调整事项没有做出规定。法律漏洞，是指关于某一个法律问题，法律依其内在目的及规范计划，应有所规定而未设规定，在内容上出现欠缺或不周密，从而造成法律适用的困难。即"法律体系上之违反计划的不圆满状态"②。这里的"法律"是狭义上的法律，仅指制定法。1957 年下半年开始、特别是"文化大革命"期间，中国立法工作长期处于停滞状态，法律秩序遭到严重破坏。党的十一届三中全会之后，人心思治、人心思法，全社会形成了法律是治国基本方略的共识，社会成员法治的热情高涨，全社会立法需求非常旺盛。我们好多年没有制定法律，许多重要的社会关系领域没有可遵循的法律规范，

---

① ［美］安德瑞·马默：《法哲学》，孙海波、王进译，141 页，北京，北京大学出版社，2014。

② 黄茂荣：《法学方法与现代民法》，291 页，北京，中国政法大学出版社，2001。

立法的供给与需求之间的矛盾凸显。"我们的民法还没有，要制定；经济方面的很多法律，比如工厂法等等，也要制定。我们的法律是太少了，成百个法律总要有的，这方面有很多工作要做，现在只是开端。"① 相对地，各级立法机关的人员组成、机构设置、权限划分、工作机制等方面都不尽如人意，立法供给能力明显不足，诸多社会关系领域都无法可依，法律漏洞极为常见。目前，涵盖社会关系各个方面的法律部门已经齐全，各法律部门中基本的、主要的法律已经制定，相应的行政法规和地方性法规比较完备，法律体系内部总体做到科学和谐统一。一个立足中国国情和实际、适应改革开放和社会主义现代化建设需要、集中体现党和人民意志的，以宪法为统帅，以宪法相关法、民法商法等多个法律部门的法律为主干，由法律、行政法规、地方性法规等多个层次的法律规范构成的中国特色社会主义法律体系已经形成，国家经济建设、政治建设、文化建设、社会建设以及生态文明建设的各个方面实现有法可依。随着中国特色社会主义法律体系的形成与完善，法律漏洞不断得到填补，将会越来越少。

　　——"法律爆炸"：立法数量过多。这是针对法律过多的情形而言的。类似的说法还有"法规的泛滥""法律的环境污染"等。例如，在美国，《联邦法规汇编》每年增加的页数：在 1960 年，增加了 14 477 页；在1985 年，增加了 53 480 页。州和地方政府的法规也在同样增加。在加拿大，《加拿大政府公报》从 1955 年的 4 卷 3 120 页增加到 1978 年的 18 卷14 420页；到 1987 年时，各年度各卷累计超过 40 000 页。在英国，20 世纪70 年代，法规的数量增长很快。法令集每年平均增加的页数从 50 年代的745 页增加到 80 年代早期的 1 525 页。② 有人对此进行批判，认为"数量庞大的法律体系未必就意味着会有更多的自由、正义及法的安定性"。法律的过剩加重了实际工作者的负担，也使人们对法律实效性产生了疑问，破坏了人们对法律的信赖，同时也使人们构筑精练的法解释学理论体系的期望落空。法律的大量出现，使得公民实际上疏远法律。

　　——法律"牙齿"：法律应有国家强制力的保障。人们将国家强制力比作"牙齿"，因而把约束力弱、实施效果差的"稻草人"式的法律、

① 《邓小平文选》，2 版，第 2 卷，189 页，北京，人民出版社，1994。
② 参见 [英] 马克·加兰特：《法律浩繁——北大西洋周围的法制化》，载《外国法译评》，1993 (1)。

"僵尸"条款，称作没有"牙齿"的法律。中国的宪法虽规定由全国人大及其常委会行使与宪法相抵触的法律审查权，但实效性差、效果不好，违反宪法几无风险。有人说，我们的宪法不长牙齿，不会咬人。① 多年来，环境污染成为久治不愈的"顽疾"，从环境执法的角度反思，一方面是因为环保法律缺乏刚性条款，另一方面是因为管理部门以及一些干部监管失职，平时出事高举轻放等现象并不少见，以致环保法律成了"稻草人"。结果是，违法企业有恃无恐，越排污越得利，守法企业反而吃了亏，破窗效应在所难免，违法排污行为就很难被遏制。被称为"史上最严"环保法实施百天后，从环保部公开的数据看，"按日计罚""移送""行政拘留"已成环保执法部门的利器。与 2015 年 1 月份相比，2 月份适用按日连续处罚案件数上升 60%，适用查封、扣押案件数上升 208%，移送行政拘留案件数上升 115%。拥有按日计罚、行政拘留等处罚利器的新环保法，装上了"钢牙利齿"②。

五、立法监督

法律监督，指一切国家机关、组织和公民对法的全部运行过程的合法性所进行的监察、督导。法治的实质就是对公权力进行控制和约束，拥有国家权力的国家机关及其公职人员，包括立法机关及其工作人员，都属于法律监督的对象。对于不符合良法要求的现行法及其形成活动，应由法定机关，经由法定程序，适时地修改、废止、解释，或者制定新法取而代之。

——"铁锤"条款：督促政府尽快立法的举措。铁锤条款是指特定的法律条款，当政府机构未能颁布相应规则时，这些条款将在指定日期生效。铁锤条款通常包含一些没人（包括国会）想要的规制要求。它们用于向政府机构施压，以加快其制定规则进程。例如，美国资源保护与再生法案规定，如果环境保护署未以规则形式出台相应政策，任何人都可要求完全禁止对废物进行土埋处理。人们从中可理解为何各类牵涉其中的参与主体——包括政府机构、受影响团体以及国会，会尽力优先完成含有铁锤条款的规则制定工作。③

---

　　① 参见林来梵：《文人法学》，14 页，北京，清华大学出版社，2013。
　　② 郭云凯：《磨利"最严环保法"的法治牙齿》，见人民网，2015 - 04 - 13。
　　③ 参见［美］科尼利厄斯·M·克温：《规则制定：政府部门如何制定法规与政策》，刘璟等译，235～236 页，上海，复旦大学出版社，2007。

　　在我国，全国人大及其常委会的法律生效后，一些配套的行政法规、地方性法规迟迟没有出台①，对中国特色社会主义法律体系的完善造成不好的影响。行政法规和地方性法规是对法律的细化和补充，虽然有一些是创制性和先行先试的，但大量的是为法律配套的。我们应创新立法监督机制，采取有效措施切实解决有关机关的立法不作为问题。按照法律规定的原则，在法规集中清理的基础上，抓紧制定现行法律的配套法规。凡新制定和新修改的法律，其配套法规要与法律草案同步起草，力争在法律通过后及时出台，以更好保障法律的有效实施。

　　——"日落规则"：议会对政府立法的控制。日落规则最早出现于商品经济和商业合同中。人类社会出现交换之后，在以物易物的过程中，有的人看中了别人的某件物品，愿意拿自己的物品进行交换，但是自己的物品不在手头，于是双方口头约定在多长时间内（通常为当天日落之前）进行交换，过时不候。这就是最早的商品交易口头合同里日落条款的雏形。后来随着市场经济的发展，日落规则被广泛应用于各种商业合同之中，尤其是保险业随处可看到日落规则的影子。② 20 世纪 70 年代以来，美国国会为加强立法控制，"日落法律"（sunset law）也成为一种管制改革计划中之趋势。日落法律即经一段时间，授权行政机关执行之法律非经再授权，则变为无效。其目的在于敦促立法机关对行政机关和其所负责执行的政策加以监督考核，并和预算权一样对其进行定期性评估，用以决定：行政机关是否按照日落法律之旨意行事；行政机关之执行是否具有效能；行政机关或政策所提供的服务，将来是否还有必要继续维持。一旦评估的结果发现行政机关并未按旨意行事，并缺乏效率者，则该机关或政策非经再授权即会自动变成无效，濒临日落的境地。"日落立法"（sunset legislation）制度于 1976 年 4 月在科罗拉多州创制以来，到 1982 年在全美已有 36 个州相继采行，联邦参众两院于 1979 年也有议员相继提出这类法案，已引起广泛的重视与讨论。③

　　在我国，1984 年 9 月 18 日通过《全国人民代表大会常务委员会关于

①　参见《吴邦国委员长在形成中国特色社会主义法律体系座谈会上的讲话》，载全国人大常委会法制工作委员会组织编写：《中国特色社会主义法律体系学习读本》，10 页，北京，新华出版社，2011。
②　参见陈洪波、尹新民：《从"日落条款"到"有效期制度"》，载《楚天主人》，2009（4）。
③　参见罗传贤：《立法程序与技术》，313 页，台北，五南图书出版公司，1997。

授权国务院改革工商税制发布有关税收条例草案试行的规定》，1985 年 4 月 10 日通过《第六届全国人民代表大会第三次会议关于授权国务院在经济体制改革和对外开放方面可以制定暂行的规定或者条例的决定》，迄今已三十余年。全国人大及其常委会虽然陆续收回一些授权立法事项，但是，国务院仍拥有事项范围广泛的立法授权，引发人们的争议。美国日落立法制度旨在加强议会对行政机关控制的做法，对我们很有启发，可予学习借鉴。新修改的《立法法》第 10 条规定："授权决定应当明确授权的目的、事项、范围、期限以及被授权机关实施授权决定应当遵循的原则等。""授权的期限不得超过五年，但是授权决定另有规定的除外。""被授权机关应当在授权期限届满的六个月以前，向授权机关报告授权决定实施的情况，并提出是否需要制定有关法律的意见；需要继续授权的，可以提出相关意见，由全国人民代表大会及其常务委员会决定。"这条规定，就是我国对国外有益立法经验的学习与吸收，有助于强化授权机关对被授权机关立法活动的监督与制约，保证立法的质量。

习近平总书记指出："我们在立法领域面临着一些突出问题，比如，立法质量需要进一步提高，有的法律法规全面反映客观规律和人民意愿不够，解决实际问题有效性不足，针对性、可操作性不强；立法效率需要进一步提高。还有就是立法工作中部门化倾向、争权诿责现象较为突出，有的立法实际上成了一种利益博弈，不是久拖不决，就是制定的法律法规不大管用，一些地方利用法规实行地方保护主义，对全国形成统一开放、竞争有序的市场秩序造成障碍，损害国家法治统一。"① 针对上述立法领域的突出问题，需要采取多种有效的手段综合治理，其中立法监督机制被寄予厚望。立法监督是有权国家机关、组织和公民对拥有立法权的国家机关的立法活动及其结果的合法性所进行的监督。党的十八届四中全会审议通过的《中共中央关于全面推进依法治国若干重大问题的决定》要求："一切违反宪法的行为都必须予以追究和纠正。""完善全国人大及其常委会宪法监督制度，健全宪法解释程序机制。加强备案审查制度和能力建设，把所有规范性文件纳入备案审查范围，依法撤销和纠正违宪违法的规范性文件，禁止地方制发带有立法性质的文件。"修改后立法法按照党的十八届四中全会决定关于加强备案审查制度和能力建

---

① 习近平：《关于〈中共中央关于全面推进依法治国若干重大问题的决定〉的说明》，载《人民日报》，2014 - 10 - 29。

设的要求，增加规定：一是全国人大有关的专门委员会和常委会工作机构可以对报送备案的规范性文件进行主动审查。二是全国人大有关的专门委员会和常委会工作机构可以将审查、研究情况向提出审议建议的国家机关、社会团体、企业事业组织以及公民反馈，并可以向社会公开。三是民族自治地方制定的自治条例、单行条例和经济特区法规报送备案时，应当说明对法律、行政法规、地方性法规做出变通的情况。

第4章 包裹立法

　　稳定性，系衡量法律是否优良的一个重要尺度，但它并非绝对的标准。社会为法律之母，由于社会生活变动不居，法律制度也必然随之发生变化。特别是进入 21 世纪后，中国社会发展速度加快，法律修改的数量已经超过法律制定的数量，表明立法进入了调整、完善的新阶段。"法治并非一成不变，相反，它具有促进法律有序演变的能力。"① 不同于法律制定，法律修改有其独特的原则、原理、机制和技术。在法律修改的诸多形式之中，包裹立法是崭新的且被立法者所青睐的修法机制，值得予以关注。2009 年第十一届全国人大常委会第十次会议通过《关于修改部分法律的决定》（以下简称《决定》）后，我国包裹立法的实践又不断向前推进，需要理论界进行追踪研究，及时总结经验；同时，法学家们也需抱持理性批判的态度，充分揭示我国包裹立法存在的问题与不足，为进一步提高立法质量献计献策。

一、包裹立法的概念界定

　　从语源学的角度看，包裹立法无疑是个隐喻式的术语表达方法。如果以日常物品的包裹为喻体，可为我们认识这一独特的立法形式提供有益的灵感。一般地，包裹是使用某种外包装物，将分散的东西予以集拢、打包而成一个新的物件，其结构是：（1）外包装物，用以包裹其他东西的物体。（2）被包裹的东西，往往是零散的、不易把持和搬运的物件。在法学界，包裹立法是由"外法"（mantel gesetz）和"里法"（stamm gesetz）构成的法律修改技术。其中"外法"包括了一些修正其他法律"里法"的规定，或完全由这类规范组成，即"里法"的修正本身，就是

---

① ［美］海格：《法治：决策者概念指南》，曼斯菲尔德太平洋事务中心译，83 页，北京，中国政法大学出版社，2005。

"外法"的内容。这样,制定一个"外法",就同时修改或废止了两个以上的"里法",这种"外法套里法"就被称为"法律包裹"①。作为外包装物、收藏器具,箱子、袋子等有着相对特定的形状及容积,而包裹则有所不同,它的外形以及内装物的体积、重量都不是特定的。从包裹的隐喻出发,包裹立法给人的意象是,"外法"依傍"里法",就物赋形、大小随定;在此基础上,"里法"与"外法"相结合,从而构成一个独立的新的立法文本。

对于包裹立法的内涵与外延,法学家们分别从不同的角度进行概括,有不同的理解。其一,"修改"说。郑淑娜认为,所谓"包裹立法"是为了达到同一个立法目的,立法机关在一个法律性文件中对多个法律内的有关规定一次性地做出"打包"修改。② 其二,"修改和增订"说。陈新民认为,包裹立法是立法机关在审议法案时,为了整体达到一个立法目的,将原本分散在各个法律内的有关规定,放在一个法律内,一次性地修改或增订的立法方式。③ 其三,"修正、制定和废止"说。陈瑞基认为,包裹立法是指为了一个共同的立法目的,将数个要修正或要制定、废止的横向的法律,整合在一个法律案中进行处理的立法方式。④ 上述几种观点有共同之处,它们的主要差别是,对立法的"立"字的理解不同。第二种观点将"增订"作为与"修改"相并列的一种立法活动。由于"增订"是一种特殊的法律"修改"活动,这种表述方式显得累赘。第三种观点,在"修正"之外,将"制定""废止"也纳入定义之中,失之过宽。本文从以上三种观点中抽象出它们的共因项,将包裹立法限定于法律修改,即原则上支持第一种观点,但也吸纳其他观点的合理之处,进行重新理解和界定。

第一,包裹立法是一种法律修改技术。与立法体制、立法原则不同,立法技术是立法机关在立法过程中采用的使法律规定达致完善的技术,或者说是在创制和变动法律文件活动中所运用的方法和技术,它包括法的制定、认可和变动等的技术。而包裹立法是一种特殊的立法技术,是

_____

① 杨斐:《法律修改研究:原则·模式·技术》,230 页,北京,法律出版社,2008。

② 参见郑淑娜等:《包裹立法:解决中国法律体系中的"硬伤"》,载《光明日报》,2009 - 07 - 16。

③ 参见陈新民:《一个新的立法方法——论"综合立法"的制度问题》,载《法令月刊》,2000 (10)。

④ 参见陈瑞基:《包裹立法技术之研析》,载林锡山主编:《立法原理与制度》,393 页,台北,"立法院法制局",2002。

立法机关对现行法律进行变动的技术。根据我国《立法法》第 59 条的规定，法律的"修改"与"废止"是相并行的两项法律变动机制。① 两者之间不存在包含与被包含的关系，因而，作为一种法律修改技术的包裹立法，自然不包括法律废止。

第二，包裹立法是解决法律文本"硬伤"的法律修改技术。在审议上述《决定》过程中，乔晓阳委员提出：包裹立法主要是处理明显不适应、不一致，而"操作性不强"问题不是"硬伤"。不属"硬伤"的法律该怎么修改就怎么修改，不能都放在"包裹"之中。吴邦国委员长在十一届全国人大常委会第十次会议闭幕会上的讲话中明确指出，这次会议通过的修改部分法律的决定，一揽子对 59 部法律中的 141 个条文进行了修改，所解决的是现行法律规定中存在的与经济社会发展"明显"不适应、不协调的问题。对于法律中存在着的不适应、不协调的问题，如果没有达到"明显"的程度，就可以通过法律解释等方式予以明确化、具体化，没必要启动修法程序，就不属于包裹立法的对象。

第三，包裹立法是小改而非大动的法律修改技术。在修改现行法律时，有时修改的规模、幅度较大，需要改变较多的条款，或者增加许多新的内容，甚至改变法律文本的章节结构。例如，2007 年 10 月 28 日通过的《全国人民代表大会常务委员会关于修改〈中华人民共和国民事诉讼法〉的决定》，对 1991 年制定的《民事诉讼法》进行了"脱胎换骨"式的修改。而包裹立法是在"里法"的基本原则、结构框架不做变动的前提下，只针对法律文本的一个或几个条文进行修改，调整的幅度不大。

第四，包裹立法是处理不同法律文本之间矛盾的法律修改技术。在法律体系内部，各个法律文本之间存在着多重关系，既包括效力层次上的"上下"关系，也包括调整事项上的"左右"关系。采用包裹立法"乃为避免规范各个不同领域之法律彼此产生冲突，于一个共同立法政策之基础上，汇集相关法律规范加以检讨，就必要变更（举凡增定、修正或废止均属之）之法律规范作成一个法律包裹，以求法律包裹里之各个法律彼此之协调性"②。实际上，包裹立法是消除、解决各法律文本"上下""左右"之间相互冲突、矛盾，使它们实现统一、和谐的法律修改方

---

① 《立法法》第 59 条规定："法律的修改和废止程序，适用本章的有关规定。""法律被修改的，应当公布新的法律文本。"

② 陈瑞基：《包裹立法技术之研析》，载林锡山主编：《立法原理与制度》，398 页，台北，"立法院法制局"，2002。

法。如果是解决一部法律文本内部的冲突、矛盾，则不应归属包裹立法的任务。

第五，包裹立法系基于一个共同的立法目的而运用的法律修改技术。立法目的，是立法者希望通过所立之法而达致的效果。① 立法机关在观念上事先构筑的理想的法律秩序，是引起、指导、控制、调节立法活动的自觉动因。法律修改也是一项重要的立法活动，有无正确的目的直接关系到立法活动的成败得失。需要修改的多个法律的有关规定，如果被包含于一个包裹立法之中，必须有一个共同的立法目的做指导；反之，需要修改的多个法律文本的有关规定，如果追求的立法目的是不相同的，就要被拆分为两个以上的法律"包裹"，通过几个不同的法案分别处理。

综上所述，包裹立法是指立法机关基于一个共同的立法目的，将数个（或多个）与经济社会发展存在明显不适应、不协调问题的不同法律文本整合在一个法律案中，进行小幅度变动的法律修改技术。

对于包裹立法这一术语所指涉的法律现象，似乎已无大的争议，但就它的名称，人们意见不一，其他的称谓还有条款立法、"大衣立法"、"公车式立法"、综合立法等。我们认为，结合事物命名的一般准则，给包裹立法定名起码应符合三个要求：（1）约定俗成。某个客观对象用什么名去反映、指称，与某个名到底应指称、反映哪个（类）对象，一开始不是固定的。某对象用某名去反映、指称，某名反映、指称某实，要有一个使人习惯、认可的过程，即要经过约定俗成的过程。什么实用什么名，什么名代表什么实，并非原初就是固定的，名是历史的产物。在我国，包裹立法的概念一直为实务界、理论界所广泛使用，且无有力的反对意见，可以继续沿用。（2）径易不拂。好的名称是有固定标准的。"名有固善，径易而不拂，谓之善名。"名称应该好懂易记、准确清楚而不致引起误会，符合这一标准的，即为"善名"。相对于单独修法，包裹立法一次将多部拟修改的法律文件"打包"在一起，一并进行修改完善，它采用隐喻的手法给事物下定义，给人们提供的意象比较鲜明，印象深刻，不失为"善名"。（3）制名指实。名称与对象之间存在着复杂的循环关系，命名的主要目的是"制名以指实"，名为实所定，名为实所用，故同实者同名，异实者异名。命名时要考察客观对象的实质，相同的归为一类，不同的区分为不同的类。而基于"制名指实"的命名规则，包裹

---

① 参见周旺生：《立法论》，597 页，北京，北京大学出版社，1994。

立法名称不太适合。通常，立法是一项系统工程，包括制定法、认可法、修改法、补充法和废止法等一系列活动。立法与法律修改之间，是种概念与属概念的关系，法律修改是一种特殊的立法活动。就此考虑，包裹立法这一词语指涉的事物范围太宽，不符实，而称"包裹修法"似乎更恰当。所以，包裹立法的称谓，虽与"制名指实"的要求相悖，但符合约定俗成、径易不拂的命名规则，在表征与交流方面都无大的障碍，综合考量，可继续沿用"包裹立法"的名称。

二、包裹立法的时代背景

特定的法律制度、机制和技术，能否有效地发挥作用，除了自身品质的优劣外，还离不开具体的时代状况以及社会需求。对于包裹立法，也必须联系当代中国的社会生活及法制建设的时代背景进行观察和分析。

第一，当代社会发展节奏加快。哈特认为，前法律社会所知的唯一的规则变动模式是一种缓慢的生长过程：一种曾经被认为是随意的行为，首先变成习惯性或经常性的；接下来，则经历反向的衰退过程，起初曾经被严厉地处理的偏离行为开始被容忍，然后就慢慢变得没有人在乎了。在这样的社会中，无论是取消旧规则还是引进新规则，将不存在任何为适应变动中之环境而刻意变更规则的方法。对于初级规则体制之静态特质，将引进"变更规则"来加以补救。此种规则最简单的形式就是，授权给某个人或一些人，为整个群体的生活或其中某一阶层的人的生活引进新的初级规则，以及废止旧的规则。[①] 变更规则的引进，是由前法律世界迈入法律世界的重要一步，它与承认规则、裁判规则结合在一起，促使初级规则体制转变为法律体系。在 19 世纪以前，法的修改并不常见。[②] 进入 20 世纪，人类社会活动节奏呈现出加速倍增的趋势。人的优越之处在于人能实践且有文化。文化作为人类积累、传递成果的载体，形成了人类社会不断扩大和增长的积累趋势。由于文化的作用，每一代人得以承继前一代人创造的成果并以此为基础继续创造文化，由此形成了社会活动不断扩大、节奏不断加快的趋势。自 20 世纪初以来，人类社会经历了电力、核能、航天、电子计算机革命等重大科学技术革命，经历了全

---

① 参见［英］哈特：《法律的概念》，许家馨、李冠宜译，88 页，北京，法律出版社，2006。

② 参见［英］P. S. 阿蒂亚：《法律与现代社会》，范悦等译，179 页，沈阳，辽宁教育出版社，1998。

球性的工业化浪潮和以第三产业、信息革命为主导的后工业化的浪潮。变革，已经成为当今社会的重要特征。加速倍增的社会活动节奏使原来几代人经历的社会变革浓缩到一代人身上，甚至一代人在一生中须经历多次。① 人们对法的稳定性原则以及相关的法律修改都有了新的认识。可以说，随着社会发展节奏的加快，法律修改被赋予更重要的使命。在此背景下，传统的修法模式已经不敷使用，立法机关必须通过包裹立法等新机制，主动地回应社会发展、法律变革的需要。

第二，后体系时代立法职能之转变。改革开放之初，中国即形成了厉行法治须通过立法并依赖立法的社会共识，并转化为实际的治国方略。但当时的客观形势是，"我们的法律是太少了"②，"立法的工作量很大，人力很不够，因此法律条文开始可以粗一点"③。在特定历史阶段，这种"宜粗不宜细""有比没有好""快搞比慢搞好"的立法工作策略，着力追求立法的速度和规模，不拘泥于立法细节，客观上使立法取得了令人瞩目的巨大成就。经过三十多年的不懈奋斗，我们已形成了中国特色社会主义法律体系。但是，在此社会条件下制定出来的法律文本难免存有各种问题和不足，法律修改的任务非常繁重。中国特色社会主义法律体系形成后的一个时期，立法工作"要把更多的精力放在法律的修改完善上来"④。2013 年 10 月 30 日，十二届全国人大常委会公布之后 5 年的立法规划，在其"条件比较成熟、任期内拟提请审议的法律草案"的 47 件第一类项目中，法律修改项目为超过三分之二的 32 件，说明国家立法机关对法律修改的期望越来越高。对于法律修改，根据法律文本变更的程度，可将其分为全面修改、部分修改和个别修改。全面修改，是对某一现行法律进行从形式到内容、从原则到条文，而且涉及相当比例条文的修改。部分修改，是在法律的立法政策、基本原则和主要条款基本适应需要，法律的表现形式和内部结构基本合理的情况下，对法律的某些方面进行修改。个别修改，是对法律的某些词句、个别条款或个别方面所做的修改。其中，部分修改和个别修改所指向的只是法律中较小的结构单位，

① 参见邴正、钟贤魏：《当代社会发展趋势与中国社会的结构转型》，载《北方论丛》，2004（5）。
② 《邓小平文选》，2 版，第 2 卷，189 页，北京，人民出版社，1994。
③ 《邓小平文选》，2 版，第 2 卷，147 页，北京，人民出版社，1994。
④ 吴邦国：《全国人民代表大会常务委员会工作报告——二〇一一年三月十日在第十一届全国人民代表大会常务委员会第四次会议上》，载《光明日报》，2011-03-13。

是以条（或款、项）为单位，对法律文本予以调整和变动的修改方式，可在法律的基本框架和主要内容不作变动的前提下，有效地回应不断变化的社会需求。而包裹立法只对法律文本做小幅度的修改，属于法的部分修改或个别修改，它能够有效地协调法的稳定性与变动性之间的关系。

第三，全面深化改革的历史重任。2013 年 11 月 12 日中国共产党第十八届中央委员会第三次会议通过了《中共中央关于全面深化改革若干重大问题的决定》，对下一步我国社会各方面的改革做了系统安排和整体部署。改革开放是决定当代中国命运的关键一招，也是实现"两个一百年"奋斗目标、实现中华民族伟大复兴的关键一招，实践发展永无止境，解放思想永无止境，改革开放也永无止境，停顿和倒退没有出路，改革开放只有进行时、没有完成时。当前，国内外环境都在发生极为广泛而深刻的变化，中国发展面临一系列突出矛盾。全面深化改革必然要求"深刻变法"，要求法制进行与之相适应、相协调的配套改革。全面深化改革涉及经济、政治、文化、社会、生态、党建等诸多领域。《中共中央关于全面深化改革若干重大问题的决定》用六个"紧紧围绕"来概括改革的聚焦点和着力点，并具体分解出 60 大项改革举措，每一大项之下又包括相对具体的改革事项。所有改革事项都与法制改革息息相关，几乎都涉及现行法律的修改、缺位法律的制定，涉及某些陈旧过时的行政法规、地方性法规的清理与废止，都需要用宪法和法律凝聚改革共识，引导和规范改革，确认和巩固改革成果。例如，就深化司法体制改革而言，它涉及宪法、人民法院组织法、法官法、检察官法、律师法、刑事诉讼法、民事诉讼法、行政诉讼法及其他法律、法规的修改，如果按照常规的法律修改程序和方法一部部地进行修改，就很难适应深化司法体制改革的迫切需求，很难为司法体制改革提供急需的法律引导、规范和保障，所以，全国人大常委会可采用集成式"打包立法"，除宪法修改外，通过一个集成的修法决定，将需要修改的若干法律一揽子修改。① 不仅是司法改革方面，包裹立法在其他领域的改革中也将大有作为，是推进、引领、规范全面改革的有效工具。

三、包裹立法的实践展开

自 2009 年以来，全国人大常委会频繁运用包裹立法，比较有影响的

---

① 参见张文显：《全面推进法制改革，加快法治中国建设》，载《法制与社会发展》，2014(1)。

有 2009 年 8 月 27 日第十一届全国人大常委会第十次会议审议通过的《关于修改部分法律的决定》，2013 年 6 月 29 日第十二届全国人民代表大会常务委员会第三次会议审议通过的《关于修改〈中华人民共和国文物保护法〉等十二部法律的决定》和 2013 年 12 月 28 日第十二届全国人民代表大会常务委员会第六次会议审议通过的《关于修改〈中华人民共和国海洋环境保护法〉等七部法律的决定》。对这几次集成式法律修改的过程进行梳理分析，可勾勒出中国包裹立法演进的路线图。

第一次包裹立法，2009 年 8 月 27 日，十一届全国人大常委会第十次会议审议通过的《关于修改部分法律的决定》（以下简称《决定》），共修改了 59 部法律中的 141 条规定，这些法律规定存在不适应、不一致或者不衔接的问题，已不能适应经济社会发展的需要，损害法律体系的和谐统一，也在相当程度上影响到法律的正确适用，对它们进行修改实属必要。该包裹立法主要涉及以下几种情况：对已明显不适应经济社会发展特别是社会主义市场经济发展需要的法律规定进行修改，是对"不适应"的规定进行修改；对与宪法修正案有关征收、征用规定不一致的法律规定进行修改，概括地说，就是对"不一致"的规定进行修改；对有些法律中与现行刑法规定不衔接的刑事责任条款进行修改；对有些法律中与治安管理处罚法规定不衔接的治安责任条款进行修改；对法律中引用的与其他法律名称或条文不对应的规定进行修改。这次包裹立法一揽子解决多部法律中存在的与经济社会发展明显不适应、不协调问题，它对保证中国社会主义法律体系的协调、统一，实现立法目的，提高立法工作效率，消除立法"时差"，都具有重要的意义。但是，从完善立法质量、为依法治国奠定良法基础的高度看，它还存在着一些问题和不足。

——"繁"，法律"包裹"内容繁杂，负荷过于沉重。信春鹰委员认为，这次审议的关于废止和修改部分法律的决定草案，有非常重要的理论意义和实际意义，在立法理论上是一个重大的突破。因为以这种方式对现行法律进行清理，在其他国家是很少见的。有些国家用的"包裹立法"方式，通常只限于一个领域，比如民法、税法，像我们这样把所有的法律都包括在内的做法在立法理论上是一个突破。而《决定》共分五部分，其中第二部分对于"征用"的规定做出修改，第三部分对于刑事责任的规定做出修改，第四部分对于治安管理处罚的规定做出修改，每一部分都是一个相当大的立法"包裹"。而将这几部分合并成一个更大的立法"包裹"时，因其涉及的法律数量太多，立法负荷沉重，超出一个立法"包裹"的可能容量，会出现"包不住""拎不起"的尴尬现象。

——"空"，立法标题信息稀薄，表述过于空洞。与一般的文章一样，立法的标题也具有多方面功能：（1）称名。立法标题应名副其实、题文一致，能体现法律文本的内容，要突出醒目，明确具体，一目了然。（2）概括。立法标题要言简意赅，要浓缩法律文本的内容，以尽量简短的词语概括法律文本的内容。（3）引导。经由立法标题循名责实，明确地提示出立法的信息核，以此为由头，指导人们对法律文本的阅读、分析、认识和理解。（4）辖制。法律文本标题应起到定名制实的作用，标题对整个法律文本的结构体例、权利义务内容，具有管辖、制约作用，防止立法"离题"，做到问题集中、焦点凸显。而《全国人民代表大会常务委员会关于修改部分法律的决定》这一标题所包含的有效信息过少，如果不联系正文的内容，几乎不知所云，很难发挥标题的应有功能。

——"盲"，立法目的条款欠缺，方向不明确。立法目的条款是立法者通过所立之法意欲达到的效果的专门法条。通常，它出现在法律文本的第一条，其标识为"为了……制定本法""为……制定本法"等。立法目的条款是宣示立法精神，指导法律实践，做出法律评价的重要途径①，是法律文本的必要组成部分。在包裹立法中，正是基于一个共同的立法目的，需要修改的多个法律的有关规定才被包含于一个包裹立法之中。《决定》没有直接的立法目的之规定，何以将如此众多的法条整合进一个立法"包裹"之中的理由，无从知晓，这势必会影响到人们对它的理解和运用。

——"乱"，条款序号紊乱，引用时难免使人困惑。法律条文设置序号，对将来法律制定、法律实施过程中准确地援引法条、限制国家权力、保障公民权利，都具有重要的意义。《决定》删去有关条款后，法律文本序号如何重新排列并不明确。例如，《中华人民共和国全民所有制工业企业法》第二条第四款、第二十三条、第三十五条第一款、第五十五条的规定明显不适应社会主义市场经济和社会发展的要求，《决定》予以删去。其中，作为"里法"的《中华人民共和国全民所有制工业企业法》之第二十三条、第五十五条被删去后，相关的条文序号是否改变？第三十五条第一款被删去后，第二款是仍为第二款，还是变为第一款？这些问题都不明确。

---

① 参见罗传贤：《立法程序与技术》，233 页，台北，五南图书出版公司，1997。

——"穷"，对于各种复杂的法律修改现象，因没有合适的词语予以指称而"理屈词穷"。中国古代即有多种法律修改方法，且都有各自不同的名称。据梁启超考证，明清条例的纂修方法有五种：（1）修改，将原例条文略加正者也。（2）休并，将原例二条以上合为一条者也。（3）移改，将原例条文移易其类属位置者也。（4）续纂，原例所无而新增入者也。（5）删除，原例所有而削去者也。① 在我国现行法律中，将诸多不同的法律变动方式，都笼统地称为"修改"。《决定》中，"修改"一词分别出现在不同层次上，例如，立法标题为"全国人民代表大会常务委员会关于修改部分法律的决定"，第一部分的子标题为"对下列法律中明显不适应社会主义市场经济和社会发展要求的规定作出修改"，而"1. 将《中华人民共和国民法通则》第七条修改为：'民事活动应当尊重社会公德，不得损害社会公共利益，扰乱社会经济秩序'""删去第五十八条第一款第六项"为其具体规定之一。根据形式逻辑上的同一律，在同一思维过程中，必须保持概念自身的同一。由于《决定》在几个不同逻辑层次的总标题、子标题与具体规定中都使用"修改"一词，针对意义不同的事项却使用相同的词语，显然违背了基本的逻辑规则。

——"迟"，许多法律规定之间的冲突原本久已存在，修改的时间明显滞后。作为《决定》修改对象的"里法"，许多都属于陈年旧账，造成法律规则之间长时间段的冲突、抵触。例如，《决定》将 1985 年 9 月 6 日通过的《中华人民共和国计量法》第二十九条中的"依照刑法第×条的规定""比照刑法第×条的规定"修改为"依照刑法有关规定"。而现行刑法是 1997 年 3 月 14 日修订的，这意味着《中华人民共和国计量法》之中与刑法不协调的相关条款，存在的时间长达 12 年。正如隋明太委员在法案审议时所言，这次会议修改的法律当中有一些早就应该安排修改的，现在才安排，太晚了。这在一定程度上反映了国家立法机关没有及时履行立法职责，致使历史欠账过多。

总之，找准、找足现行立法的缺陷和失误，是不断改进立法技术、提高立法质量的前提。"法律的发展不可能没有对法律的批评"②。正是因为发现了《决定》之中存在的"繁""空""盲""乱""穷"及"迟"等问题，才能在未来的立法时，采行有针对性的解决措施，充分发挥包裹

---

① 参见《梁启超法学文集》，162 页，北京，中国政法大学出版社，2000。

② 《马克思恩格斯全集》，中文 2 版，第 1 卷，427 页，北京，人民出版社，1995。

立法的功效。

第二次包裹立法，2013 年 6 月 29 日第十二届全国人民代表大会常务委员会第三次会议审议通过《关于修改〈中华人民共和国文物保护法〉等十二部法律的决定》。为依法推进行政审批制度改革和政府职能转变，国务院对需要依照法定程序提请全国人大常委会修改相关法律的问题进行了研究，起草了文物保护法等 12 部法律的修正案草案。国家最高立法机关一揽子审议修改 12 部法律，旨在依法推进行政审批制度改革和政府职能转变，进一步激发市场、社会的创造活力，发挥好地方政府贴近基层的优势，促进和保障政府管理由事前审批更多地转为事中事后监管。2007 年修订的《文物保护法》第 25 条规定，由政府出资修缮的非国有不可移动文物的转让、抵押或者改变用途，应当报相应的文物行政部门批准。考虑到对这些活动可以通过订立民事合同等形式明确利益相关方的权利义务，并通过事后备案实施有效管理，不需要文物行政部门审批，因此，删去该条中应当报文物行政部门批准的有关规定。此外，草原法、海关法、进出口商品检验法、税收征收管理法、固体废物污染环境防治法、煤炭法、动物防疫法、证券法、种子法、民办教育促进法、传染病防治法等，也在 12 部法律的修改之列。①

第三次包裹立法，2013 年 12 月 28 日第十二届全国人民代表大会常务委员会第六次会议审议通过《关于修改〈中华人民共和国海洋环境保护法〉等七部法律的决定》。为落实十二届全国人大一次会议通过的关于国务院机构改革和职能转变方案的决定，依法推进行政审批制度改革和政府职能转变，改革工商登记制度，发挥好地方政府贴近基层的优势，促进和保障政府管理由事前审批更多地转为事中事后监管，进一步激发市场、社会的创造活力，国务院对需要依照法定程序提请全国人大常委会修订相关法律的问题进行了研究，起草了海洋环境保护法等 7 部法律的修正案草案。草案修改的 7 部法律是海洋环境保护法、药品管理法、计量法、渔业法、海关法、烟草专卖法、公司法，内容涉及取消下放 11 项行政审批项目和改革工商登记制度。具体内容有五个方面：修改生产经营活动许可、资质资格认定核准的相关规定；明确下放管理层级的实施主体；增加事中事后监管措施；优化行政审批流程；修改公司注册资

---

① 参见毛磊、彭波：《全国人大常委会会议审议修改十二部法律　促进简政放权》，载《人民日报》，2013 - 06 - 27。

本登记有关规定。

关注这三次包裹立法的实践过程，可发现一些法律发展的规律性因素。这些成功的修法实践，有的将成为立法惯例，予以沿用；有的可通过修改立法法等方式，予以确认、规范。

1. 逐渐演变为常规的修法机制。2009 年 8 月 27 日在第十一届全国人大常委会第十次会议审议《关于修改部分法律的决定》法案时，许多委员都赞成这次全国人大常委会采取包裹立法的方式来修改部分法律的部分条款的做法，建议人大常委会能够继续采取这种包裹立法的方式，来解决目前我国立法和修法赶不上变化的情况和客观存在的不一致、不适应、不衔接、不协调的问题。该观点也为立法机关所采纳。2013 年 6 月 29 日第十二届全国人民代表大会常务委员会第三次会议通过《关于修改〈中华人民共和国文物保护法〉等十二部法律的决定》；2013 年 12 月 28 日第十二届全国人民代表大会常务委员会第六次会议通过《关于修改〈中华人民共和国海洋环境保护法〉等七部法律的决定》。

2. 立法容量趋于适中。包裹立法是立法机关为了达到同一个立法目的，在一个法律性文件中对多个法律内的有关规定一次性地做出"打包"的修改方式。第一次包裹立法共修改了 59 部法律中的 141 条，导致立法文本负荷过于沉重，法律实效受到影响。而第二次包裹立法修改了 12 部法律，第三次包裹立法修改了 7 部法律，法律规范的容量比较合适，立法的针对性、可行性更强，避免因立法"包裹"过大而出现"拢"不住、"拎"不起的问题。

3. 出台时机比较合适。第一次包裹立法修改对象的"里法"，许多都属于陈年旧账，造成法律体系内部长时间不和谐，修改的时间明显滞后。例如，《中华人民共和国计量法》之中与刑法不协调的相关条款，截至 2009 年 8 月 27 日一直存在着，时间长达 12 年。相形之下，第二次、第三次包裹立法，都是在法律机体出现"硬伤"后不久，即启动修法程序，出台包裹立法，这在一定程度上反映了全国人大常委会积极回应社会需求、努力完善法律体系的职责意识。

4. 标题表述越来越具体。第一次包裹立法的标题为《全国人民代表大会常务委员会关于修改部分法律的决定》，其中所包含的有效信息过少，如果不联系正文的内容，几乎不知所云，很难发挥标题的应有功能。鉴于此，后两次的包裹立法名称分别为《关于修改〈中华人民共和国文物保护法〉等十二部法律的决定》《关于修改〈中华人民共和国海洋环境保护法〉等七部法律的决定》。基本的做法是，以一部修改的法律名称为主，再加上全部修改的法律文件数量的表述来描述该法案规定的内容，这已经成为比较定型化的标题表述方式：《关于修改〈×××法〉等×部法律的决定》。

5. 运用的主体越来越多。全国人大常委会的三次包裹立法，在我国具有明显的示范效应。例如，国务院2013年12月4日通过《关于修改部分行政法规的决定》，2014年2月19日通过《关于废止和修改部分行政法规的决定》；还有，农业部2013年12月18日通过《关于修订部分规章的决定》，江西省人民政府2014年1月27日通过《关于修改〈江西省水路运输管理办法〉等11件省政府规章的决定》。近年来，在我国除了国家立法机关外，其他立法主体也不断地采用包裹立法这一修法方式，形成了以点带面的发展格局。

6. 法律修改的外延逐渐清晰。在法律修改与包裹立法之间，前者是后者的直接上位概念，因此，对法律修改做出正确的理解，有助于准确地界定包裹立法的内涵与外延。《立法法》第2条第1款规定："法律、行政法规、地方性法规、自治条例和单行条例的制定、修改和废止，适用本法。"可以说，法律废止是与法律修改相并列的另外一种立法活动，法律修改不包括法的废止。据此，2009年6月27日，第十一届全国人大常委会召开第九次会议，一审通过了关于废止部分法律的决定，并决定对关于修改部分法律的决定（草案）继续进行审议；8月27日常委会第十次会议审议通过了《关于修改部分法律的决定》。后两次包裹立法也沿袭这种做法。这样，国家立法机关将法律修改与法律废止相并列，作为两种不同的法律变动方式，而将法的增加、法的删减、法的替代作为法律修改的具体形式，使得包裹立法的"内装物"相对确定，避免其内容过于混杂。

在全面深化改革、全面推进依法治国的时代背景下，"对不适应改革要求的现行法律法规，要及时修改或废止，不能让一些过时的法律条款成为改革的'绊马索'"①，人们对包裹立法的期待更高。例如，2014年8月31日第十二届全国人民代表大会常务委员会第十次会议通过《关于修改〈中华人民共和国保险法〉等五部法律的决定》，2015年4月24日第

---

① 中共中央文献研究室编：《习近平关于全面依法治国论述摘编》，52～53页，北京，中央文献出版社，2015。

十二届全国人民代表大会常务委员会第十四次会议通过《关于修改〈中华人民共和国港口法〉等七部法律的决定》，2015 年 4 月 24 日第十二届全国人民代表大会常务委员会第十四次会议通过《关于修改〈中华人民共和国电力法〉等六部法律的决定》，2015 年 4 月 24 日第十二届全国人民代表大会常务委员会第十四次会议通过《关于修改〈中华人民共和国义务教育法〉等五部法律的决定》，2015 年 4 月 24 日第十二届全国人民代表大会常务委员会第十四次会议通过《关于修改〈中华人民共和国计量法〉等五部法律的决定》，包裹立法的出现频率也越来越高。

四、包裹立法的基本原则

立法基本原则是立法主体据以进行立法活动的重要准绳，是立法体制机制完善、立法程序设置、立法技术运用都必须遵循的基本准则。我国法定的立法基本原则主要有法治原则、民主原则和科学原则，它们是体现于立法活动的各环节，渗透于立法的全过程，对所有立法主体都有效的重要准则。这三个基本原则对包裹立法也是适用的，但还有其特殊的内容规定性。

第一，法治原则。立法统一，是社会主义法制统一原则的重要组成部分。包裹立法"只以一部法律为对象之立法或修法技术，如果牵涉到整体法制的同步进化，就无可避免会有挂一漏万，锯箭补锅等现象出现，故宜引进具有政策性、全局性、同步性及经济性等功能之包裹立法或综合立法技术，将数个要修、要订或要废之法律，在同一政策下置于一个法案内作整合之处理"①。包裹立法可以解决各法律文本之间的冲突、矛盾，是实现立法统一的有效手段。我国各地经济、文化、社会发展很不平衡，市场经济还不完善，整个国家正处在改革转型时期，法律之间相互冲突、矛盾并不鲜见。"今后，在制定新法时，要同时研究考虑与新出台法律不一致、不协调的其他法律或者其他法律中相关条文的修改、废止，力争做到立、改、废同步进行。不能同步进行的，在法律出台之后，也应及时对相关法律规定进行修改、废止，防止出现新的不一致、不协调等问题。"② 将来，每一次法律的制定与修改，都会更广泛地影响着其

---

① 罗传贤：《立法技术应注意避免之瑕疵》，载林锡山主编：《立法原理与制度》，385 页，台北，"立法院法制局"，2002。

② 李适时：《为完善中国特色社会主义法律体系而不懈努力》，载全国人大常委会法制工作委员会组织编写：《中国特色社会主义法律体系学习读本》，70 页，北京，新华出版社，2011。

他相关法律规定的立、改、废，包裹立法被运用的机会将越来越多。在此背景下，立法时应遵循宪法的基本原则，严格审议把关，防止出现各种法律文件同宪法相抵触，下位法同上位法相冲突，从源头上切实维护社会主义法制统一。

第二，民主原则。社会主义法律是广大人民意志的体现，应当充分体现民意、集中民智，但由于各种原因，特别是我国的政治体制改革正在进行之中，各级人民代表尤其是全国人大代表的产生机制和工作状况尚不理想，立法的公民参与渠道不畅通，数量不少的立法文件蜕变为追求小团体利益的工具。2001 年，姜春云在一次会议上指出："当前部门利益倾向和地方保护主义仍然是影响立法进程和立法质量的一个重要问题。其主要表现是，有的不适当地扩大本部门、本地区的权力，抢占所谓的'权力空白地带'；或者试图把在改革中已经被取消或弱化的审批权、强制权、处罚权、收费权等，通过立法予以恢复或强化；或者只想要权力，不想承担责任，不愿接受监督和制约，等等。'争权'往往是为了'夺利'，目的是为本部门、本地区多争取一些经济好处，并不是为了更好地为人民服务。有的部门之间为了一点行政权力划分争吵得很厉害，有的为了给本部门多争得一点权力而四处游说，把立法变成一场'权力争夺战'。"① 当下中国的治理，计划功能弱化，而法律功能强化，一些部门和地方往往通过立法来追求、固化自己的局部利益，立法极易演变成寻租的工具。《中共中央关于全面深化改革若干重大问题的决定》指出："当前，我国发展进入新阶段，改革进入攻坚期和深水区。必须以强烈的历史使命感，最大限度集中全党全社会智慧，最大限度调动一切积极因素，敢于啃硬骨头，敢于涉险滩，以更大决心冲破思想观念的束缚、突破利益固化的藩篱，推动中国特色社会主义制度自我完善和发展。"在立法过程中，一些部门和地方常常将自己的私利硬塞进法案，立法可能成为利益固化的手段和工具。"包裹立法"因"包裹"一词容易引人有"含混过关"的理解。② 需要注意的是，一个包含了许多内容的法律"包裹"，难免鱼目混珠、泥沙俱下。因此，立法机关在"包裹"立法的起草、审议和通过时，应具有高度的责任感，对法案内容仔细地甄别、筛选、把关。

---

① 姜春云：《姜春云调研文集：民主与法制建设卷》，40 页，北京，中央文献出版社，2010。

② 参见陈新民：《一个新的立法方法——论综合立法的制度问题》，载《法治国公法学原理与实践》，上册，401 页，北京，中国政法大学出版社，2007。

　　第三，科学原则。《立法法》第 6 条规定："立法应当从实际出发……科学合理地规定公民、法人和其他组织的权利与义务、国家机关的权力与责任。"立法的科学原则包含多方面的内容，结合包裹立法的实际，特别要做好立法选项、立法后评估工作。立法选项是立法机关在把握某个社会关系领域的立法需求，权衡立法条件成熟的程度和立法需求的缓急状况的基础上，而做出是否立法和何时立法的决策。无论在任何地方，稀缺的立法资源和有限的起草时间都迫使起草者必须决定起草法案的优先顺序。倘若只是依照先到先得原则，那么宝贵的立法资源就可能被用到相对不那么重要的法案上。面临土地改革、创造就业机会、建设与维护道路、建设新企业、修缮教育与卫生设施、住房以及无数的其他社会问题等多方面需求，发展中国家和转型国家的立法资源变得非常有限。需求不断增加，立法资源永远不够。在一个特定的时空环境下，需要立法的诸多事项不可能同时进入立法程序，所以就需要立法机关基于公平正义的立法理念，通过严格细致的权衡比较，做出选定与排除、优先与嗣后、此法与彼法的决策。目前大量的法律需要修改，立法机关应加强立法论证，对进入正式修法程序的法案，进行充分的说理，防止任意修法。同时，为了保证包裹立法的科学性，还要有效地运用立法后评估机制。我们"要在总结试点经验基础上，积极开展立法后评估工作，通过多种形式，对法律制度的科学性、法律规定的可操作性、法律执行的有效性等作出客观评价，为完善修改法律、改进立法工作提供重要依据"[①]。在法律制定后，立法机关应对法律的实施情况进行调查研究，总结成绩、发现问题，以便为未来运用包裹立法提供客观依据。

五、包裹立法的机制创新

　　近年来，经过三次包裹立法实践，立法机关逐渐摸索出一套有益的经验，需要予以定型化、制度化；同时，也暴露出一些立法技术方面的不足，须采取有力措施进行改进。其一，应增设立法目的条款。全国人大常委会的三次包裹立法都没有立法目的条款。2013 年 12 月 4 日国务院审议通过的《关于修改部分行政法规的决定》提出："为了依法推进行政

---

　　① 吴邦国：《在形成中国特色社会主义法律体系座谈会上的讲话》，载全国人大常委会法制工作委员会组织编写：《中国特色社会主义法律体系学习读本》，11 页，北京，新华出版社，2011。

审批制度改革和政府职能转变，发挥好地方政府贴近基层的优势，促进和保障政府管理由事前审批更多地转为事中事后监管，进一步激发市场、社会的创造活力，根据 2013 年 7 月 13 日国务院公布的《国务院关于取消和下放 50 项行政审批项目等事项的决定》和 2013 年 11 月 8 日国务院公布的《国务院关于取消和下放一批行政审批项目的决定》，国务院对取消和下放的 125 项行政审批项目涉及的行政法规进行了清理。经过清理，国务院决定：对 16 部行政法规的部分条款予以修改。"其二，须合理地规定法的生效时间。除第三次包裹立法"对《中华人民共和国公司法》所作的修改，自 2014 年 3 月 1 日起施行"之规定外，其他的生效时间都规定为："本决定自公布之日起施行"。这样的法律生效时间规定不尽合理，应予调整，给人们知法、守法、用法留有充裕的实施准备期。要提高包裹立法的质量，除了上述修法技术改进外，立法机制的创新更为关键。

第一，逐条审议表决。一般地，法案表决分为整体表决与逐步表决两种方式。整体表决，指表决者对整个法案表示赞同、反对或弃权态度的表决方式。逐步表决，是由表决者对法案先进行逐条、逐节或逐章表决，最后再就整个法案进行表决的方式。其中，逐步表决又可以分为两种情况：一是仅先表决具有重大争议的条款或章节的逐步表决方式；二是先对整个法案进行逐条、逐节或逐章的表决，而不论其是否具有意见分歧的逐步表决方式。可以说，整体表决和逐步表决在价值取向上各有侧重：前者侧重于立法的效率、统一，后者侧重于立法的民主、实效。我们认为，逐步表决，特别是逐条表决方式的重要作用不容低估。1989 年 4 月 1 日，王汉斌同志在《关于全国人民代表大会议事规则草案审议结果的报告》中，针对有些代表提出的"大会表决法律案时，根据情况，可以逐章、逐条表决"的建议，指出："法律委员会建议，大会表决法律案，如果需要逐章、逐条表决时，可由大会或大会主席团决定，议事规则暂不作规定"①。在我国立法实践中，法案审议的基本做法是针对整个法律文本，而非单个具体条文。但是，有时也围绕重点法条进行专门审议。例如，《合同法》第 2 条规定："本法所称合同是平等主体的自然人、法人、其他组织之间设立、变更、终止民事权利义务关系的协议。""婚

---

① 王汉斌：《社会主义民主法制文集》，下册，328 页，北京，中国民主法制出版社，2012。

姻、收养、监护等有关身份关系的协议，适用其他法律的规定。"实际
上，在合同法草案经第九届全国人大人常委会第四次、第五次、第六次、
第七次会议，又经第九届全国人大第二次会议审议的立法过程中，关于
调整范围的第 2 条规定，始终是社会各界关注的重点问题，每一次审议
都是立法机关重点讨论的条文。① 就包裹立法而论，它是解决法律文本
"硬伤"的法律修改技术，主要是处理明显不适应、不一致。对于法律中
存在的不适应、不协调的问题，如果没有达到"明显"的程度，就可以
通过法律解释等方式予以明确化、具体化，没必要启动法律修改程序。
可以说，包裹立法拟修改的条文，内容变化较大，且对其他法条以及整
个法律文件影响较大，如"打包"整体审议表决，难免无关痛痒、不得
要领。所以，在运用包裹立法时，可采用逐条审议表决的办法。

　　第二，全国人大常委会增加开会频率或延长会期。2013 年 12 月 14
日，第十二届全国人大常委、财经委副主任委员吴晓灵在一次会议上建
议，修改全国人大常委会议事规则，把现在常委会两个月开一次会的规
则，改为一个月开一次，以满足三中全会改革决定发布后，大量的立法、
修法需求，适应改革需要。按照三中全会深化改革的决定，当前有很多
法律已经滞后，不能满足深化改革的需要。目前全国人大常委会两个月
开一次会，很多修法工作一拖再拖，好几年才能修改。只有修改全国人
大常委会议事规则，增加常委会会议频率，才能够保证很多改革工作进
入法治轨道。全国人大常委会议事规则第 3 条规定，全国人民代表大会
常务委员会会议一般每两个月举行一次；有特殊需要的时候，可以临时
召集会议。现行的全国人大常委会议事规则 1987 年出台，2009 年第一次
做出修正，当时主要修改了代表列席会议、发言时间等规则。而全国人
大常委会一般每两个月一次的开会频率一直保持至今。还有人认为，目
前人大会期是与党和政府工作配合安排的，提高开会频率到一个月一次，
可能协调起来比较难，但目前人大常委会立法修法进度确实跟不上改革
需求，建议把每次会期从目前的 4~6 天延长为 8~12 天，也是一条可行
的改革途径。全国人大常委会须回应大量的立法、修法需求，适当增加
开会频率或延长会期，方能保证包裹立法的常态化、实效性。

　　第三，设立专门的法律修改审查机构。一个包裹立法往往涉及多部

---

　　① 参见孙礼海主编：《〈中华人民共和国合同法〉立法资料选》，3 页以下，北京，法律出
版社，1999。

法律文件、较广的社会关系领域，专门委员会的职能难以充分发挥，各专门委员会间的关系也难以协调，因此，建立与包裹立法性质相适应的专门委员会职责分工体系、工作机制，已提上议事日程。但仅此还不够，可进一步考虑设立专门的机构，负责法律修改的调查研究工作，为立法决策机关提供参考、咨询。法制工作委员会属于全国人大常委会的工作机构，负责协助全国人大常委会和全国人大法律委员会起草、研究、修改法律工作，可考虑在全国人大常委会法制工作委员会之下设置法律修改审查室，与其职责相吻合，而且工作机构设置的阻力较小。法律修改审查室负责调查研究新法案和现行法的关系，法院判例及法律适用的疑难问题，理论界、实务界关于法律解释的争议，法律中不合理或无用的部分；等等。①

　　第四，完善立法法的相关规定。包裹立法一次涉及多部法律，对各个需要修改的法律文本做集中的、"打包"式处理，无疑会大大降低立法成本，立法活动的规模效益明显。然而，在我国，包裹立法只是一种弱意义上的立法惯例，立法机关是否采用随意性很大。例如，受委员长会议委托，全国人大常委会法制工作委员会主任李适时在第十一届全国人大常委会第二十九次会议上作关于修改监狱法等七部法律个别条款的决定草案说明时指出，现行监狱法、律师法、未成年人保护法、预防未成年人犯罪法、治安管理处罚法、国家赔偿法和人民警察法等七部法律的个别条款，出现了与修改后的刑事诉讼法相关规定不一致、不衔接的问题。根据中国特色社会主义法律体系形成后，需要结合重要法律出台，及时对相关法律进行修改或废止的要求，解决法律规定间的衔接协调问题，确保修改后的刑诉法得到正确有效实施，需"打包"对七部法律个别条款进行相应修改。实际上，2013 年 10 月 26 日常委会分别表决通过了全国人大常委会关于修改监狱法的决定（63 号主席令）、关于修改律师法的决定（64 号主席令）、关于修改未成年人保护法的决定（65 号主席令）、关于修改预防未成年人犯罪法的决定（66 号主席令）、关于修改治安管理处罚法的决定（67 号主席令）、关于修改国家赔偿法的决定（68 号主席令）、关于修改人民警察法的决定（69 号主席令）。这原本是运用包裹修法的良机，最后却采用"零售"方式，令人遗憾。有鉴于此，在修改立法法时，应就包裹立法等的法律修改问题做出专门、细致的规定。

_____

① 参见［日］穗积陈重：《法典论》，李求轶译，75 页，北京，商务印书馆，2014。

现行立法法虽然对规范性法律文件的制定、修改和废止都做出了规定，但该法调整对象的重点还是法律创制，对法律修改的规定较为简单。目前，我国还缺乏有关包裹立法的具体规定，包裹立法的名称本身仍是一个法学名词，而非法律术语，需要立法加以确认。在包裹立法广受青睐的背景下，我们应通过修改完善立法法或制定其实施细则等方式，尽快填补这一立法盲区，以保障包裹立法活动合法、有序、常态、高效地运行。同时，在行政法规、地方性法规、规章等法律文件的修改过程中，也要推广包裹立法技术。

第五，调整专门委员会的分工。针对台湾地区的立法实践，陈瑞基指出：立法程序中交付各"委员会"审查之最大意义在于加强专业立法、监督行政机关、内部整合、汇集资讯、提高议事效率等功能，而包裹立法技术在"委员会"阶段的立法程序将会是一个两难。如果将包裹中之各法律案拆散还原到原来应该分配审查的"委员会"以落实专业立法等上述功能，则包裹立法与单一立法并无差异；设若如上述所叙，在"院会"审查法案交付"委员会"时，议事处、"程序委员会"即可建议由该主管法案业务之"委员会"负责审查，并与相关之法律提案作成法律包裹一并审查，则就专家立法、监督行政机关、内部整合、汇集资讯及提高议事效率等功能之角度言，应会有若干功能之丧失。① 上述问题在中国内地的立法中也会遇到。我国《立法法》第 32 条第 1 款规定："列入常务委员会会议议程的法律案，由有关的专门委员会进行审议，提出审议意见，印发常务委员会会议。"一个包裹立法涉及广泛的社会关系领域，各个专门委员会的职能难以充分发挥，各专门委员会间的关系也难以协调，因此，建立与包裹立法性质相适应的专门委员会职责分工体系、工作机制，已提上议事日程。

第六，合理配置优秀的立法人才。包裹立法对立法工作提出了很高的要求，其法案的提出须由法律专业人才事先替立法者就所有涉及的法律条文进行整理，再进行认真审议。如果没有优秀立法人才的参与和襄助，技术含量很高的包裹立法是无法发挥其预期作用的。所以，全国人大常委会工作机构应延揽、集合一批立法专家，以保证包裹立法的质量。另一方面，为了防止立法权力旁落、运行扭曲，避免工作机构立法专家

---

① 参见陈瑞基：《包裹立法技术之研析》，载林锡山主编：《立法原理与制度》，403 页，台北，"立法院法制局"，2002。

职能的不当扩张，消除常委会委员、人大代表作用下降之虞①，也应明确全国人大专门委员会、常委会委员和工作机构的职责范围，完善工作程序，规范活动方式，以保证其各司其职、各负其责。

《中共中央关于全面深化改革若干重大问题的决定》明确提出："完善中国特色社会主义法律体系，健全立法起草、论证、协调、审议机制，提高立法质量，防止地方保护和部门利益法制化。"包裹立法即是有关立法机关基于中国国情，顺应社会发展需要，吸收国外先进立法经验，经过不断探索总结，逐渐成熟的一项具体的修法机制方法。包裹立法有着独特的原则、结构和技术，需要学术界对国内外的立法实践予以持续关注，从而推进理论创新，为法治中国建设献计献策。

到 2010 年年底中国特色社会主义法律体系业已形成，法律基本框架搭建完成，立法机关准备"把更多的精力放到法律的修改完善上来"②；由于我国正处于快速的社会转型期，因而社会主义法律体系具有明显的阶段性，法律修改被人们寄予很高的期望。包裹立法这一法律修改技术是从国外移植而来的，需要经过本土化的改造与调适，需要法学界做更深入的研究，揭示其基本原理、运作机制、操作技术，努力提升法律修改的科学化水平。

---

① 在日本，此类问题早已显现，我国也应引以为戒。参见刘清音：《日本国会法制局之组织及其功能》，载林锡山主编：《立法原理与制度》，176 页，台北，"立法院法制局"，2002。

② 吴邦国：《全国人民代表大会常务委员会工作报告——二〇一一年三月十日在第十一届全国人民代表大会常务委员会第四次会议上》，载《光明日报》，2011 - 03 - 13。

第四编　法的实施

法的实施包括法的遵守、法的执行、法的适用等主要环节，它是把人民意志、国家意志落到实处，把以观念形态存在的法律规则、法律原则转换为现实的法律生活，把法定的权利义务转变为现实的权利义务的过程。在这部分，集中分析"刀把子""家族相似"和正义女神像三个法律隐喻现象。

第 5 章以"刀把子"为喻体，分析人民法院的性质与功能。从新中国成立到上个世纪 90 年代中期，人们往往用"刀把子"来喻指人民法院。由于形势的变化，现在"刀把子"一词已淡出人们的视线，但围绕它所形成的词与物、现象与本质的复杂关系，却具有重要的学术价值。如果以手术刀为喻体重新理解"刀把子"，仍可以有效地展示人民法院、审判权的基本特征，重构后的"刀把子"论仍具生命力。

第 6 章借用"家族相似"理论分析判例制度的作用机制。维特根斯坦的"家族相似"理论认为，哲学的根本就是语言，而在各种语言现象中，不存在共同的本质，而只有以种种不同方式展开的相关"语言游戏"。某些事物之所以使用同一个概念来指称，缘于它们以类似于一个家族中各成员间的相似关系彼此勾连而形成的一个网状整体，而并不是由于它们拥有"共同的本质"。当今，"家族相似"理论的影响已远远逸出语言学界、哲学界，在法学界也产生了重大的影响。基于"家族相似"理论，可以说个案之间，不可能是完全相同的，而只有各种"交叉重叠"的"相似性"关联。在英美法中，判例法是第一位的法源，判决结论是从以前的判例之中类推而来的。对英美法系法官推理过程特别是类比推理在其中所发挥重要作用的揭示，本身就是"家族相似"理论的验证与展示。"家族相似"理论尽管具有一定的阐释功能，但也存在一些缺陷：含义不清，界线模糊，与中国现实的契合度不高，消解法律的确定性。

第 7 章以正义女神像为象征，分析西方国家司法的职能定位。在西方国家法院建筑物之前，常常摆放着雕塑的正义女神像。正义女神像是一种重要的法律文化载体，其中女人是司法被动性的象征，利剑是司法权威性的标志，天平是司法公正性的图像，眼罩是司法中立性的符号，白袍是司法纯洁性的代码。以正义女神像作为学术研究的切入点，不仅有助于对西方社会的司法理念、司法制度、司法行为进行深入的揭示与阐发，也可为当下中国司法文化建设提供有益的启示。

第5章 "刀把子"的含义

　　隐喻是一种修辞法，其中有关话题及意义用一种不符合字面意义的语词或句子来表述；一个典型的隐喻，虽字面上不合逻辑甚至显得荒谬，但理解和交流并不因此而失效。在我国，作为器物的"刀把子"常常被用来喻指人民法院，成为表征人民法院性质与职能的重要词语。直到20世纪90年代中期，"刀把子"还经常出现在党和国家领导人的讲话乃至司法文件中，"刀把子"论在理论界也有很大的影响。"法律蕴涵着一个国家数个世纪发展的故事，我们不能像对待仅仅包含定理和推论的数学教科书一样对待它。要理解法律是什么，我们必须了解它以前是什么，以及它未来会成为什么样子。"① 尽管"刀把子"一词已逐渐淡出人们的视线，成为一个历史现象，但围绕它所形成的词与物、现象与本质的复杂关系，却具有重要的学术价值。国内学术界对"刀把子"早有研究，并形成了许多有分量的学术成果，本章在吸收同行们既有理论成果的基础上，试图运用隐喻学的基本原理和研究方法，沿着一个新的研究进路，对"刀把子"论进行客观的分析，对人民法院的历史发展做出正确的评价，以挖掘出其中的一些规律性成分，并为我国当下正在进行着的司法改革提出建设性意见。

一、"刀把子"论之解读

　　从新中国建立到上个世纪90年代中期，许多法学家、我们党和国家法制战线上的领导人以及有关司法的文件，常常以"刀把子"来指称人民法院，"刀把子"论在实务界、学术界都非常盛行。尽管因场合和使用者的不同，"刀把子"一词的含义有所不同，但根据人们对该词语的主要

---

　　① ［美］小奥利弗·温德尔·霍姆斯：《普通法》，冉昊、姚中秋译，1页，北京，中国政法大学出版社，2006。

使用状况，可发现它大致包括以下几点主要内容：

第一，指涉对象主要是包括法院的政法机关。1949 年以后，中国共产党通过各级政法委员会对审判机关、检察机关和侦查机关实施统一领导，审判机关、检察机关和侦查机关被统称为"政法机关"。而对政法机关所做的形象比喻，就是"刀把子"。1979 年 10 月 13 日，彭真在《实现四化一定要有一个生动活泼、安定团结的政治局面》的讲话中指出："公、检、法机关是无产阶级专政的武器，是党和人民的刀把子，根本任务是打击敌人，保护人民。"[①] 这里，对"刀把子"的指涉对象及其根本任务，都做了明确的界定。法院往往与公安机关、检察院一道，被称为政法机关。沿此进路，在政法机关的统一名称下，人们更强调公、检、法三机关的共性，而轻视乃至忽视法院与公安机关、检察院之间在性质和职能上的重大差异。

在刑事审判中，公安机关负责一般刑事案件的侦查，检察院负责批准逮捕、提起公诉和贪污受贿等有关职务犯罪案件的侦查，法院负责案件的审理。但在 1955 年就出现过一些法院采取侦查、起诉、审判协调一致的做法，1958 年又出现公安机关、检察院和法院联合办公，"一长代三长，一员顶三员"的做法，一些地方还出现了合并公安机关、检察院和法院为"政法部"或者公安机关、检察院和法院"合署办公"的现象。1967 年，公安机关、检察院和法院均实行军事管制，在一些地方，军事管制委员会包揽了案件的侦查、起诉和审判，至 1972 年军事管制撤销。1983 年在个别地方仍出现过"三员包干"办案现象，并作为经验予以推广。[②] 在法律上，审判权和检察权、侦查权是性质不同的国家权力。但是，"刀把子"都是打击违法犯罪行为，维护社会公共利益和社会秩序的工具，在这个意义上，它们的职能大致相同，可以忽略相互间的差异而等同视之。虽然宪法第 135 条规定："人民法院、人民检察院和公安机关办理刑事案件，应当分工负责，互相配合，互相制约，以保证准确有效地执行法律"，但在"刀把子"论指导下的法律解释，合乎逻辑的结论是重视各机关权力行使上的"配合"而轻视"制约"。

第二，侧重惩罚犯罪、刑事审判。在各种因素的影响下，"重刑轻民"，"刑事第一、民事第二"等司法理念长期居支配地位，人民法院被

---

① 彭真：《论新时期的社会主义民主与法制》，34 页，北京，中央文献出版社，1989。

② 参见李楯编：《法律社会学》，706～707 页，北京，中国政法大学出版社，1999。

单纯地定位于无产阶级专政的工具，它的主要职能是打击敌人、惩罚犯罪的刑事审判。"刀把子"论是主要用来说明刑事审判现象的，而民事审判则被置于其理论"射程"之外。

1957 年 2 月 27 日，毛泽东同志在《关于正确处理人民内部矛盾的问题》一文中指出，在我们的面前有两类性质完全不同的社会矛盾，即敌我之间的矛盾和人民内部的矛盾。为了正确地认识敌我之间和人民内部这两类不同的矛盾，应该首先弄清楚什么是人民，什么是敌人。敌我之间的矛盾是对抗性的矛盾。人民内部的矛盾，在劳动人民之间说来，是非对抗性的；在被剥削阶级和剥削阶级之间说来，除了对抗性的一面以外，还有非对抗性的一面。敌我之间和人民内部这两类矛盾的性质不同，解决的方法也不同。前者是分清敌我的问题，后者是分清是非的问题。我们的国家是工人阶级领导的以工农联盟为基础的人民民主专政的国家。专政在解决国内敌我之间的矛盾中的作用，就是压迫国家内部的反动阶级、反动派和反抗社会主义革命的剥削者，压迫那些社会主义建设的破坏者。"专政的制度不适用于人民内部。人民自己不能向自己专政，不能由一部分人民去压迫另一部分人民。人民中间的犯法分子也要受到法律的制裁，但是，这和压迫人民的敌人的专政是有原则区别的。"[1] 针对这两类不同性质的矛盾，可供选择的解决方法也是不同的。1958 年 4 月，董必武指出："司法工作的主要锋芒是对着反革命，这不是说把什么案件都看作是反革命案件，但只要有敌人，我们同敌人的斗争就是尖锐的。司法干部什么时候都不要忘记这一点。死刑要不要？我们是从来不说废除，但要少用。死刑好比是刀子，我们武器库里保存这把刀子，必要时才拿出来用它。"[2] 刑罚特别是死刑，是解决敌我矛盾的有力武器。

1979 年 6 月，彭真指出："九亿人民掌握和贯彻执行法律，必须有自己的健全的专门机关作为武器，必须有一支强大的专业的执法队伍搞这方面的工作。人民公安机关、人民检察院和人民法院就是执行法律，特别是执行刑法和刑事诉讼法的专门机关，是无产阶级专政用以保护人民、打击敌人的有力工具。"[3] 他在 1986 年 3 月 2 日《在全国政法工作会议上的讲话》中提出："政法队伍是掌握刀把子的，有权依法抓人、起诉、判

---

① 《毛泽东文集》，第 7 卷，207 页，北京，人民出版社，1999。

② 《董必武法学文集》，414 页，北京，法律出版社，2001。

③ 彭真：《论新时期的社会主义民主与法制》，13～14 页，北京，中央文献出版社，1989。

刑以至杀人，权力好大啊！党、国家和人民给了我们这样大的权力，这样光荣、艰巨的任务，我们就要对得起党，对得起人民。"① 彭真在使用"刀把子"这个词时，也将它界定于刑事审判方面。

第三，"刀把子"是用来维护正常社会秩序的。司法机关与军队都是国家机器的重要组成部分，在我国，"人民的司法工作如同人民军队和人民警察一样，是人民政权的重要工具之一"②。1927 年 8 月 7 日，毛泽东提出："须知政权是由枪杆子中取得的。"③ 1938 年，他又进一步强调："每个共产党员都应懂得这个真理：'枪杆子里面出政权'。""从马克思主义关于国家学说的观点看来，军队是国家政权的主要成分。谁想夺取国家政权，并想保持它，谁就应有强大的军队。"④ 但是，"要消灭任何机关团体都能捉人的混乱现象；规定除军队在战斗的时间以外，只有政府司法机关和治安机关才有逮捕犯人的权力，以建立抗日的革命秩序"⑤。"刀把子"与"枪杆子"都是国家政权的重要组成部分。

毛泽东在 1949 年 7 月 1 日发表的《论人民民主专政》一文中指出："我们现在的任务是要强化人民的国家机器，这主要地是指人民的军队、人民的警察和人民的法庭，借以巩固国防和保护人民利益。""军队、警察、法庭等项国家机器，是阶级压迫阶级的工具。对于敌对阶级，它是压迫的工具，它是暴力，并不是什么'仁慈'的东西。"⑥ 1950 年 7 月 26 日，董必武在第一届全国司法会议上所做的《要重视司法工作》的讲话中指出："我们是取得革命胜利的国家，是人民民主专政的国家，人民民主专政是最锐利的武器，如果说司法工作不是第一位的话，也是第二位。当我们在跟反革命作武装斗争的时候，当然武装是第一位，在革命胜利的初期，武装也还有很大的重要性。可是社会一经脱离了战争的影响，那么，司法工作和公安工作，就成为人民国家手中对付反革命，维持社会秩序最重要的工具。"⑦ 1958 年 4 月，董必武指出："司法工作是国家政权的重要组成部分，是镇压反动派、保护人民的直接工具，是组织与

① 彭真：《论新时期的社会主义民主与法制》，314 页，北京，中央文献出版社，1989。
② 周恩来：《中央人民政府政务院关于加强人民司法的指示》，载《中央政法公报》，1950(18)。
③ 《毛泽东著作选读》，上册，24 页，北京，人民出版社，1986。
④ 《毛泽东选集》，2 版，第 2 卷，547 页，北京，人民出版社，1991。
⑤ 《毛泽东选集》，2 版，第 2 卷，768 页，北京，人民出版社，1991。
⑥ 《毛泽东选集》，2 版，第 4 卷，1476 页，北京，人民出版社，1991。
⑦ 《董必武法学文集》，38 页，北京，法律出版社，2001。

教育人民群众作阶级斗争的有力武器。"①

在一个时期内,"刀把子"具有重要的象征价值,"刀把子"论影响很大。1983 年年初,原华东政法学院院长徐盼秋教授在一次座谈会上说:政法部门拨乱反正做得不够,"左"的东西清理少。例如人们往往把政法部门说成是"刀把子",这在过去是正确的,现在阶级关系发生了根本变化,今天政法部门虽然还有"刀把子"的作用,但政法部门还有保护人民民主权利等方面的任务。因此,简单地用"刀把子"来概括政法部门的整体功能是不够的,也是不科学的。对此,1983 年 9 月《民主与法制》的本刊评论员文章提出:"还有少数同志认为,现在政法机关主要职能不是对敌专政了,甚至反对提政法机关是'刀把子'。这种思想是错误的也是有害的……人民民主专政,是保护人民的'法宝',是镇压敌人的'刀把子',政法公安机关的主要职能仍是对敌专政,这个刀把子一定要牢牢掌握。"② 1983 年 11 月中国法学会召开第二次扩大的理事会,会上,一位副部级干部将徐盼秋的关于"刀把子"的观点认定为资产阶级自由化最典型的表现。他在报告中指责说:"……上海有个什么法学家,不承认政法机关是'刀把子',这是一种胡说八道的谬论。"③ 从这位副部级干部的激烈反应中,可看出"刀把子"在一部分人心目中难以撼动的神圣地位。

"刀把子"是表征人民法院性质和职能的形象比喻,同时它也衍生出相应的特定思维模式。以"刀把子"为中心,形成一套完整的话语系统:"武器""驯服工具""刀锋""锋芒""锐利""严厉打击""消灭""镇压""制裁""阶级斗争""敌人""人民民主专政""你死我活",等等。在这一长串的词语链条中,则形成了关于司法、审判的较为清晰的整体意象,并对我们的司法制度设计以及审判活动方式都产生了重要影响。

现在,"刀把子"论越来越少地出现在法律文件和法学著述中,但这个观念在政法机关中还有相当的影响。"刀把子"的身形虽已消隐,而其观念及其行为方式则存续着。"就如符号结构,历史叙述并不制造它所描绘的事件;它告诉我们以什么样的方向思考事件,并且以不同的感情框

①　《董必武法学文集》,121 页,北京,法律出版社,2001。

②　本刊评论员:《大得人心　大快人心——论依法从重从快惩处严重刑事犯罪》,载《民主与法制》,1983(9)。

③　郭道晖、李步云、郝铁川主编:《中国当代法学争鸣实录》,293～299 页,长沙,湖南人民出版社,1998。

架调整我们对事件的思考。历史叙述并不想象它所指示的事物；它在心灵中唤起其指示事物的镜像，隐喻也是以同样的方式起作用……隐喻并不想象它寻求加以特征化的事物，而是为发现打算与那种事物联系起来的想象系统提供方向。"① 滕彪在《"司法"的变迁》一文中对此曾做过精辟的分析："意识形态的变迁要经历一个缓慢的过程，更重要的是类似'严打'这样的司法实践更加强化了'刀把子'的观念。人们的话语是社会实践形象而准确的总结。但是话语也不仅仅是实践的镜子，它在归纳和提炼实践的同时，也会对实践产生强化、引导、压制、遮蔽或置换的作用。新的话语裹挟着新的观念能量将会型塑新的社会行动方式。"② 尽管"刀把子"一词已成为历史，它所承载着的司法理念、司法价值观，却转变为制度基因继续支配着人们的行为选择，内化为我们社会现实的一部分。因此，对"刀把子"的研究不单纯是知识考古学意义上的理论分析，更是探究司法制度、审判活动方式的现状乃至嬗变的现实对策。

二、"刀把子"论之联想

隐喻有助于形成相对清晰的意象与联想，也是一条重要的认知路径。海德格尔指出："我们谈及某种'比喻'，也说'象征'，这意味着：一种可见的外观（Anblick），它非常明确，以至于所看到的东西完全等同于所暗示的某种东西，外观不单独自为地存在；它给出某种暗示：借助这种外观或通过这种外观，形成对某物及其所是的领会。外观有所暗示——它在可理解性的范围内（在得以理解的维度中），在某种感性的东西（Sinn）（这里是象征）中引导着要理解的东西。但一定要注意：它所给出的要理解的东西，不是某种感性的东西，而是一个事件，'感性的东西'只是说：它无论如何都与可理解的东西相关。被理解的东西本身根本不是感性的东西；我们不是理解像感觉那样的东西，而一定只是领会'对……的感觉'，感性的东西根本不是理解的主题。"③ 作为审判机关的法院，显然不同于作为器物的刀把子，用"刀把子"来表征人民法院，是一种思想观念中的"视为""当作"，是一种隐喻的用法。在隐喻的思维结构中，人们是由于对作为器物的刀把子非常熟悉和了解，然后将它

---

① 转引自［荷］F. R. 安克施密特：《历史与转义：隐喻的兴衰》，韩震译，78 页，北京，文津出版社，2005。

② 滕彪：《"司法"的变迁》，载《中外法学》，2002 (6)。

③ ［德］海德格尔：《论真理的本质》，赵卫国译，17 页，北京，华夏出版社，2008。

的一些已知属性和特征，映射到作为话题中心的法院之上，从而对法院进行理解和阐释。"一个词有'原初的含义'和'次级的含义'。唯当这个词对你有原初的含义，你才能在次级的含义上使用它。"① 同时，作为器物的刀把子是该词的原初含义，而作为司法机关的"刀把子"则是其派生的、第二性的含义，正因为人们熟知作为器物的刀把子之属性，才以此为中介来阐释和理解相对陌生、抽象的人民法院的属性。在认识过程上，器物意义上的刀把子就作为隐喻的喻体，成为人们理解人民法院属性的观念原型和思想源泉。同时，源于"刀把子"一词的原始含义，可以自然地生发出一系列的意象与联想。这种思维方式"表现的是一刹那间理智和情感的复合体。意象在任何情况下都不只是一个思想，它是一团，或一堆相交融的思想，具有活力"②。就此而言，在对事物的把握上，隐喻固然不是显微镜下的条分缕析而是粗线条的轮廓勾勒，但是"刀把子"的意象与联想形成新的思维范式、认知定向后，对作为本体的"人民法院"的属性、功能的理解将产生重要的影响。

（一）"刀把子"作为工具，是用于敌我斗争的武器

关于法院、审判的隐喻有许多，每一种隐喻都包含着使用者的价值判断和特定目的。"刀把子"与用于规训的"鞭子"不同③，"鞭子""棍棒"主要是家长对孩子、教师对学生、主人对奴仆、君主对臣民实施训诫的工具，以"鞭子"来表征法院，就体现了专制社会审判机关的威权主义特征。与此不同，"刀把子"是用于战争场合，以消灭敌人保存自己的武器。以它来喻指法院，因其有独特的解决问题原则以及是解决问题的工具（武器）。

克劳塞维茨认为："消灭敌人军队和保存自己军队这两种企图是相辅相成的，因为它们是相互影响的，它们是同一意图不可缺少的两个方面。"④ 而在阶级斗争激烈的形势下，"为了正确地认识敌我之间和人民内部这两类不同的矛盾，应该首先弄清楚什么是人民，什么是敌人"⑤。人

---

① ［英］维特根斯坦：《哲学研究》，陈嘉映译，339 页，上海，上海人民出版社，2001。
② 转引自［美］J. 兰德：《外国著名思想家译丛：庞德》，106 页，北京，中国社会科学出版社，1992。
③ ［日］大木雅夫：《东西方的法观念比较》，华夏、战宪斌译，58 页，北京，北京大学出版社，2004。
④ ［德］克劳塞维茨：《战争论》，第 1 卷，中国人民解放军军事科学院译，63 页，北京，商务印书馆，1978。
⑤ 《毛泽东著作选读》，下册，757 页，北京，人民出版社，1986。

民作为一个历史概念，其内容不是固定不变的。1949 年 6 月 30 日，毛泽东在《论人民民主专政》一文中，对当时的社会阶级结构、人民的概念以及对敌专政的基本原则做了深刻的阐述，他指出："人民是什么？在中国，在现阶段，是工人阶级，农民阶级，城市小资产阶级和民族资产阶级。这些阶级在工人阶级和共产党的领导之下，团结起来，组成自己的国家，选举自己的政府，向着帝国主义的走狗即地主阶级和官僚资产阶级以及代表这些阶级的国民党反动派及其帮凶们实行专政，实行独裁，压迫这些人，只许他们规规矩矩，不许他们乱说乱动。如要乱说乱动，立即取缔，予以制裁。对于人民内部，则实行民主制度，人民有言论集会结社等项的自由权。选举权，只给人民，不给反动派。这两方面，对人民内部的民主方面和对反动派的专政方面，互相结合起来，就是人民民主专政。"① 分清人民和敌人，也就是为了明确"刀把子"应掌控在什么人的手里，应该用这个武器来保护哪些人，"刀锋"应该指向什么人。1957 年 2 月 27 日，毛泽东在《关于正确处理人民内部矛盾的问题》一文中指出：我们的国家是工人阶级领导的以工农联盟为基础的人民民主专政的国家。这个专政是干什么的呢？专政的第一个作用，就是压迫国家内部的反动阶级、反动派和反抗社会主义革命的剥削者，压迫那些对于社会主义建设的破坏者，就是为了解决国内敌我之间的矛盾。例如逮捕某些反革命分子并且将他们判罪，在一个时期内不给地主阶级分子和官僚资产阶级分子以选举权，不给他们发表言论的自由权利，都是属于专政的范围。为了维护社会秩序和广大人民的利益，对于那些盗窃犯、诈骗犯、杀人放火犯、流氓集团和各种严重破坏社会秩序的坏分子，也必须实行专政。专政还有第二个作用，就是防御国家外部敌人的颠覆活动和可能的侵略。在这种情况出现的时候，专政就担负着对外解决敌我之间的矛盾的任务。专政的目的是为了保卫全体人民进行和平劳动，将我国建设成为一个具有现代工业、现代农业和现代科学文化的社会主义国家。谁来行使专政呢？当然是工人阶级和在它领导下的人民，不能由一部分人民去压迫另一部分人民。人民中间的犯法分子也要受到法律的制裁，但是，这和压迫人民的敌人的专政是有原则区别的。② 人民法院在解决案件时，应该先区分当事人是属于人民还是敌人，而予以区别对待。

---

① 《毛泽东选集》，2 版，第 4 卷，1475 页，北京，人民出版社，1991。
② 参见《毛泽东文集》，第 7 卷，319 页，北京，人民出版社，1999。

当时有学者撰文分析，同犯罪的斗争就是过渡时期这种阶级斗争、主要是敌我斗争最明显、最突出的一种反映。同犯罪的斗争是过渡时期阶级斗争的一个有机组成部分，主要是敌我之间所进行的一场你死我活的尖锐的阶级斗争。做到"对敌狠、对内和"，不同情况区别对待，正确地贯彻执行党的政策和国家的法律。①

作为敌我斗争的武器，"刀把子"的使用目的是保存自己、消灭敌人。因此，有学者所概括的被动的、中立的、非服从的司法特征，与"刀把子"论的基本理念相去甚远。1983 年 8 月 25 日，《中共中央关于严厉打击刑事犯罪活动的决定》提出："法律本身，就包含了宽与严的内容，体现了宽严结合。我们审时度势，强调坚决惩治犯罪分子，正是依法办事的体现。对法律，我们必须严格遵守。但是决不能把法律条文的含义和量刑的幅度往有利于罪犯而不利于人民的方面去解释。我们的法律要真正成为人民群众、政法部门、公安干警同犯罪分子斗争的锐利武器，使人民感到法律是保护自己的，使犯罪分子害怕触犯国家的法律；决不能使犯法的人无所顾忌，而群众、干警同罪犯的斗争则困难重重。只有这样，才能伸张正气，压倒邪气，充分显示出人民民主专政的威力。"② 如果把犯罪分子看作敌人，我们审判机关的任务就是保护人民、消灭敌人。在此进路上，再强调诉讼当事人法律地位平等，对犯罪分子的人权保障，就难以自圆其说。

（二）"刀把子"原是把握刀具的部分，可引申为对司法权的掌控

"刀把子"的语义主要有两种，有时用于刀本身，有时也指刀具上便于用手拿的部分。基于对"刀把子"的这两种日常的理解，"刀把子"论也分别从这两个方面对人民法院的属性进行理解和界定，即"刀把子"有时是司法机关的本身，有时则指对司法权的掌握、控制和使用。尽管第一种含义是"刀把子"论的主要内容，而第二种含义也是其不可忽视的重要内容。毛泽东指出：对人民内部的民主方面和对反对派的专政方面，互相结合起来，就是人民民主专政。"人民自己不能向自己专政，不能由一部分人民去压迫另一部分人民。人民中间的犯法分子也要受到法

---

① 参见鲁风：《对于我国过渡时期同犯罪斗争的性质与特点的探讨》，载《政法研究》，1963（4）。

② 转引自《共和国五十年珍贵档案》，下卷，1499～1500 页，北京，中国档案出版社，1999。

律的制裁，但是，这和压迫人民的敌人的专政是有原则区别的。"① 因此，司法工作的刀锋是对着反革命的。② 司法机关是无产阶级专政的"刀把子"，这把刀运用得好，可以砍向敌人，保护人民；掌握不好，则可能伤害自己。③ 因此，政法部门"这个刀把子必须掌握在忠于国家、忠于人民、忠于社会主义事业的人们手中"④。"阶级敌人为了实行反革命复辟，总是想利用各种机会钻入政法机关，并在政法机关内部寻找他们的代理人，伺机夺取无产阶级专政的'刀把子'。如果他们的反革命阴谋稍有得逞，政策法律就会遭到严重的歪曲和滥用，反革命分子和其他犯罪分子就可能逃脱法网。"因此，政法干部应该"永远做党的驯服工具"⑤。专政工具如果不牢固地掌握在无产阶级手里，那么，这些"刀把子"就会被敌人夺去，就会变质，劳动人民就会有人头落地的危险，无产阶级政权即有被颠覆的可能。可是，新中国成立初期，由于司法干部短缺，吸收了一小部分旧的司法人员，1952 年为 6 000 名，占法院人员总数 28 000 的 21.4%。在"三反"中发现旧司法人员的问题是"极为复杂与严重的"，"多数是很少进步的，甚至有些还是反动的"。"在司法改革以前，我们全国各地的不少人民法院，确如当时群众所指责的，是'共产党法院，国民党掌握'；中国人民所深恶痛绝的并且早已宣布废除了的国民党的旧法律，在这些人民法院里，实际上仍被一些旧司法人员奉为至宝，并以之来抗拒和篡改革命法制。"⑥ 自 1952 年开始，我国开始彻底改造与整顿人民法院。所谓改造，首当其冲的批判靶子是旧法观点、旧法作风，取而代之武装头脑的是马列主义、毛泽东思想的国家观、法律观，在审判作风上批判"坐堂问案"的旧衙门审判方式，强调走群众路线。"原则上旧司法人员，未经彻底改造和严格考验者，不得做工作"。在干部配备上，首先选调一些老干部任骨干，提拔运动和工作中的积极分子，其次从转业军人中，从工、农、青、妇等人民团体中输送一批优秀分子。由于各种复杂的社会原因，审判队伍的革命化建设并非易事，直到 1964 年年底，时任最高人民法院院长的谢觉哉在一次讲话中仍认为，"人民法院

　　① 《毛泽东文集》，第 7 卷，207 页，北京，人民出版社，1999。
　　② 参见《董必武法学文集》，414 页，北京，法律出版社，2001。
　　③ 参见崔敏、王礼明：《加强党的领导　依法独立办案》，载《民主与法制》，1979 (2)。
　　④ 《政法部门需要彻底的整顿》，载《人民日报》，1957 - 12 - 20。
　　⑤ 中国人民大学法律系"政法工作"研究小组：《政法工作必须绝对服从党的领导》，载《政法研究》，1959 (2)。
　　⑥ 陶希晋：《新中国法制建设》，85～86 页，天津，南开大学出版社，1988。

还存在着政治、经济、组织、思想不纯的情况。突出的是个别人民法院的领导权被一些坏分子所篡夺,这就必须进行夺权的斗争,一定要把领导权夺回来。在干部中突出的是有些人革命意志衰退,安于现状,不求进步,缺乏群众观点和阶级感情,甚至有的利用职权包庇坏人,贪赃枉法,投机倒把,腐化堕落,严重的违法乱纪。对于这些人必须进行严格的清查,一定要把人民法院这个刀把子掌握在忠于党、忠于毛主席、政治可靠、立场坚定、观点明确的革命者的手里。"①

"刀把子"是一种工具或者武器,必须由特定的主体来操控和使用,才不致被滥用或误用。这种观念在当时的法学教育中也有所体现。例如,1959 年 2 月《北京大学法律系教学改革方案》要求招生对象应具备以下条件:(1)有 3 年以上工作经验,并有相当于高中毕业文化水平的在职政法干部或党群工作干部;(2)中共党员或政治上完全可靠的非党员。培养的规格"要求学生毕业后能成为一个具有共产主义觉悟的、有较高的文化和政法专业知识的普通劳动者",特别强调"能够掌握马列主义、毛泽东思想的基本理论(特别是阶级斗争和无产阶级专政的学说),并能够坚决地贯彻执行党的方针政策,成为党的驯服工具"②。

(三)"刀把子"为人人可用的器物,由此联想到司法的大众化特征

作为武器,"刀把子"不同于飞机、导弹、坦克、航母等技术含量较高的武器,具有人人可用的大众化特征。在打碎旧的国家机器基础上建立新的司法制度。机器是由零件装成、能运转、能变换能量或产生有用的功的装置。把国家说成是机器,体现了国家本身的复杂构造,是个很形象的比喻。在这个意义上,我们说国家是统治阶级用来实现自己统治的机器。一提到机器这个比喻,人民就会想到它是由齿轮、杠杆和纽带等部件组成的。机器之所以是机器而不是部件的简单堆积,就是因为它除了物质部件之外还有着严格的程序系统,只有把这些物质部件按照一定规则组合起来并按照规则来操作,它才能有条不紊地运转,从而发挥其特定的功能。对于仍处于传统农业社会的中国来说,由工程师设计、技工操纵的机器还令人陌生。比较而言,以"刀把子"来指称人民法院,更加通俗易懂,与司法的大众化理念也有一定程度的契合。

---

① 谢觉哉 1964 年 12 月 26 日在第三届全国人民代表大会第一次会议上所做的《最高人民法院工作报告》。

② 李贵连等编:《百年法学——北京大学法学院院史》,237~238 页,北京,北京大学出版社,2004。

　　一般地，法律隐喻的运用，在思维过程上，必须先进行价值判断。世界是普遍联系的，任何两个事物之间都有一定程度的相似性。如果不以价值判断为先决条件，法律隐喻的运用将是盲目的，也难以为人所理解。"相似"应被理解为两个事物有相同之处、也有不同之处，但它们在法律所关注的要点上呈现出相同之处，而其不同之处是无足轻重的，因此，两者在法律目的、评价的要点上具有完全相同的意义。① 可以说，法律隐喻以某种特定的价值取向为前提，通过将两个事物并置，可以发现两种事物之间存在着事先未被注意到或未被发现的相似性。人民民主政权是人民当家作主的国家政权，作为人民民主政权重要组成部分的法院，理应由人民群众掌控、为保护人民利益服务。"我们的法律是人民大众的，人民大众已在实际上掌握了。法庭是人民的工具，法律是群众自己创造出来的，掌握在自己手里，群众自己也必须执行。"② 最高人民法院院长谢觉哉 1964 年 12 月 26 日在第三届全国人民代表大会第一次会议上所做的《最高人民法院工作报告》中指出："在依靠群众实行专政这一根本路线的指导下，人民法院的一切活动必须建立在群众工作的基础上，必须置于人民群众的监督之下，必须把专门机关的工作与群众斗争结合起来。一方面，向群众进行阶级教育，把政策、法律交给群众，并且指导、帮助群众，把大多数四类分子管好、改造好。一方面，在审判活动中，要把调查研究和群众的检举揭发结合起来，把案件的审判和群众的说理斗争结合起来，把具体适用政策、法律和群众的革命要求结合起来。"由人民群众所掌控的司法，其制度设计和运作方式，必须适合人民群众的知识、技术和意识状况；相对地，职业化的司法，势必由少数的法律专家所掌握，从而远离人民。因此，"刀把子"论以人人可用的"刀把子"来形象地比喻人民法院，就自觉地或不自觉地体现出大众化司法的意蕴。

（四）"刀把子"系不祥之器，容易衍生出厌讼的社会心理

　　历史上，司法权曾作为王权的核心，具有强烈的权力色彩。在专制国家，法律只是主权者的单方命令，裁判只是实现主权者意志的手段。法律和裁判都只是提高其统治效能的工具。③ 裁判被定位于实现权力的工

---

① 参见林立：《法学方法论与德沃金》，91 页，北京，中国政法大学出版社，2002。
② 《谢觉哉文集》，643 页，北京，人民出版社，1989。
③ 参见 ［日］兼子一、竹下守夫：《裁判法》，16 页，东京，有斐阁，2003。

具，是公民权利的对立物。一般而言，由于权力具有不顾人们的意志而必须服从的强制属性，它常常给人以限制自由、压抑选择的负面印象。人们对权力具有忌惮、戒备的心理，如果单纯地将法院定位于衙门，将裁判等同于威权、暴力、压制、强迫，人们难免会疏远、逃避裁判。

中国古代即有厌讼的文化传统，与其他国家比较，有过之而无不及。百姓往往视衙门为畏途，不愿涉讼。到了公堂，不论原被告都得长时间跪在县官面前。问官审案动辄用刑，逼取口供，难免受皮肉之苦。此外，胥吏衙役都以讼案为生财之道，一打官司就索取种种规费，甚至还借端敲诈勒索。在这种情况下，平民自然力图避免讼事，免得破财受罪。只要不犯法，不受牵连，便与法律不发生关系。① 在此背景下，人们一谈到"法"就想到"罚"，根深蒂固的刑事裁判观念，使人产生"讼则终凶"的心理反应。中国人怕上法庭，视举讼为凶煞，进而形成"忌讼"的法律观。② 而"刀把子"的比喻及意象，则从另一方面强化了人们的厌讼心理。《老子》曰："兵者不祥之器，非君子之器，不得已而用之，恬淡为上。"凡行刑便是用甲兵、斧钺、刀锯、鞭扑，这样，普通人一听到法，不免联想到刑，于是两股栗栗，视之为畏途，对法难以产生一种深切的亲近感。③ 作为武器的"刀把子"也是一种工具，其运用和行使的结果往往与杀戮、流血、受伤、死亡、断肢、尸体等景象联系起来，令人产生厌恶、恐惧、焦虑等、不愉快的消极心理。谢觉哉也指出："一般人的概念，法院就是杀人、判刑、判管制、拘留人，法院很凶，检察院和公安部门也很凶。我们自己有一个招牌，我这里是专政的，使大家有点怕。"④ 霍布斯认为，欲望和嫌恶这两个词所指的都是运动，一个是接近，另一个是退避。当意向避离某种事物时，一般就称之为嫌恶。⑤ 情绪情感影响着人们认识活动的方向，行为的选择，涉及人格的形成，人际关系的处理。负性情绪对人们产生很多的干扰和阻难，给人们生活蒙上负性的色调。⑥ 厌恶是一种对特定事物的反对方式。伴随着厌恶的出现，就意味着以鄙视的心理和抛弃的姿势对待对象事物，以此为自己从不愉快的情况

---

① 参见《瞿同祖法学论著集》，408～409 页，北京，中国政法大学出版社，1998。
② 参见黄源盛：《从法继受观点论中国法律文化的传统与转折》，载《法理学论丛——纪念杨日然教授》，509 页，台北，月旦出版社股份有限公司，1997。
③ 参见张中秋：《中西法律文化比较研究》，15 页，南京，南京大学出版社，1991。
④ 《谢觉哉文集》，1108 页，北京，人民出版社，1989。
⑤ 参见［英］霍布斯：《利维坦》，黎思复、黎廷弼译，36 页，北京，商务印书馆，1985。
⑥ 参见孟昭兰：《人类情绪》，7 页，上海，上海人民出版社，1989。

中逃离寻找借口，人们会随时持有逃跑的姿势和计划，总是准备撤退，自然而然地，焦虑成了他们最普遍和最明显的性格特征。[①] 从社会心理学的角度看，"刀把子"论将"刀把子"本身的物理特征以及其运用的后果，特别是一些负性方面，折射到法院、法官、审判、法律秩序等相关事物之上，衍生出一些不愉快的情绪和感觉，会强化人们已有的厌讼心理。

三、"刀把子"论之语境

在我国，"刀把子"一词的出现与广泛使用，并非偶然现象，它有着非常复杂的经济、政治和文化背景。"人们不可能把一种语言作为纯粹的抽象词语来传播；必定还在某种程度上传达了背后的生活。"[②] "刀把子"一词只是复杂社会生活的冰山一角，在其深处则牵连着复杂的经济、政治、文化、法制因素。也可以反过来说，只有将"刀把子"置于特定的社会背景之中，我们才能对它做出相对准确的理解和阐释。

（一）以刑为主的传统法律文化

中国古代法典主要是刑法典，其特征是以刑为主，诸法合体，兵刑一体。钱锺书先生对古代中国"兵"与"刑"关系的各种观点所做的整理和评注，发人深省。"'故教笞不可废于家，刑罚不可捐于国，诛伐不可偃于天下；'《考证》谓语本《吕氏春秋·荡兵》篇。按兵与刑乃一事之内外异用，其为暴力则同。故《商君书·修权》篇曰：'刑者武也'，又《画策》篇曰：'内行刀锯，外用甲兵。'……《荀子·正论》篇以'武王伐有商诛纣'为'刑罚'之例。'刑罚'之施于天下者，即'诛伐'也；'诛伐'之施于家、国者，即'刑罚'也。《国语·鲁语》臧文仲曰：'大刑用甲兵，其次用斧钺；中刑用刀锯，其次用钻笮；薄刑用鞭扑。故大者陈之原野，小者致之市朝'；《晋语》六范文子曰：'君人者，刑其民成，而后振武于外。今吾司寇之刀锯日弊而斧钺不行，内犹有不刑，而况外乎？夫战，刑也；细无怨而大不过，而后可以武刑外之不服者。'《尉缭子·天官》篇曰：'刑以伐之。'兵之与刑，二而一也。杜佑《通典》以兵制附刑后，盖本此意。杜牧《樊川文集》卷一〇《孙子注序》

[①] 参见［奥］阿尔弗雷德·阿德勒：《理解人性》，陈太胜、陈文颖译，214 页，北京，国际文化出版公司，2000。

[②] ［美］乔治·H·米德：《心灵、自我与社会》，赵月瑟译，249 页，上海，上海译文出版社，1992。

亦云:'兵者,刑也。刑者,政事也。为夫子之徒,实仲由、冉有之事也。不知自何代何人,分为二途,曰:文武。'"① 另外,陆绍明在《兵戎为法之源论》一文中对中国古代的"兵刑一体"现象,也做了较详细的解释:"今详究刑法,更觉原于兵戎。请申言之。夷吾谓兵为尊主之经,则可知兵寓于法。《抱朴》谓法为捍刃之器,则可知法本于兵。兵戎有书,《六韬》、《三略》为之宗;刑法有律,《六典》、《三章》为之要。兵法之书,其旨相同,不外繁简相副,宽猛相济,兵有甲兵斧钺之威,法有甲兵斧钺之刑。兵法似殊,其义则一,无非劝善罚恶,禁暴除凶。兵以伐谋为上兵,法以合心为至法。兵法精神皆偏重于方寸,用兵宜审乎时,用刑当察其国。兵法权变,皆有因于时势,兵则见可知难,量敌论将;法则稽貌察情,辩处察辞。兵则审赏审罚,为法律之嚆矢;法则求生求杀,为兵戎之滥觞。兵则始柔而后刚,如用法之先和后励;法则训人而齐众,如治兵之练士训戎。兵则明法审令,如持法之尚严;法则烈火秋霜,如发兵以赴义;法原于兵,岂虚言哉?"②

在兵与刑之间,对外征战施以刀兵,即大刑;维护国内秩序运用刀锯、鞭扑,即中刑、薄刑。刀锯和甲兵都是国家实行统治的暴力手段。"刑之始,盖所以待异族"。鉴于氏族间的征服和被征服、统治和被统治是当时最基本的两种政治状态,在当时的社会格局中,"刑"是对内镇压的工具;在氏族征战的过程中,"刑"是对外诛伐的武力。在古人的头脑中,这两方面常常是一而二、二而一的关系。法与战争合一,都是统治者手中的暴力工具,以后兵刑分离。而且,军队内部的关系结构与一般的社会结构之间,往往相互渗透相互影响,甚至呈现出某种同构性。在战乱时期,军法会不断扩大化,军法超越、替代国法。这种难以更易的法律传统,也留存于当代中国的法律有机体之中。在新中国成立后很长的一段时间内,"翻开教科书,'阶级意志'、'专政工具'、'镇压手段'一类字眼满目皆是。难道这只是历史的巧合吗?我们不否认新旧观念之间总会有各种关联。旧传统可能参与造就了新传统,新传统也可能承借、吸收了旧传统"③。因此,从历史传承上看,兵刑合一的法律文化,构成了"刀把子"论的思想基因。

① 钱锺书:《管锥编》,第 1 册,465 页,北京,生活·读书·新知三联书店,2007。
② 转引自杨鸿烈:《中国法律思想史》,146~147 页,北京,中国政法大学出版社,2004。
③ 梁治平:《法辨》,56 页,贵阳,贵州人民出版社,1992。

（二）严峻的国内外形势

新中国建立后的很长一段时间，我们所面临的国内外形势非常严峻，并且这对我国法制状况也产生了直接的影响。毛泽东同志在 1950 年 6 月 6 日一次讲话中说道："在土地改革中，我们的敌人是够大够多的。第一，帝国主义反对我们。第二，台湾、西藏的反动派反对我们。第三，国民党残余、特务、土匪反对我们。第四，地主阶级反对我们。第五，帝国主义在我国设立的教会学校和宗教界中的反动势力，以及我们接收的国民党的文化教育机构中的反动势力，反对我们。这些都是我们的敌人。我们要同这些敌人作斗争，在比过去广大得多的地区完成土地改革，这场斗争是很激烈的，是历史上没有过的。"① 1965 年 4 月 12 日，《中共中央关于加强备战工作的指示》指出：美帝国主义正在越南采取扩大战争的步骤，直接侵犯越南民主共和国，严重地威胁了我国的安全。我们已经向全世界一再表明我们的严正立场：我们绝不能置之不理，我们准备随时同越南人民一道共同战斗。我们还要准备对付美帝把战火引到我们的国土上来。中央认为，在目前形势下，应当加强备战工作。目前的具体备战措施，要根据不同的情况进行：（1）大城市和大的工矿交通企业，要建立和整顿防空委员会，做出必要的防空规划，进行防空教育。（2）在沿海地区，要切实整顿和加强民兵工作。其他地区的民兵，也要注意进行最基本的训练，讲究实用，避免烦琐，切不要搞形式主义。（3）军队的备战动员，按军委的命令和总政治部的指示执行。"在备战工作中，要注意各阶层的动向。社会上的牛鬼蛇神，是可能出笼的，让他们暴露一下，没有什么坏处。各级党委的领导和公安部门，要加强工作。"② 1979 年，江华曾指出："随着党和国家的工作重点转移到社会主义现代化上来，正确处理人民内部闹纠纷的问题，促进人民内部安定团结，保护人民的民主权利和合法的经济利益，调动人民群众的积极性，就具有更加重要的意义。我们要充分认识这一方面的任务，要有责任感和紧迫感，使人民法院的工作适应全党工作着重点的转移，更好地发挥人民法院保护人民民主权利的作用。"③ 但是，历史地看，"建国初期，由于反革命分子残余势力活动猖獗，各种刑事犯罪案件大量发生，社会秩序不安定，

---

① 《毛泽东著作选读》，下册，695 页，北京，人民出版社，1986。
② 《共和国五十年珍贵档案》，上卷，939～942 页，北京，中国档案出版社，1999。
③ 《江华司法文集》，63 页，北京，人民法院出版社，1989。

人民政权还不巩固。因此人民法院的主要任务是镇压反革命和惩罚犯罪，把注意力集中在对敌斗争上，这是完全必要的，是符合客观形势的需要的。人民法院依法惩办了一批反革命分子和刑事犯罪分子，对巩固人民民主专政，促进社会主义革命和社会主义建设的顺利进行，起了很大的作用。"① 按照我国政法战线领导人和学者的理解，阶级斗争的状况决定了政法机关的性质和任务。在当时的历史条件下，打击国内外敌人的疯狂反扑，维护无产阶级政权，是国家机关的最重要使命。因此，司法机关的专政功能被置于首要地位，相应地，其他职能就退居次席。人民法院被看作是掌握"刀把子"的，或者其本身即被视为"刀把子"，是管杀人的，是对敌斗争的工具。

（三）战争思维的日常化

在战争与政治之间，如果从政治的视角观察战争，可以说战争无非是政治通过另一种手段的继续②；反过来，如果从战争的视角观察政治，也可以说政治是通过其他方法继续的战争③。尤其是有长期战争经历的民族，很自然地就会将战争的经验、体会和感觉带入和平年代。新中国是在结束长达 22 年的战争后成立的，作为一种社会惯性，战争思维、军事术语在社会生活中仍然延续着。1949 年 3 月 5 日，毛泽东同志在中国共产党第七届中央委员会第二次全体会议上的报告中明确提出，人民解放军永远是一个战斗队，又是一个工作队。"在拿枪的敌人被消灭以后，不拿枪的敌人依然存在，他们必然地要和我们作拼死的斗争，我们决不能轻视这些敌人。"另一方面，"随着战斗的逐步地减少，工作队的作用就增加了。有一种可能的情况，即在不要很久的时间之内，将要使人民解放军全部地转化为工作队，这种情况我们必须估计到。现在准备随军南下的五万三千个干部，对于不久将要被我们占领的极其广大的新地区来说，是很不够用的，我们必须准备把二百一十万野战军全部地化为工作队。这样，干部就够用了，广大地区的工作就可以展开了。"④ 中国人民革命的特点主要是革命的人民拿起武器来反对武装的反革命，中华民族

---

① 《江华司法文集》，62 页，北京，人民法院出版社，1989。

② 参见［德］克劳塞维茨：《战争论》，第 1 卷，中国人民解放军军事科学院译，43 页，北京，商务印书馆，1978。

③ 参见［法］米歇尔·福柯：《必须保卫社会》，钱翰译，14 页，上海，上海人民出版社，1999。

④ 《毛泽东著作选读》，下册，653～654 页，北京，人民出版社，1986。

最优秀的一部分人多半集中在军队中。新中国成立后，"军事工作中的一部分人不仅仅将在司法工作中占很重要的成分，就是在政府其他工作部门里也将占很重要的成分"①。经过长期战火洗礼的军转干部充实到法官队伍后，不可避免地会把战争思维、军人的惯常做法带入和平时代的审判工作中来。类似于"刀把子"之类的词语，正契合了他们神经中枢的最活跃部分，符合久经沙场的人们所形成的思维惯性和行为方式。

党的十一届六中全会通过的《关于建国以来党的若干历史问题的决议》，对此做过适切的分析："我们党过去长期处于战争和激烈阶级斗争的环境中，对于迅速到来的新生的社会主义社会和全国规模的社会主义建设事业，缺乏充分的思想准备和科学研究。"因而，"从领导思想上来看，由于我们党的历史特点，在社会主义改造基本完成以后，在观察和处理社会主义社会发展进程中出现的政治、经济、文化等方面的新矛盾新问题时，容易把已经不属于阶级斗争的问题仍然看做是阶级斗争，并且面对新条件下的阶级斗争，又习惯于沿用过去熟习而这时已不能照搬的进行大规模急风暴雨式群众性斗争的旧方法和旧经验，从而导致阶级斗争的严重扩大化"。这种难以挣脱的思维惯性，再加上我们党决策上的失误以及党内少数阴谋家的恶用，人们往往将日常的社会矛盾扭曲为势不两立的敌我斗争。李泽厚先生较早就注意到我们日常语言的军事化倾向："由于强调政治挂帅、阶级觉悟，强调'要用阶级和阶级斗争的观点，用阶级分析的方法去看待一切、分析一切'，而'阶级和阶级斗争、阶级分析'又主要是'无产阶级'与'资产阶级'的'你死我活'的两军对战，于是弥漫在政治、经济而特别是意识形态领域，无论从文艺到哲学，还是从日常生活到思想、情感、灵魂，都日益为这种'两军对战'的模式所规范和统治。例如，在哲学上是唯物论与唯心论的'两军对战'；历史上是地主阶级与农民阶级的'两军对战'；文艺上是现实主义与反现实主义的'两军对战'；'百家争鸣'实际也是两家……至今为止，与军事毫无关系的日常生活和书面语言中，便仍然充满了'战役''战略''制高点''突击''突破口'等等军事术语。"② 思维须借助语言来进行，而语言也型塑着人的思维模式。现代汉语中存在着日常用语的军事化倾向，"战线""战士""瞄准""子弹""突击""歼灭"等词语在日常

---

① 《董必武法学文集》，40 页，北京，法律出版社，2001。
② 李泽厚：《中国现代思想史论》，187 页，北京，东方出版社，1987。

生活中经常出现。这些词语很容易引导人们把日常世界理解为战争结构，将原本是相互共存、平等对话的诉讼格局，极端化为势不两立、你死我活的战争关系，"刀把子"论则是这种思维方式的自然体现。

(四) 以阶级斗争为纲的法学范式

20 世纪 50 年代中期以后，我们党偏离"八大"确立的正确思想路线，过分强调阶级矛盾和阶级斗争，甚至提出以阶级斗争为纲、无产阶级专政下继续革命的口号。"本来，在夺取政权之前和取得政权之后，进行阶级斗争的形式是大不相同的。在取得政权前，斗争的主要形式是放手发动群众进行武装斗争；无产阶级取得政权后，政权就成为我们进行阶级斗争的强有力的武器。在完成社会主义改造之后，阶级斗争已不再是社会的主要矛盾，更应该主要依靠法制进行。但由于我们党长期处于群众性的阶级斗争环境中，仍然习惯于采用群众性阶级斗争的方式。直到'十年动乱'结束前，我们一直缺乏这种认识，这正是从反右派斗争开始形成的阶级斗争扩大化的重要根源。"[①] 马克思主义关于阶级、阶级矛盾、阶级斗争的科学观点被严重歪曲，被曲解的阶级斗争理论又被极不适当地贯彻到法的一切方面和全部过程，贯彻到法学的各个领域，阶级斗争范式不仅不加具体分析地把法说成是"阶级矛盾不可调和的产物"，"法的本质是统治阶级意志的表现"，而且把法界定为"阶级斗争的工具"或"阶级斗争的刀把子"。于是"阶级性"成为法的唯一属性，"阶级斗争""阶级统治"成为法的首要功能甚至唯一功能。"阶级性"成为法学的核心范畴，几乎成为人们观察、认识、评价法律现象的唯一视角和超稳定的思维定式。法学的立论、推论、结论，法学理论的结构、体系，对法律资料和法学文献的收集、分析、使用，以至行文方式和语言，都围绕着"阶级性"这个基调展开。在法律与政治的关系上，法学不是把政治作为一个法理问题来研究，而是把法理问题作为政治问题来研究；不是以审视、反思、批判的态度研究政治，而是把法学的任务简单地等同于对政治路线、政策、政令的解说、宣传与辩护，致使法学成为政治的附属物。在阶级斗争范式下，法学研究过分注重法律的政治性（法律的政治要素、政治基础、政治功能等），忽视法律的公理性（法律

---

① 薄一波：《若干重大决策与事件的回顾》，下卷，628 页，北京，中共中央党校出版社，1993。

中的正义、平等、自由、道德价值等）。① 在以阶级斗争为纲的法学范式的支配下，人民法院被单纯地定位于无产阶级专政的工具。这样，"刀把子"论就势必忽视司法的人权保障职能、实现公平正义的使命，只强调其打击、惩罚犯罪的作用；同时，在司法权范围的界定上，只强调刑事审判的一面，而忽视或轻视民事审判、行政审判。

（五）生产力发展水平低下

人类认识遵循着"近取诸身，远取诸物"，即由近及远、由实体到非实体、由简单到复杂、由具体到抽象的基本规律。法律隐喻往往是以人们身边的常见现象为基础而对法律现象进行阐释和界定的，这样，即使不是法律专家的一般人也能够知道比喻基础的事物。一般地，隐喻中的喻体对说话者以及听话者来说，要比本体更为熟悉。在两者发生互动反应时，更为熟悉的事物的特点和结构就被影射到相对陌生的事物上，在说话者与听话者之间建立起理解和沟通的桥梁，以帮助认识本体事物的属性。对法律人而言，以"身边事物"为喻体，可将其已熟知的意义投射到陌生的事物上，使崭新的话题可以言说，使难解的法律问题变得通俗易懂。一个成功的隐喻通常是以人们熟悉的身边事物为喻体，而对对象事物进行说明和阐释的。马克思主义经典作家基于西欧资本主义社会生产力发展状况，构想出具有很强阐释力的"国家机器"理论。在中国，也曾有人用机器来比喻司法机关②，但对仍处于传统农业社会的中国而言，结构复杂、操作困难的机器并非人们熟悉的身边事物，将机器作为喻体，难以有效地解释国家、人民法院的属性与职能，在说话者与听话者之间难以有效地沟通和交流。1954 年 6 月 14 日，毛泽东同志在《关于中华人民共和国宪法草案》一文中就对当时中国的生产力状况做了客观的分析："我们是一个六亿人口的大国，要实现社会主义工业化，要实现农业的社会主义化、机械化，要建成一个伟大的社会主义国家，究竟需要多少时间？现在不讲死，大概是三个五年计划，即十五年左右，可以打下一个基础。到那时，是不是就很伟大了呢？不一定。我看，我们要

---

① 参见张文显、于宁：《当代中国法哲学研究范式的转换》，载《中国法学》，2001（1）。

② 我们党和国家法制工作的重要领导人陶希晋曾说过："我们的革命是翻天覆地的人民革命，无产阶级领导的新政权，是在彻底摧毁了国民党反动的旧国家机器的废墟上建立起来的。因此，旧司法机关必须打碎；作为人民民主专政的重要武器之一的人民司法机关，必须紧紧掌握在无产阶级的手里。在人民革命胜利后，对于那些旧司法人员，必须先加教育改造，而后量才录用；罪恶严重的坏分子则必须加以清除。这是党和人民政府早就确定了的方针。"陶希晋：《新中国法制建设》，88 页，天津，南开大学出版社，1988。

建成一个伟大的社会主义国家，大概经过五十年即十个五年计划，就差不多了，就象个样子了，就同现在大不一样了。现在我们能造什么？能造桌子椅子，能造茶碗茶壶，能种粮食，还能磨成面粉，还能造纸，但是，一辆汽车、一架飞机、一辆坦克、一辆拖拉机都不能造。"① 在当时的生产力状况下，许多技术含量较高的机器不能为我们所制造和使用，它们还是远离日常生活的陌生物，以工业化社会司空见惯的机器来比喻司法机关的结构与运作，与农业社会人们的日常经验和知识构成尚有相当的距离；而祖上传下来的"刀把子"则妇孺皆知、人人能用，是更为生活化、日常化的一个隐喻，这使得说话者能够有效地言说，听话者也能够充分地理解。

四、"刀把子"论之省思

词语的含义不是固定不变的，它对语境存在着依存关系。如果语境发生变化，词语的使用和含义也要相应地发生变化。在社会生活中，"词语，像工具一样，如果缺乏与某一套观念的内在联系，大概就是借用的"②。由于形势的变化，现在人们已经很少再用"刀把子"来表征法院的角色与功能，依存于特定语境的"刀把子"论已经逐渐淡出人们的视线。

第一，民刑审判同等重要。美国法学家庞德就世界各国的一般情形指出："刑法对外行人来说通常是法的全部，但它决不是法的全部，甚至也不是法的最重要部分。民法是调整日常关系和决定正常人的日常行为的，它在高度发展的社会中，是法的重要部分。"③ 董必武在 1956 年针对我国的情况也提出："人民法院继续保持警惕，运用审判职能，依法惩治反革命分子的破坏活动，仍然是一个重要任务，这是一方面。另一方面，人民法院为了保障我国社会主义建设的顺利进行，保护公民的权利和合法权益，还必须继续努力同一切阻碍社会主义建设的违法和犯罪的行为进行斗争；同时由于我国社会主义革命的伟大胜利，在城市和农村，生产关系正在迅速地变革，在工农关系，城乡关系和工农业之间的关系上

---

① 《毛泽东著作选读》，下册，712 页，北京，人民出版社，1986。
② ［美］塞缪尔·鲍尔斯、赫伯特·金蒂斯：《民主和资本主义》，韩水法译，199 页，北京，商务印书馆，2003。
③ ［美］罗·庞德：《通过法律的社会控制　法律的任务》，沈宗灵、董世忠译，80 页，北京，商务印书馆，1984。

出现了不少的新的变化，随着这种变化，也必然会出现一些新的纠纷和纷争，人民法院必须通过审判活动，调整它们之间的法律关系，以利于生产和团结。这是人民法院当前另一个重要的任务。"① 1982 年 7 月，最高人民法院召开第三次全国民事审判工作会议，江华在会议上就正确认识民事审判工作的重要性作了讲话。他说：人民法院的审判工作大致区分为刑事审判和民事审判两大部分。审判刑事案件，是为了惩罚犯罪，其中一部分是对敌人实行专政，大部分是处理人民内部的犯罪问题。审判民事案件，主要是解决人民内部的纠纷。无论是刑事审判还是民事审判，其目的都是从不同的方面加强人民民主专政制度，维护社会主义法制建设和秩序，保护国家、集体和公民的合法权益，保障社会主义建设事业的顺利进行。两项工作同等重要，轻视或忽视哪一方面，都对实现人民法院的历史任务不利。② 这是对当时人民法院内部盛行的"重刑轻民"思想的纠正，也是对"刀把子"论的反思和批判。同时，人民法院民事审判功能的转变，也直观地反映在案件结构的变化上。从 1980 年 10 月至 1981 年 9 月，地方各级人民法院共审结一审刑事案件 20.96 万余件、二审刑事案件 4.1 万件；最高人民法院审结刑事上诉、再审案件 632 件。同期，地方各级人民法院共处理一审民事案件 63.2 万余件、二审民事案件 4 万余件；最高人民法院审结民事上诉、再审案件 21 件。③ 人民法院审结的民事案件数大约是刑事案件数的 3 倍。随着我国社会主义市场经济的不断发展，民事案件的数量越来越多，民事审判的功能越来越重要，至少已与刑事审判同等重要。根据 2006 年全国法院审理各类案件情况统计表，该年度刑事案件收案为 702 445 件，结案为 701 379 件；民事案件收案为 4 385 732 件，结案为 4 382 407 件。④ 这样，民事案件收结案数是刑事案件收结案数的 6 倍多。在功能上，法院的作用已经从主要是维持社会治安转移到至少是维持社会治安与促成经济秩序并重。改革开放前，法院的一般形象主要基于刑事审判，就是在当时规模很小的民事领域，法院工作的意义很大程度上或归根结底也是从防止矛盾激化、维护社会

---

① 董必武：《一年来人民法院的审判工作》，载《人民日报》，1956 - 06 - 27。

② 参见《江华司法文集》，236～245 页，北京，人民法院出版社，1989。

③ 参见 1981 年 12 月 7 日，最高人民法院院长江华在第五届全国人民代表大会第四次会议上所做的《最高人民法院工作报告》。

④ 参见《2006 年全国法院司法统计公报》，载《中华人民共和国最高人民法院公报》，2007（3）。

治安的角度被定位的。法院在民事审判领域的功能转移必然伴随着功能分化和原有功能序列乃至功能体系的重新组合。① 长期以来，重刑轻民的格局得到改变，再以突出刑事审判特色的"刀把子"来比喻人民法院，就失之片面。

第二，刑事审判职能发生变化。长期以来，我们往往把法律仅仅当作是统治阶级意志的体现，坚持"以阶级斗争为纲"，刑事审判更是被定位于"打击敌人""镇压反革命"的"刀把子"。在法治社会，刑事审判的功能不仅仅是惩罚犯罪，还包括人权保障。1983 年 4 月 1 日，江华在一次讲话中也指出："过去通常的说法，人民法院是专政机关，它的任务是对敌专政。这种看法没有全面地反映人民法院的性质和职能。我国是人民民主专政的国家，人民法院是人民民主专政的国家机器的一部分，是人民民主专政的工具，既是对敌专政的工具，也是保护人民民主的工具。它的职能是打击敌人，惩罚犯罪，保护人民。"② 1979 年刑事诉讼法确立了人权保障原则，在立法上开始把保障无罪的人不受刑事追究，作为刑事庭审活动的重要价值取向。在社会主义市场经济和民主政治下，刑事审判必须在考虑国家利益的同时，平等地对待社会和公民个人的合法权利。另外，我国已经批准或已经签署加入联合国有关公约以及 WTO 组织，这必然要求刑事诉讼同相应的国际规则或标准协调一致，特别是对在诉讼中的人权保障以及程序标准的立法和执行。改革开放二十多年来，法官在社会中的地位和形象发生了根本性的转变。法院从传统的作为国家暴力工具的"刀把子"，转变为社会纠纷的裁定者和权利义务关系的界定者，转变为公民权利的保护者，法院也逐步从一个国家机构变成一个相对中立和超越的法律执行机构，成为维护社会公平正义的最后一道防线。③ 江泽民同志在联合国千年首脑会议分组讨论会上的发言中指出："促进和保护人权是各国政府的神圣职责。任何国家都有义务遵照国际人权公约，并结合本国国情和有关法律，促进和保护本国人民的人权和基本自由。"在我国依法治国、建设社会主义法治国家的历史进程中，刑事审判的价值目标应同时兼顾惩罚犯罪与保护人权，两者不可偏废。

第三，法官队伍的职业化建设。在法治社会，"司法并不是每个人都

---

① 参见王亚新：《论民事、经济审判方式的改革》，载《中国社会科学》，1994 (1)。

② 《江华司法文集》，286 页，北京，人民法院出版社，1989。

③ 参见梁治平编：《法治在中国：制度、话语与实践》，221 页，北京，中国政法大学出版社，2002。

能胜任的轻松活，由普通人直接来执法或直接操纵审判过程就像由普通人直接行医或控制治疗过程、由普通人指挥军队、控制军事专门技术一样，都是不大可能的"①。董必武同志在 1940 年革命根据地时期就意识到司法的职业化特征："党既领导民众把这副机器夺取过来，便应当领导他们好好地使用它，使它能为自己服务。这副机器虽然繁重，我们开始虽是运用它不很熟练，耐心学习，慢慢就会使它听从我们的指挥。我们自己不耐烦去学会使用这机器，难道说我们还让那些失掉机器的混蛋恶棍们又夺回去来对付我们民众么？那是绝对要不得的。"② 在我国，司法职业化的理念也逐渐为人们所接受，并日益深入人心，1980 年 1 月 16 日，邓小平在《目前的形势和任务》的报告中指出："现在我们能担任司法工作的干部，包括法官、律师、审判官、检察官、专业警察，起码缺一百万。可以当律师的，当法官的，学过法律、懂得法律，而且执法公正、品德合格的专业干部很少。"③ 1980 年 6 月 2 日，江华指出："司法干部队伍是专业队伍，法官是专业干部，应该受专业训练。把司法干部当成行政干部是不对的。由于种种历史原因，造成我们的司法干部队伍的专业知识水平比较低，这个状况应当迅速改变。司法人员缺乏专业知识，怎么从事审判工作？每个司法干部都要努力学习法律和专业知识，争取较多的人成为精通业务的行家、专家。那种认为审判工作没有什么学问，用不着多少专业知识，什么人都能干的观点，是不对的。把审判工作看成与'文化人革命'中搞专案差不多，那就更错了。"④ 1987 年 3 月 21日，彭真同志在全国政法工作座谈会上指出："我们是执法的，如果不懂法、不熟悉法，怎么能依法办事！"⑤ 法官主要是行使"惩罚犯罪和裁决私人争讼的权力"⑥。纠纷进入诉讼渠道后，法官掌握着当事人生杀予夺的大权，只有思想品德高尚、法律素养深厚的法官，才能做出公正的判决；如果审判权被素质差的法官所把持，当事人的权利无异于俎上之鱼肉。而现实生活中，为了防止庸人滥竽充数、杜绝恶人混迹其间，法官队伍的职业化策略是符合法治发展规律的。2002 年 7 月 18 日，最高人民

① ［美］罗斯科·庞德：《普通法的精神》，唐前宏等译，57 页，北京，法律出版社，2001。
② 《董必武法学文集》，2 页，北京，法律出版社，2001。
③ 《邓小平文选》，2 版，第 2 卷，263 页，北京，人民出版社，1994。
④ 《江华司法文集》，132 页，北京，人民法院出版社，1989。
⑤ 彭真：《论新时期的社会主义民主与法制》，358 页，北京，中央文献出版社，1989。
⑥ ［法］孟德斯鸠：《论法的精神》，上卷，张雁深译，155 页，北京，商务印书馆，1961。

法院发布的《关于加强法官队伍职业化建设的若干意见》提出："法官职业化，即法官以行使国家审判权为专门职业，并具备独特的职业意识、职业技能、职业道德和职业地位。"因此，蕴含着大众化司法观念的"刀把子"论，已不再能有效地表征受过专门的法律专业训练、具有娴熟的法律技能的法官职业共同体。

第四，接受裁判权理念的确立。对于"权利是什么"这一问题，法哲学一直存在着"选择说"与"利益说"之争。尽管学说上存在着严重的分歧，目前给出一个精确的定义尚有困难，但就权利一词的通常语义而言，它内在地包含着"公平""正义""自由""利益"等内容，意味着某种利益或者价值是正当的且应予以承认。既然接受裁判权也是权利的一种，至少也应当具有以上的含义。接受裁判权意味着"任何人都有可向依据宪法行使司法权的法院提起诉讼，请求裁判的权利"①。即使是在社会主义国家建立之初，人民也是"把法院看作一种同自己对立的衙门"②。接受裁判权之所以是一种权利，是因为"接受裁判"能够使人们的利益获得保障，意思得以实现，但并不意味着接受任何类型的裁判，都能够成为"权利"。接受裁判权之中的"裁判"绝非抽象的、一般的，而意指特定历史类型的裁判。在不同的国家、不同的时代，司法权的性质和内容发生着变化。随着近代立宪主义的发展，与强势的立法、行政两权比较，司法权因具有客观性、中立性、被动性的特点，而被国民所信赖，被视为"正当性权力"③。司法权的首要功能不是维护国家统治，而是保障人权。"司法工作的最大目的，是用权利观念代替暴力观念，在国家管理与物质力量使用之间设立中间屏障。"④ 接受裁判权成立的前提条件，是"公正""公开""独立""迅速"等特征已转化为法治国家中"裁判"的内在因素。换言之，正因为裁判权能够"公正""公开""独立""迅速"地运行，"接受裁判"才成为公民的基本"权利"。随着尊重和保障人权理念的确立、司法改革的不断深入，司法权的国家权力色彩趋淡、公民权利的特征增强，人们对审判的理解和把握，已经从国家权力的领域转向公民权利的范畴。

---

① ［日］佐藤幸治：《宪法》，611 页，东京，青林书院，1995。
② 《列宁选集》，3 版，第 3 卷，498 页，北京，人民出版社，1995。
③ ［日］芦部信喜等编：《基本法学》，第 6 卷，243 页，东京，岩波书店，1983。
④ ［法］托克维尔：《论美国的民主》，上卷，董果良译，156 页，北京，商务印书馆，1988。

　　随着社会形势的变化，"刀把子"与人民法院之间相似处在减少，差异点在增多，该隐喻的阐释力自然下降了。在此背景下，简单地沿用"刀把子"论就显得不合时宜，那么我们到底是决然地抛弃"刀把子"论，还是根据一定的需要重构"刀把子"论？

五、"刀把子"论之重构

　　一个重要法律隐喻的发现，就意味着一种新的法学思维模式的生成，它决定着人们观察、研究法律现象的进路、方式。由于社会条件的变化，"刀把子"似乎应该退出历史舞台。然而，"刀把子"论并非一无是处，实际上它从一个角度很鲜明地揭示出审判的国家强制性，简单地予以抛弃无疑是一笔理论资源的浪费，如果对其进行创造性转化，或许对当下的人民法院和审判权还是具有解释力的。

　　"刀把子"与其他隐喻一样，对对象事物的把握具有片面性。"一个隐喻可能对不同的作者有不同的启发，因为一个'东西'可以以无穷尽的方式与另一个'东西'相似。"① 一个隐喻的确定就是一次理论构造和价值选择，需要将看似次要的因素排除掉，将喻体的一些重要属性映射到本体之上。当以刀把子来喻指法院时，刀把子本身所具有的一些物理特征经过人们心理和思维的转化，也会反射到人们对人民法院的本质和职能的理解上。所有的隐喻都突出了本体的某些方面，而遮蔽或淡化另一些方面的内容。隐喻的意象往往会诱使人们将注意力集中于法律现象的某一方面，忽略事物的其他方面，不利于全面地、整体地把握事物。同时，所有的隐喻都只能诉诸一种整体性观照，它对事物的把握只能是大致的、粗线条的。"术语，是由自己相应指称的对象，延伸至其他种类的对象的，延伸至前者并不属于的类别的对象的，尽管，后面这些对象，由于较远稀疏的相似，而与前者有着联系，尽管，'相似'是可以被我们描述为'某些方面的类似'（analogy）的。不过，即使如此，在采用这些习俗和惯例已建立的表述时，我们在一个术语的类比使用和一个术语的隐喻使用之间，依然可以发现一个区别。"② 法律隐喻在认知对象时可能会忽视其中一些关键细节，难以准确划定事物的界线，在事实与法律后

① 苏力：《从契约理论到社会契约论》，载《中国社会科学》，1996（3）。
② ［英］约翰·奥斯丁：《法理学的范围》，刘星译，139页，北京，中国法制出版社，2002。

果之间形成不适当的连接。我国的法律对敌专政，并不表现为单纯的惩罚，更不是把一切敌对分子统统从肉体上加以消灭，"而是要改造他们，用适当的方法改造他们，使他们成为新人"①。与其他隐喻一样，"刀把子"对人民法院的表征也存在着片面性。它只突出对敌专政的职能，而忽视了其他方面的职能。

　　在西方，"正义女神一手持有衡量权利的天平，另一只手握有为主张权利而准备的宝剑。无天平的宝剑是赤裸裸的暴力，无宝剑的天平则意味着法的软弱可欺。天平与宝剑相互依存，正义女神挥舞宝剑的力量与操作天平的技巧得以均衡之处，恰恰是健全的法律状态之所在"②。因此，司法是天平与利剑的组合，两者缺一不可，而不是单纯的利剑或者天平。同时，在不同的社会背景下，天平与利剑各自的地位和作用是不同的，在一国社会矛盾尖锐、冲突激烈的严峻形势下，人们要突出司法之利剑的功能，而在社会稳定、平稳发展的时期，司法的天平功能更为人们所重视。法律是阶级斗争的工具，但大量的法律则是协调各种社会关系、保护公共利益的工具。"法律应当是公平正义的体现，而不仅仅是统治者手中的工具和武器。"③ 党的十六大报告要求："社会主义司法制度必须保障在全社会实现公平和正义。"中共中央《关于构建社会主义和谐社会若干重大问题的决定》提出："坚持司法为民、公正司法，推进司法体制和工作机制改革，建设公正、高效、权威的社会主义司法制度，发挥司法维护公平正义的职能作用。"当代中国，在全面建设小康社会、构建社会主义和谐社会的进程中，人民法院肩负着重大的历史使命。社会主义和谐社会是民主法治、公平正义、诚信友爱、充满活力、安定有序、人与自然和谐相处的社会。所以，人民法院的主要职责就是化解社会矛盾，维护社会稳定，保障经济发展，促进社会和谐，实现公平正义。人民法院既是和谐社会的建设力量，更是和谐社会的保障力量，在构建社会主义和谐社会的进程中肩负着重大历史使命。

　　一般地，刀是切、割、削、砍、铡的工具，它是一个庞大的家族，按照不同的分类标准可以分为很多种类。例如，按照功能划分，有菜刀、

　　① 《毛泽东著作选读》，下册，824 页，北京，人民出版社，1986。
　　② ［德］鲁道夫·冯·耶林：《为权利而斗争》，胡宝海译，1～2 页，北京，中国法制出版社，2004。
　　③ 江平：《罗马法精神在中国的复兴》，载杨振山、［意］斯奇巴尼主编：《罗马法、中国法与民法法典化》，4 页，北京，中国政法大学出版社，1995。

镰刀、剃刀、屠刀、瓦刀、战刀、手术刀等；按照使用方式划分，有砍刀、绞刀、刺刀、劈刀、铡刀、滚刀等；按照形状划分，有长刀、短刀、大刀、小刀、尖刀等；按照价值划分，有宝刀、普通刀；按照材质划分，有钢刀、铁刀、金刀、石刀、竹刀、木刀等；按照锋利状态划分，有快刀、钝刀等。在刀的各种含义之中，为什么我们独独选择了杀人的武器，作为"刀把子"的含义，实际上也涉及我们的司法价值定位。"一个词的含义是它在语言中的用法。"① 实际上，"刀把子"论所具有的优点和缺点，都与我们对"刀把子"一词的使用直接相关。从人民法院的理想图画出发，如果在刀的家族中仔细寻找比较，也可能找到有效地描述司法特征的某一种刀作为喻体，对传统的"刀把子"论进行重新构造。

　　希腊哲人柏拉图将纠纷、冲突看作社会的疾病，相应地将法官视为治疗社会疾病的医生。"我们现在所说的罪恶，即贪婪，就是那些在血肉中被叫做'疾病'，在四季和各年里被叫做'瘟疫'的东西；而要是它发生在国家和社会中，同样的邪恶就得到另一个名称：'非正义'。"② "立法者的作品不仅被优秀的法官作为抵御侵袭的解毒剂予以珍藏，同时还是保障他个人和整个国家的道德水平的珍品。他会保障和强化善良的人，使他们沿正义之路前行；对于尚可救药的恶人，应当在可能的限度内，使其从无知、放荡、怯懦，总之从作恶的德行中解脱出来。不过观点是值得反复申述的，当一个人的灵魂由于天意而顽固不化，不可救药时，那么我们博学的法官及其顾问们应为以死刑的方式来拯救他而得到举国上下的赞同。"③ 美国法学家博登海默也认为："如果法律制度的主要目的在于确保和维护社会机体的健康，从而使人民过上有价值的和幸福向上的生活，那么就必须把法律工作者视为'社会医生'，而他们的工作则应当有助益于法律终极目标的实现。毋庸置疑，从事立法性活动的法律工作者（既可作为立法者也可作为立法者的顾问）致力于或应当致力于社会利益之增进的工作。但是个人之间群体之间争议问题的长期存在，也必须一看作是社会健康的一个问题，因为不必要的破坏性的敌意和冲突的长期存在，并不有益于社会中和睦和幸福的生活。因此我们可以说，法官与律师——通过共同努力而使争议得到公平合理的裁决——就是在

---

① ［英］维特根斯坦：《哲学研究》，陈嘉映译，33 页，上海，上海人民出版社，2001。

② ［古希腊］柏拉图：《法律篇》，张智仁、何勤华译，350 页，上海，上海人民出版社，2001。

③ 同上书，411～412 页。

执行社会医生的任务。如果一个纠纷根本得不到解决，那么社会机体上就可能产生溃烂的伤口；如果此纠纷是以不适当的和不公正的方式解决的，那么社会机体上就会留下一个创伤，而且这种创伤的增多，又有可能严重危及人们对令人满意的社会秩序的维护。"① 福柯也认为，现代社会的刑罚功能的重大变化，"对罪行背后的罪犯的关注，对具有矫正、治疗和规范化作用的惩罚的关注，对被视为具有测量、评估、诊断、治疗和改造每个人的不同权力的权威的裁定行为的区分"②。沿此思路，可以说法律纠纷是一种社会疾病，法官就是掌控手术刀的社会医生，其主要使命是医治社会机体上的疮口，解决纠纷。如果我们继续使用"刀把子"论，但以医生治病救人的手术刀来代替杀人的武器，"刀把子"的隐喻或许还是有生命力的。

第一，主体的职业化。人命关天，手术刀须由掌握医术、具有行医资格的医生掌控。同样，法官也掌握着支配当事人的生命、自由、财产等权利的大权，并非任何人都可以充任，须由具备独特的职业意识、职业技能、职业道德的法律专家担当。

第二，职能的恢复性。手术刀是医生用来切开体表后切除病灶，清除脓液、异物，矫正畸形，或移植组织、器官以达到治病目的的工具。手术刀不同于杀人的武器，它是使人体战胜疾病恢复健康的工具。同样，司法权的运用目的是医治社会机体的疾病——社会纠纷，化解矛盾，恢复被破坏了的社会秩序。如果将纠纷比喻为社会有机体的疾病，就可把人民法院理解为医治社会疾病的手术刀。

第三，启用的被动性。在人们身体健康的情况下，医生的手术刀通常是备而不用的器具；只有在人体发生疾病，需要治疗时，手术刀才能被派上用场。这令人自然联想到司法的被动性。司法权具有"不告不理"的特征，只有社会上发生纠纷，当事人提起诉讼，司法权才能启动。

第四，环境的独立性。医生使用手术刀做手术，为了防止病体受到感染，须在封闭的、无菌的洁净环境下进行。对审判而言，"一个完全开放的决策过程非常容易为事实上存在的力量对比关系所左右。因此，需

---

① ［美］E. 博登海默：《法理学：法律哲学与法律方法》，邓正来译，505 页，北京，中国政法大学出版社，1999。

② ［法］米歇尔·福柯：《规训与惩罚》，刘北成、杨远婴译，254 页，北京，生活·读书·新知三联书店，1999。

用法律规范来创造一个相对独立于外部环境的决策的'隔音空间'"①。法官审判案件时，要独立于各种社会势力，排除外界因素的不当干扰，自主地做出判断。

第五，工作的程序性。为了保证治疗的效果，医生做手术时要严格按照特定的规程、步骤进行，例如，清洗患处，注射麻药，切除病灶，缝合伤口；等等。而在审判过程中，为了保证事实认定和法律适用的准确、合法，往往要设置起诉、举证、质证、辩论、认证、合议、宣判等法律程序。

综上所述，如果以手术刀为喻体重新理解"刀把子"，仍可以有效地表征人民法院、审判权的基本特征，重构后的"刀把子"论还是有其生命力的。进而言之，如果将"刀把子"理解为手术刀，并以此为中心，将形成一套新的话语系统："医生""医院""疾病""病理""手术""治疗""康复""护理""药品""健康"等；同时，在新的"刀把子"论之下，将有助于确立"人权保障""和谐共存""正当程序""专业司法""审判独立"等司法观念。

---

① 季卫东：《法治秩序的建构》，16 页，北京，中国政法大学出版社，1999。

第6章　司法案例间的"家族相似"

维特根斯坦借用游戏现象，对"家族相似"理论做了细致的描述："我们可以考察以下我们称为'游戏'的活动。我指的是棋类游戏，牌类游戏，球类游戏，角力游戏，等等。它们的共同之处是什么？——不要说：'它们一定有某种共同之处，否则它们不会都叫做"游戏"——而要看看所有这些究竟有没有某种共同之处——因为你睁着眼睛看，看不到所有这些活动有什么共同之处，但你会看到相似之处、亲缘关系，看到一整系列这样的东西。像上面说的：不要想，而要看！——例如看看棋类游戏，看看它们的各式各样的亲缘关系。现在转到牌类游戏上：你在这里发现有很多和第一类游戏相应的东西，但很多共同点不见了，另一些共同点出现了。再转到球类游戏，有些共同点还在，但很多没有了。——它们都是'休闲'吗？比较一下象棋和三子连珠棋。抑或总有输家赢家或在游戏者之间总有竞争？想一想单人牌戏。球类游戏有输赢；可小孩对着墙扔球接球玩，这个特点又消失了。看看技巧和运气在游戏中扮演的角色；再看看下棋的技巧和打网球的技巧之间的不同。再想一想跳圈圈这种游戏：这里有消闲的成分，但是多少其他的特点又不见了！我们可以这样把很多很多种类的游戏过一遍；可以看到种种相似之处浮现出来，又消失不见。""这种考察的结果是这样的：我们看到了相似之处盘根错节的复杂网络——粗略精微的各种相似。""我想不出比'家族相似'更好的说法来表达这些相似性的特征；因为家族成员之间的各式各样的相似性就是这样的盘根错节的：身材、面相、眼睛的颜色、步态、脾性，等等，等等。——我要说：各种'游戏'构成了一个家族。"① 对维特根斯坦的"家族相似"理论，至少可解读出以下几层含义：（1）哲学的根本就是语言，而在各种语言现象中，不存在共同的本质，而只有以种种不同方式

---

① ［英］维特根斯坦：《哲学研究》，陈嘉映译，49页，上海，上海人民出版社，2001。

展开的相关"语言游戏"。（2）在一个概念所指称的一类事物中，也不存在某种共同的东西，而只有各种"交叉重叠"的"相似性"关联，不存在所谓的事物本质。（3）某些事物之所以使用同一个概念来指称，缘于它们以类似于一个家族中各成员间的相似关系彼此勾连而形成的一个网状整体，而并不是由于它们拥有"共同的本质"。在学术界，维特根斯坦的"家族相似"理论否定和消解传统哲学中的"本质主义"，是对形而上学教条的批判与摈弃，在观察角度、思考方式上带来了诸多的新可能。

维氏"家族相似"理论的影响已远远逸出语言学界、哲学界，在法学界也产生了重大的影响。美国法学家伯顿明言，案件之间存在着"家族相似"关系，该理论对司法判例现象的研究具有很强的解释力。"案件的家族式关系这种观点抓住了你们如果想更好地理解法律推理时所必须领会的东西。家族的比喻应该有助于你们理解为什么法律规则和判例常常不宣告案件的正确结果：对于法律规则来说，案件差异太大以致不能宣告结果，否则，只能导致荒谬。同时，同类成员与它们的组织太密切相联，以致不会是任意的。因而，你们必须懂得为何尽管规则和判例没有宣告分类，但该分类却并非任意。换句话说，家族式关系是由联结同类法律案件的类似性之网所构成的。现在，从更复杂、更精妙的方面来看，重要性问题遍布在这个网中。"① 法学家的任务主要有两种：支持别人已经建立的理论；或建立新的理论说服他人给予支持。② 就此而言，本章的目的在于支持已有理论的有效性，而非构建新的理论。我们认为，"家族相似"理论对分析判例现象是一个不错的理论工具，因而，这里特以英美法系的判例为素材，进行实际的演示与检验。

一、案例之间的复杂关联

作为研究的理论前设，我们必须承认，没有哪个案例是一个孤岛，它一定和其他案例有着某种关联。只有通过与这些相关案例的比较和区别，法律工作者才能判断目前案件至少（或至多）意味着什么。③ 一个案例只有将其他案例作为参照系，才能确切地知悉自己的位置与性质，才

---

① ［美］史蒂文·J·伯顿：《法律和法律推理导论》，张志铭、解兴权译，108 页，北京，中国政法大学出版社，1998。

② 参见［美］罗伯特·S·萨默斯：《美国实用工具主义法学》，柯华庆译，283 页，北京，中国法制出版社，2010。

③ 参见上书，161 页。

能有效地适应于其他案例。既然案件之间不是彼此分隔、孤立的，而是存在着特定的联系，人们会进一步追问这到底是怎样的关系？基于什么视角来观察和把握这种关系？

　　沿着维特根斯坦的进路，可以说具体个案之间，不可能是完全相同的，而只有各种"交叉重叠"的"相似性"关联。弗兰克曾引用一个他人的设例，勾勒出案件之间"交叉重叠"的"相似性"关联：假定某人沿着林肯高速公路开着一辆 1939 年产的凯迪拉克车向芝加哥方向行驶，与一辆由某位农民驾驶的标准 T 型福特车相撞，当时，后者刚刚从泥泞路上驶入高速公路。福特车被撞毁，但该农民没有受伤。农民提起诉讼，当地的一位法官依据说是"调整"该案的种种法律原则，判决这位农民获得 100 美元的损害赔偿。一个星期以后，另一个人驾驶一辆 1939 年产的凯迪拉克车沿着林肯高速公路向芝加哥方向行驶，与由另一位农民驾驶的一辆刚好从泥泞路上驶入高速公路的标准 T 型福特车相撞，而且，福特车被撞毁，该农民没有受伤。这位农民也提起了诉讼。这里描述的事实使得这起案件似乎与前一个案件完全相同，那么它们会归入同一类事实状态吗？会受到相同的法律原则"调整"吗？第二个农民会得到 100 美元的损害赔偿吗？所有这些都是悬而未决的。因为在以上两个案件中，还可能存在其他事实，其中的一些事实可能仍然相同，但还有一些事实是不一致的。而且，发生变化的可能性，是无穷无尽的。或许第一辆凯迪拉克的速度是每小时 60 码，而第二辆的速度是每小时 30 码；或许第一辆凯迪拉克开到 45 码，而第二辆则开到 40 码；或许两辆车都开到 45 码，但是由于下了一个星期的雨，第二辆车被冲刷得很干净；或许一个农民鸣着喇叭而另一个则没有鸣；或许一个农民把车停在十字路口而另一个则不是；或许一个农民有驾驶执照而另一个则没有；或许一个农民年轻而另一个则年老昏花戴着眼镜；或许两个人都戴着眼镜，但一个是近视镜，另一个是远视镜；或许一辆凯迪拉克挂着外州的牌照，另一辆则挂着本地牌照；或许一辆凯迪拉克的驾驶者是债券推销商，而另一位驾驶者则是一位医生；或许一位投了保险而另一位则没有；或许一位驾驶者旁边的座位上坐着其女儿，而另一位则没有；或许两个人的女儿都坐在各自的旁边，但一位正在与其女儿交谈，而另一位则没有；或许一辆凯迪拉克的前部与一辆福特汽车的左后轮相撞，而另一辆凯迪拉克则与另一辆福特汽车的左前轮相撞；或许一次事故发生时正好有一个小孩沿着这条高速公路骑着自行车，而另一次事故发生时则没有；或许在第一次事故之后，十字路口的一棵树已经长出了新叶；或许减速行驶的标牌已经被吹倒。可以说，在任何情况下两个案件的事实状态都不可能是完全相同的。然而法院可能总是强调，在两种事实状态中的任何一个不可避免的差异（无论这个差异是多么细微）都可能是"基本"事实方面的差异。因此，在第二次汽车事故中提出的与前一次事故不同的任何一种事实都可能（或可能不）被认为是"基本的"。在"基本"事实方面的不同，意味着案件将被归入不同的案件类别，意味着要按照一条或一系列不同的法律原则来判决。当第二起事故案件被提交法院审理时，法官可能认为，高速公路旁边一个星期前被吹倒的警示牌是一个完全不相干的事实；或者，他可能紧紧抓住这一事实，以便于他确定，这一次撞车事故的法律责任不在凯迪拉克的驾驶者，而应当归咎于驾驶福特车的农民，或者是各承担 50% 的法律责任，或者由该州的高速公路管理部门承担责任。此外，一位驾驶者以 45 码的速度驾驶，另一位以 40 码的速度驾驶，这一纯粹的事实可能足以轻而易举地促使该法官将第二起事故与第一起事故区别开来，从而将第二起事故归入那些铁路火车撞上散放牲畜的案件之列。如果"基本"事实相同，那么该法官就会适用这样一条原则，即相同的法律原则对他们具有"约束力"。

　　针对案件之间存在着的各种相似关系，弗兰克指出："大多数案件远比这复杂，往往涉及到更多的事实和事实类型，曾经提起或者可能提起的任何两起法律纠纷，通常都会给法官提出一个更为漫无边际的范围，需要从中甄别出'基本'事实，而且，对可能被适用或可能不被适用的法律原则而言，开放的领域更大。既然没有两个案件可以被'自然而然地'归入同一类案件，以便它们可以自然而然地受到同一法律规范的调整，因此，对于可以不加取舍地将二十或三十甚或一百个案件自行地归入一个有'约束力'的原则之下这种观念来说，没有什么能够比之更为荒唐的了。"[①] 现实世界中案件之间的复杂关系，是任何有想象力的作家所无法穷尽的，也凸显了形式逻辑之不足。"类比推理过头就要'不灵'。所有的类比早晚都要不灵，所以谨慎的思维者总是提防着出现不灵的那个点。人们有时候警告我们不要把一个类比推'到它的逻辑结论'。这个话有点荒谬。把一个类比推到它适用的范围之外，应该称为推到它的不

---

① ［美］杰罗姆·弗兰克：《初审法院：美国司法中的神话与现实》，赵承寿译，354～355页，北京，中国政法大学出版社，2007。

合逻辑的结论。"① 在由归纳推理、演绎推理和类比推理组合构成的复杂推理过程中，渗透着价值判断的类比推理是判例法推理过程的最重要阶段。波斯纳认为："由于形式逻辑在法律推理中不起作用，类比推理就是把法律人同日常推理者区分开来的主要推理方法。非形式逻辑是一种重要的推理方法，法律人可以因擅长于此而感到骄傲。但部分由于逻辑在法律上更经常是一种批判的工具，而不是建设性工具，那些意识到逻辑有局限的法律人（并非所有的法律人都意识到这一点）所追求的就不仅是擅长逻辑，而在这个'不仅'之外，常常就是类比推理。"② 类比推理往往需要法官进行复杂的价值判断，且有绵密的操作技术作保证，在遇到新的问题的场合，主审法官即以"我就是正义的化身"的心态做出判断，这种思维模式对整个法律推理过程起着决定性作用。在实际的案件解决过程中，法律规则往往与案件事实交织在一起，也就是说，一条规则的含义是在其适用于案件事实时才体现出来，而案件事实只有与法律规则结合起来方有法律意义。"依据法律规则对事实的'甄别'，会转变成法律与事实的'相关性'问题，而他们所说的'甄别'只不过是像法院那样对法律规则进行扩大或限制而已。"③

二、司法判例的法源地位

在当今世界，英美法系和大陆法系的许多国家都有着较为成熟的判例制度，判例在社会生活、司法实践中发挥着重要的作用。一般地，在大陆法系，判例只是判例，系非正式法律渊源，无法律效力；而在英美法系，判例就是判例法，系正式法律渊源，有法律效力。因而，选取英美法系的司法过程作为研究对象，更有助于揭示出判决先例对处理待决案件的实际影响。

在英美法系，作为首要法律渊源的判例法，是法官推理的基础，这也是我们研究英美法系法官推理机制的制度前提。在英国，法律渊源主要包括判例法和成文法，其中判例法是第一位的法律渊源，而成文法包

---

① ［英］L. S. 斯泰宾：《有效思维》，吕叔湘、李广荣译，100 页，北京，商务印书馆，1997。

② ［美］理查德·A·波斯纳：《法理学问题》，苏力译，110 页，北京，中国政法大学出版社，2002。

③ ［美］杰罗姆·弗兰克：《初审法院：美国司法中的神话与现实》，赵承寿译，356 页，北京，中国政法大学出版社，2007。

括法规（statute）、议会法案（act of parliment）等与由政府为执行法律制定的各种条例，是次于判例法的第二渊源。成文法只是给判例法提出一系列勘误表（errata）与补遗（addenda）。成文法只是给原则带来一些起纠正作用的东西与附加物；不应到成文法里去找法的原则本身，而只是去找明确或纠正判例所提出的原则的解决办法。成文法是代表国家的、具有最高权力的议会制定的，应该受到尊重，法官应该按照字面予以实施。但另一方面，它们只是给普通法带来一些例外，依照"exceptio est strictissimae interpretationis"这句格言，对它们将从严解释。根据英国传统的法律观，成文法不被看成是法正常的表现方式，它是英国法体系的"外来部分"。当然，法官将予实施，但成文法所包含的规范只有在法院实施与解释以后，并按照其实施与解释的形式与限度，才最终地被接纳，完全地成为英国法的一部分。英国法学家只有在这些判例面前才真正懂得要说的是什么，因为只有这时他才在其熟悉的形式、判例规范中看到法律规范。在今天的英国，成文法所起的作用非常重要，但英国法基本上仍然是判例型的法。英国法学家习惯于判例的长期统治，直至现在未能摆脱传统。对于他们来说，只有透过一个案件的事实，并缩小到解决一项纠纷所必要的范围，才有真正的法律规范。①

在美国，自 20 世纪开始，尤其是从 30 年代起，大量的成文法相继出台。有些成文法已取代普通法，更多的法规形成崭新的法律领域。但是，美国与大陆法系国家对待法规的方式不同。欧洲大陆国家占统治地位的是成文法至上观念，主张法规为法律的唯一合法来源，不承认法官立法，立法者希望这些法典是系争案件的全部法律。因此，当法官必须弥补法律之不足时，仍需按照立法至上的原则诠释法律。普通法国家法官严格依照成文法规定解决纠纷，凡未列入法规之社会领域仍由普通法调整。普通法法院通常用类推的理由适用先例，并从概括原则中衍生出特别规定。法官对待法规之狭隘方式的理由是尊重成文法的至高无上性，即：法官若将法规适用于超越法规概括的范围则有违立法宗旨。"如果立法者有意涵括某些规定，就会在法规内容里制定这些规定，因此若任何法院制定超越法规内容规范之法律范围，即逾越了立法机关的职责。"② 在这

---

① 参见［法］达维德：《当代主要法律体系》，漆竹生译，361 页，上海，上海译文出版社，1984。

② ［美］William Burnham：《英美法导论》，林利芝译，43 页，北京，中国政法大学出版社，2003。

里，法律的发展是立法和司法创造法律二者相互作用的产物。立法者通过制定法后，对法律的解释又属于法院的领域。法院对一个具体的制定法规定的判例法，将作为先例约束以后发生案件的下级法院。因而，可适用的法律并不是制定法规定本身，而是法院所解释的规定。如果司法判决过于背离立法机关所意图达到的目标，后者可能通过新的、改正的立法。为了实际运用美国法，与其说是发现最新的、可适用的成文法规定，不如说是必须考查在每一个案件中，这一特定的规定已如何由判例法加以解释。①

在英美法系中，法官往往对制定法存有拒斥的心理，判例具有更大的司法权威。第一，普通法的扩张。由于普通法被认为是所有法律原则的源泉，成文法是在普通法无法有效解决特定争议时，才以处理特别问题的方式制定。因此，法官不会从成文法里寻找基本法则。第二，普通法与成文法的主次关系。因为普通法发展较早，且成文法是针对特定事项而制定的，普通法支持者视成文法制定与普通法博大精深的本质相抵触。在普通法系，制定成文法就像是在一桶水里放置石头：石头只排除相当于石头体积的水，但是水会立即填满未被石头占据的空间。对于无成文法规范的案件，法官则诉诸普通法来判决案件。普通法法官无须成文法的解释，或从成文法的基础法则衍生法律规定，或用类推的理由适用法规。对此，日本比较法学者大木雅夫指出：“无论制定法怎样数量与日俱增、价值不断提高，但从历史上看，它毕竟是加入到以判例构成的英国法本体的异己之物，只是作为例外用于对普通法的各种原则进行修正（corrigende）和补充（addenda）而已。在这个意义上，对其必须采用‘对例外必须作最严格的解释’（exceptio est strictissimae interpretationis）之原则。不仅如此，以制定法本身的形态还不能称之为‘legal rule’。因为制定法不过是作为基本完善的普通法之例外的片段文件而已，所以必须在经历过‘法庭的鞭笞’（run the gauntlot of the judicial bench）之后才能成为法律规范。也就是说，制定法需经法官的解释适用之后才成其法。而且，在进行这种解释之时，也需适用先例拘束性原则。一旦制定法的条文被解释适用之后，就成为先例，并对以后法官的判断产生拘束力，从此决不再容许自由的解释。在此，不是以探究立法者意图为

---

① 参见［美］彼得·哈伊：《美国法律概论》，沈宗灵译，6～7 页，北京，北京大学出版社，1997。

名而对条文施加各种各样的解释，而是通过一个贯彻始终的解释来维护法官的威信。在这个意义上可以说，法官并不是服从立法者的意图，而是在支配立法者的意图。"① 第三，长久以来的司法敌意。普通法在成文法大规模入侵之前，有百年的发展并享有至高无上的地位。普通法法官拥有极大的权力，因此排斥成文法入侵其管辖范围。普通法法官认为，因为普通法能解决所有重大法律争议，因此无须制定成文法。普通法法官认为英国议会不该制定成文法，因此主张用狭隘的方式诠释法律文本。而英国议会以在成文法的内容里明确详细地陈述其立法旨意，来因应法官用狭隘方式诠释英国议会制定的法律。这样，就产生无法进行具体解释的复杂的、特定的法律。② 所以，在英美法系，判例法是法官思维的起点，进而展开复杂而绵密的法律推理活动。

三、基于类推的判例适用

从法哲学的角度看，大陆法系信奉理性主义，其法律制度具有意欲对各种社会关系加以全面调整和安排的特点，成文法典是最主要的法律渊源，此乃一种依靠理性设计的法律建构模式。在这里，判例也有其存身之地，但只是攀附在成文法主干上的寄生物，是一种次要的法律渊源。与此不同，英美法系崇尚经验主义，其主流的法律思维强调根据实际的审判经验解决具体的问题，因而具有很强的针对性和灵活性，这是一种通过个案试验探索、不断积累司法经验的法律进化模式。

在判例为主要法源的社会，法官的推理机制又是如何展开呢？我国理论界的主流观点认为是归纳推理的具体运用。当法官处理案件时，手边没有合适的法律规则和原则可以适用，因而从一系列早期的判例中总结出可适用的规则和原则，并将其适用于手头待决案件之中，这个过程就是归纳推理。司法活动中运用归纳推理的典型是判例法国家：在判例法国家，法官处理案件时，需要将本案事实与先例事实加以比较，最终决定能否适用。③ 上述观点固然不错，但过于简单，它只看到英美法系法官推理复杂过程的一个片断，难以把握判例法推理机制的全貌。关于判例法的推理机制，美国法学家列维认为，这是从个案到个案的过程，它

---

① ［日］大木雅夫：《比较法》，范愉译，139 页，北京，法律出版社，1999。

② 参见［美］William Burnham：《英美法导论》，林利芝译，44～45 页，北京，中国政法大学出版社，2003。

③ 参见张文显主编：《法理学》（第 3 版），200、277 页，北京，高等教育出版社，2007。

"将一项由先例提炼出的论断视同一项法则并将之适用于后一个类似的情境之中。具体而言，这一过程分为三步，即首先要提炼出个案之间的相似之处，然后总结出先例中蕴含的相关法则，最后再将此相关法则运用于当下的个案之中"①。该论述全面地描述了判例法的推理机制，揭示出它包括类比推理、归纳推理和演绎推理三个先后相继的阶段，这很有启发性。以下我们将沿此进路，对判例法的推理机制做较为细致的分析。

（一）类比推理：将待决案件与先例相连接

判例法推理的第一步是类比推理，即将待决案件与判决先例相对比、连接的过程。同归纳推理强调从特殊到一般、演绎推理强调从一般到特殊的思维过程不同，类比推理是"从特殊到特殊"的方法，即已知事物和未知事物在某些方面具有相似性，然后再从已知事物的特征中推理出另外一个未知事物也具有同样的特征。类比推理的前提不蕴含结论，从真的前提并不必然推出真的结论。当前提真的时候，结论可能真也可能假。

法学上的类比推理也需遵循类比推理在逻辑上的规则，但它与一般的类比推理比较，还是有其特性的。由于法官不能脱离法律规范而任意裁决，类比推理发挥作用的空间存在很大的限制，其本身需要受到法律的限制，比如法律条文、法院判例、法律共同体的职业意识以及法律文化都构成了限制。法官运用类比推理时，需要反复比较，详细考察不同案件的相同属性，衡量重要程度，同时按照正当程序进行，才能获得人们的尊重和信赖。

在英美法中，判例是重要的法源，解决某个案件的法律，是从以前的判例类推而来的。类比推理涉及两个步骤②：

第一，确认系争案件与先例案件之间事实的相似处和相异处。当纠纷发生并提交裁判时，法院首先寻找判决先例。"但是提交法院解决的纠纷中没有一件与以前的纠纷是完全一样的。每一案件总是提出某些事实，这些事实与同一案件的其他事实联系起来看的时候，往往发现这是一个以往从来没有判决过的案件。为了确定这个案件的全部真相，必须把新结合起来的事实中的每一事实进行新的比例调整和权衡。""一方面是把

①　［美］艾德华·H·列维：《法律推理引论》，庄重译，3 页，北京，中国政法大学出版社，2002。

②　参见［美］William Burnham：《英美法导论》，林利芝译，51 页，北京，中国政法大学出版社，2003。

类似的事实都归入一类，与此同时把所有不相类似的事实都除出在外，并将每一事实加以权衡，以确定其类似的程度。"① 在英美法系，司法判决的法律推理采用的多是类比推理，将待决案件与先例进行比较，找出其相同点与不同点，并且判断其重要程度，换言之，认定是否存在"案件的家族式关系"。

第二，在待决案件与判决先例之间，判断相似点是主要的还是差异点是主要的。"任何两个人、两个行为或两个事物都不会在所有的方面相同。宣称两个人、两个行为或两个事物相同，并非宣称它们同一，假如同一，它们就不成其为二，就根本无法进行比较和对比。也永远不会有任何两个人、两个行为或两个事物在所有事实方面都不相同，假如在所有事实方面都不相同，它们就不会两个都是人、行为或事物；对它们进行比较或对比，就毫无意义。因此，类比推理对于两种情况的相同点和不同点都需要细致地考虑。关键之处在于判断是相同点还是不同点更为重要。"② 如果待决案件与判决先例在重要方面相似，则"依循"（follow）先例；反之，待决案件与判决先例相异，则予以"区别"（distinguish），而不依循先例。依循或区别先例，涉及类比推理。"恰当的类比应该识别被比较案件或案情场景，相似（我们成为正相似）方面的数量，及差异（负相似）方面的数量。与列举不同，在类比中，案例的数量并不重要。重要的是相关性（relevancy）——被比较的案情在相关方面是相似还是有差异。"③ 类比推理最困难的部分，是评估系争案件与先例之间相似与相异的重要性。这个评估系争案件与先例之间相似与相异的重要性，不能概括地决定，必须视具体环境和案件情况而定。

（二）归纳推理：从先例中抽象出法律原则

判例法推理的第二步是归纳推理，即从先例中抽象出法律原则的过程。归纳推理是从个别、具体知识的前提推导出一般性的认识结论，即由若干普遍性程度较低的命题推导出普遍性程度较高的命题推理，是一种"由特殊到普遍"的推理，是"自下而上"的运思过程。归纳推理又包括完全归纳推理和不完全归纳推理。所谓完全归纳推理，是根据一类

---

① ［美］约翰·R·康芒斯：《资本主义的法律基础》，寿勉成译，439 页，北京，商务印书馆，2003。

② ［美］史蒂文·J·伯顿：《法律和法律推理导论》，张志铭、解兴权译，32 页，北京，中国政法大学出版社，1998。

③ ［美］鲁格罗·亚迪瑟：《法律的逻辑》，唐伟欣译，61 页，北京，法律出版社，2007。

事物中每一个对象具有（或不具有）某种属性，推出该类事物都有（或不具有）某种属性的归纳推理。所谓不完全归纳推理，是根据一类事物中部分对象具有（或不具有）某种属性，推出该类事物都具有（或不具有）某种属性的归纳推理。这种推理一旦发现相反的情况，其结论就可以被推翻。

在法律实践中是不可能存在完全的归纳推理的，司法裁判的复杂性以及案件数量的繁多，使人们无法把握所有的判决先例，所以司法过程中应用的通常只能是不完全归纳推理。在一些情形中，法官会发现没有任何法规或其他既定规则可以指导他的审判工作，但能够从对一系列早期判例与判例价值所进行的比较中推论出有关的规则或原则。在这种情况下，法官就运用归纳法律推理，从特殊事例中推论出一般规则。"一项采用案例法之制度，通常都是以尝试性而有时更是以不明确性之方式加以发展，经由许多特殊之案例后，逐渐缓慢形成某些具体化之一般性原则来，因此，它寻出某项法律之方法，通常是由特殊性而逐渐归纳出一般性。"[①] 法官受理案件时，要将本案事实与以前类似案件的事实加以比较（区别）。在收集大量相关案例时，法律的适用者就可以基于自己的立场对所汇集的对象进行比较、分类和概括，从中发现或者确定归纳得以实现的案件和经验事实中那些共同的特征和属性，之后形成具有普遍性的判断，归纳出一个比较抽象的法律原则或法律规则。

（三）演绎推理：将法律原则用于待决案件

判例法推理的第三步是演绎推理，即将法律原则适用于待决案件的过程。在逻辑学上，演绎推理是指从某类事物的一般性知识出发，推出其中的特殊对象具有某种特性的推理，在结构上由大前提、小前提和结论三部分组成，即从一个共同概念联系着的两个性质的判断大、小前提出发，推论出另一个性质的判断即结论。大前提是那种概括了若干同类个别事物中共性的普遍性判断；小前提是对某一个别事物属于大前提主词外延的一种说明；结论表明该个别事物也具有在大前提中普遍性判断所揭示的属性，即从一般到特殊。在裁判过程中，法律规范是大前提，案件事实是小前提，结论就是判决或裁定。在英美法系，法官推理的大前提为判例法。演绎推理有三个关键步骤：（1）识别一个权威性的大前提；（2）明确表述一个真实的小前提；（3）判断重要程度。

---

① ［美］W. Friedmann：《法理学》，杨日然等译，590 页，台北，司法周刊杂志社，1985。

　　第一步：寻找法律推理的大前提：找法。大前提是用作裁判依据的法律规范，发现具体案件可资适用的法律规范或为法律或为习惯或为类推适用的规则。"在法律中，就如同在知识的其他每个分支中一样，由归纳提出的一些真理趋向于构成一些前提，以便进行新的演绎。一代代的律师和法官他们自己并不重复证明过程，就如同我们大多数人并不重复证明天文学或物理学的真理一样。大量的司法概念和公式发展起来了，而我们可以说是把它们现成地拿过来。"① 在长期的司法实践中，一些判例中包含的判决理由逐渐获得定型化，形成适用范围、行为模式、法律后果相对确定的判例法，因而成为演绎推理的大前提。

　　第二步：确定小前提：认定事实。法官将特定案件事实置于法律规范之下，以获得结论。其公式为：

　　T→R（具备 T 要件时，即适用 R 的法律效果）；

　　S＝T（特定的案例事实符合 T 的要件）；

　　S→R（关于认定特定事实适用 R）。

　　这一过程其实是在事实与法律规范之间的反复沟通与联络的过程，因为小前提是对某一个别事物属于大前提主词外延的一种说明，而法律演绎推理的小前提通常是对某一特定的、待判断问题的描述。在有些情况下，对小前提的描述并非易事。任何案件的事实都可以用多种用语加以描述，用与所寻找的权威性的法律规范最适合的方法陈述一个案件事实，就会使对方更容易接纳所陈述的事实。

　　第三步，推出结论：判决。推出结论之前的一个重要步骤就是判断重要程度，即其中的真正的问题可能在于选定大小前提并在它们之间确立一种适当的关系。判断重要程度就是判断在案件的许多事实中哪些事实可以证明把该案归于一法律类别。由于有很多事实，每个事实只不过是一个事实而已，任何事实都可能重要或者不重要。所谓重要的事实是那种恰好与有关法律要做什么的规范要求相吻合的事实。因此，判断重要程度对法律演绎推理的正确进行是至关重要的。

　　总之，在英美法中，判例法是第一位的法源，判决结论是从以前的判例之中类推而来的。庞德说："在英美普通法的技术上，一种法律仅仅为所要处理的案件中孕育。它并不被采为法律推理的出发点，从而发现一个普通原理。原理要在司法裁判的过程中找到。只有判例是由类推方

---

① ［美］本杰明·卡多佐：《司法过程的性质》，苏力译，27 页，北京，商务印书馆，1998。

式发展出来的。上诉法院的大部分工作便在创制及变更判例，由此本于类推的推理，以解决新的问题，而解决旧问题的判决也由此建立下权威。"① 可以说，判例法的推理机制包括类比推理、归纳推理和演绎推理三种形式。第一步通过类比推理将待决案件与判决先例相连接，第二步通过归纳推理从判决先例中抽象出法律原则，第三步通过演绎推理把法律原则适用于待决案件。大体说来，这里的类比推理、归纳推理和演绎推理是先后相继的三个推理阶段，其中类比推理对其他两个推理形式以及整个司法过程，都起着决定性作用。可以说，对英美法系法官推理过程特别是类比推理在其中所发挥重要作用的揭示，本身就是"家族相似"理论的实际运用。

四、"家族相似"的法学评价

维特根斯坦的"家族相似"理论，对案件之间的复杂关系做了很好的描述，在判例研究方面是一个很有效的分析工具。凡事有利必有弊。"家族相似"理论尽管具有一定的阐释功能，但也不是完美无缺的。它的主要问题是，含义不清，界线模糊，与中国现实的契合度不高，消解法律的确定性；等等。

第一，含义不清。不可否认，"家族相似"是一个隐喻的用法。"隐喻是一种思考的方式，不错，但其特点常常非常散漫，并误导人。"② 在一个家族中，其成员的外部特征的确只具有维特根斯坦所指出的各种交叉重叠的"相似性"，而找不到一个贯穿于所有成员之间的共同特征。但是，并不能因此就说，这些成员是靠这种"相似性"而构成一个家族的。事实上，说某些人是属于同一个家族的成员时，并不是缘于形体、相貌、眼睛的颜色、步态等的外部特征上的"相似性"。某些人之间是否在某些特征方面构成"总体上"或"细节上"的"相似网络"，并非是判定他们是否属同一家族的依据。因为这种"相似性"关系的存在与否，与他们同属于一个家族之间没有必然联系。事实上，某一特定的人群之所以被称为同一个家族的成员，是因为他们相互分享着"共同的"血统。正是这种内在的"共同性"的存在，而不是外部特征上的所谓交叉重叠的

---

① ［美］庞德：《法律与法学家》，载王健编：《西法东渐——外国人与中国法的近代变革》，427 页，北京，中国政法大学出版社，2001。

② ［美］理查德·A·波斯纳：《超越法律》，苏力译，599 页，北京，中国政法大学出版社，2001。

"相似性"，决定了他们共同成为一个家族的成员。因此，所谓"交叉重叠"的"相似关系"，只是在确定了一个家族之为一个家族之后，对其成员之间的关系进行某种"特定"的考察才显现出来的，而并非是家族成员之间所存在的具有"判定性意义"的关联关系。这显示出，家族相对于家族成员来说，具有一种逻辑的在先性。[①] 因而，在实际的"家族相似"识别过程中，正是先知道或者预设一个家族的存在，才能顺藤摸瓜地找到相对应的各个家族成员。联系到司法判例问题，可以说只有先知道哪些案件属于一个特定的案件家族，才能发现它们间的"相似性"。

第二，界线模糊。家族是以血统关系为基础而形成的社会组织，包括同一血统的几辈人，其成员之间的相似之处很难把握。以"家族相似"做喻体，有时会对案件之间关系的理解造成误导。"归入一个法律类别的案件是相类似的，正如一家人也很是类似的一样。大多数家族的两个成员并非在所有的方面都相像；大多数家族的任何两个成员也不必须在任何独特方面都相像。在核心的家庭中，父母亲通常并没有任何共同的外部身体特征，以至于这些特征的存在标示他们在同一家庭的关系。但这对夫妇所生的同胞兄弟将可能与父母每人都有共同的特征，而且他们之间也有共同特征。尽管这四个人之间没有任何显著的共同特征，但还是承认他们是一家。家族式关系可以如下模型化：甲与乙有共同特征；乙与丙有共同特征；甲与丙无任何显著的共同特征。甲与丙可属同一类。"[②]家庭包括基于婚姻、血缘的自然家庭，以及基于收养关系所组成的拟制家庭。家庭是一个法律概念，可通过户口簿等法律文书予以确认与识别。相对地，家族是以血统关系为基础而形成的社会组织，在社会流动加剧的陌生人社会，它并不为人们所熟悉。

第三，与中国现实的契合度不高。不可否认，司法机关可在法律的缝隙中，针对具体个案进行零星的造法活动。当在审判实践中遇到法无明文规定或规定不明确的情形，法官就需要运用法律的基本原则，理解立法者的意图及法律的精神；并且正确解释某些条文的含义来运用法律，由此形成的判例对审判实践具有重要的指导作用。"大部分的法律都是经过不断的司法裁判过程才具体化，才获得最后清晰的印象，然后才能适

---

① 参见董志强：《对维特根斯坦"家族相似"理论的批判》，载《哲学研究》，2003（11）。
② ［美］史蒂文·J·伯顿：《法律和法律推理导论》，张志铭、解兴权译，106 页，北京，中国政法大学出版社，1998。

用于个案，许多法条事实上是借裁判才成为现行法的一部分。无论如何，法规范的发现并不等于法律适用。"① 判例是审判活动的反映，是法律与实践结合的产物，具有鲜明的社会现实性和实际性，是将抽象、原则的法律条文变成形象、具体的行为规范的解释过程，它是法律原则和法律规范具体化、实在化的重要途径和载体。法官经由判例造法原系司法权的天然属性，无可厚非。实际上，判例即为法官造法的结果。如果这种造法行为超过法定的界限，就会导致法官篡夺立法权，破坏宪政体制。不同于英美法系的判例法，以制定法为主要法源国家的判例不能直接作为审判的依据。我国宪法规定：中华人民共和国的一切权力属于人民。人民行使国家权力的机关是全国人民代表大会和地方各级人民代表大会。中华人民共和国的国家机构实行民主集中制的原则。国家行政机关、审判机关、检察机关都由人民代表大会产生，对它负责，受它监督。全国人民代表大会和全国人民代表大会常务委员会行使国家立法权。人民法院依照法律规定独立行使审判权。"过分地使用类比推理，会把司法者抬高到一种强有力的地位，这种地位超出了我们大多数人认为在我们的政府体制中所能接受的程度，从而使司法实践的合法性问题成为疑问"②。基于"家族相似"理论而设置、运行的法院在国家机构体系中的地位将大幅提升，改变它与权力机关的法律关系。"对于案件的每一个法律类别而言，所有可能的成员都可能相关，这正像考察一个大家族时，会扩及到过去的，现在的，以及未来的几代人。可能成员的数量无法知道，所知道的成员未必是全体成员中很典型的成员。另外，每个案件都能够和几个法律类别相联接，正如每个人都是几个大家族的一员。有些案件甚至还类似于继子、收养儿以及私生子。并且，尽管法律类别在前述几个方面与家族类似，但在有些重要方面它们又与许多家族不太相像。没有类似于联接大多数家庭成员的基因的东西来联接案件：身份是由人（法官）来确认的。"③ 人民代表大会制度是我国的根本政治制度，只有特定的权力机关和行政机关拥有立法权，法院是国家的审判机关，无权制定抽象的法律规范。

---

① ［德］卡尔·拉伦茨：《法学方法论》，陈爱娥译，20 页，北京，商务印书馆，2003。
② ［美］史蒂文·J·伯顿：《法律和法律推理导论》，张志铭、解兴权译，90 页，北京，中国政法大学出版社，1998。
③ ［美］史蒂文·J·伯顿：《法律和法律推理导论》，张志铭、解兴权译，107～108 页，北京，中国政法大学出版社，1998。

第四，消解法律的确定性。法律是肯定、明确、具体的社会规范。法律通过确定主体之间的权利义务关系，可为人的行为提供稳定的预期，为纠纷的解决提供具体的法律依据。在法治社会，"某种形式的演绎推理是法律推理的核心所在"①。"家族相似"理论以类比推理为根基，过于强调认识的主体性，突出法官的造法角色，可能导致法律理解的主观化、随意性。如此，司法过程中的事实认知与价值判断，就可能呈现为"公说公有理，婆说婆有理"的流动状态，这可能会消解人权、正义、平等、自由、效率、法治等的法学公理、法律原则，容易不当地助长法价值相对主义。"家族相似"理论强调视角的多元性，这种理论注重情境的特殊性，采用因人因事因地而异的个别化举措，会带来法源理解上的多元化，具有模糊性，有瓦解法律的明确性、统一性、可预测性，滑向法律虚无主义之虞。

---

① ［英］尼尔·麦考密克：《法律推理与法律理论》，姜峰译，前言 1 页，北京，法律出版社，2005。

第 7 章　正义女神像的司法喻意

在西方国家法院的建筑物之前，常常摆放着雕塑的正义女神像。对于正义女神像之由来与构成，有学者曾做过细致的描述。[①] 古希腊神话中主持正义和秩序的女神是忒弥斯（Themis）。她是大神乌拉诺斯（天）和盖亚（地）的女儿，后来成为奥林匹斯主神宙斯的第二位妻子。她的名字原意为"大地"，转义为"创造""稳定""坚定"，从而和法律发生联系。早期神话里，忒弥斯是解释预言之神，掌管特尔斐神殿，解释神谕，负责维持奥林匹斯山的秩序，监管仪式的执行。古希腊的雕塑中她的造型是一位表情严肃的妇女，手持一架天平。她和宙斯所生的女儿中和法律最有关系的是狄刻（Dice，正义女神）。这位正义女神掌管白昼和黑夜大门的钥匙，监视人间的生活，主持正义。她经常手持利剑追逐罪犯，刺杀亵渎神灵者。她的造型往往是手持宝剑或棍棒的令人生畏的女性形象。古希腊神话中经常提到的另一位正义女神是阿斯特赖亚（Astraea），她在地上主持正义，纯洁无瑕。她的造型是一位清纯的少女。古罗马人接受了古希腊诸神并"创造"出正义/司法女神朱斯蒂提亚（Justitia，由法律 jus 一词转变而来），她的造型混合了希腊的忒弥斯、狄刻、阿斯特赖亚诸女神的形象。文艺复兴时代，朱斯蒂提亚的造像开始出现在各个城市法院。女神仍然沿用古罗马的造型，一手持剑、一手持天平，天平表示"公平"，宝剑表示"正义"，紧闭双眼"用心灵观察"世间万物。造像的背面往往刻有古罗马的法谚："为实现正义，哪怕天崩地裂"（Fiatjustitia ruatcaelum）。正义女神的造型是古希腊诸神的混成、组合，且经过漫长的历史演变过程。在西方国家，正义女神像不只是一种单纯的物理存在，更是一种法律观念文化的重要载体。

---

① 参见郭建：《獬豸的投影——中国的法文化》，184～185 页，上海，上海三联书店，2006。

正义女神像的构成细节尽管很复杂，但以下几个部分颇具象征意义，有待细致地考究：一位女性，一手持天平，一手持宝剑，紧闭双眼或者是在眼睛上蒙着布条，身着白袍。① 藉型原意，睹物生念。"某种东西在我们内心所激起的情感会自发地附加在代表这种东西的符号上"②。基于象征的思维模式，以正义女神像作为学术研究的切入点，不仅有助于对西方社会的司法理念、司法制度、司法行为进行深入的揭示与阐发，也可为当下中国司法文化建设提供有益的启示。

一、女人：司法被动性的象征

如果从性别的角度发问，正义之神为什么不是男的而是女的？我们的看法是，这并非偶然的随意之举，而是牵连着西方社会深厚法律文化传统的有根之选。通常，男人刚强，女人柔弱；男人坚定地主张自己，女人敏感体贴；男人寻求冒险，女人渴望安全；男人直率，女人委婉；男人想要领导，女人希望陪伴；男人不哭，女人爱哭；男人无动于衷，女人充满同情；男人冷淡，女人温暖；男人喜欢自夸和炫耀，女人谦逊谨慎；男人喜欢强迫，女人善于说服和引诱；男人声音洪亮，女人安静；男人理性，女人感性。③ 由此可见，性别与人的性格、行为方式有着紧密的联系。

在当今世界，法官基本上是由男人把持的职业，然而，现实的未必就是合理的。社会法律工作者的出现，"在于使法官不断地从争执法官转变为调解法官，从刑事法官转变为救济法官，即社会法律工作者"。"正

① 除了这几个显眼的部分外，正义女神像还有一些不可忽视的构成细节。例如，有人描述道："正义（Giustizia）。其形象为一蒙眼女性，白袍，金冠。左手提一秤，置膝上，右手举一剑，倚束棒（sasci）。束棒缠一条蛇，脚下坐一只狗，案头放权杖一支、书籍若干及骷髅一个。白袍，象征道德无瑕，刚直不阿；蒙眼，因为司法纯靠理智，不靠误人的感官印象；王冠，因为正义尊贵无比，荣耀第一；秤……比喻公平，在正义面前人人皆得所值，不多不少；剑，表示制裁严厉，决不姑息，一如插着斧子的束棒，那古罗马一切刑罚的化身。蛇与狗，分别代表仇恨与友情，两者都不许影响裁判。权杖申威，书籍载法，骷髅指人的生命脆弱，跟正义恰好相反：正义属于永恒……"转引自冯象：《政法笔记》，144 页，南京，江苏人民出版社，2004。还有人描绘出正义女神像其他的一些构成细节，如脚踏法典代表依法审判，体现立足成文法的精神；踩匍匐的毒蛇而行意味着执法细腻轻盈，一方面表示仁慈，一方面表示不躁进，连敏感易怒的毒蛇也不受刺激。参见李中志：《正义女神的图像》，见 http://wenku.baidu.com/view/db772c00a6c30c225901，2012－03－26。
② ［法］爱弥尔·涂尔干：《宗教生活的基本形式》，渠东、汲喆译，290 页，上海，上海人民出版社，2000。
③ 参见［美］哈维·C·曼斯菲尔德：《男性气概》，刘玮译，35 页，南京，译林出版社，2008。

是在与此关联的意义上，出现了新时代的重要革新：允许妇女不仅可担任陪审员职务，而且可从事司法方面所有的职业活动和工作"。"我们的法律是男人的法律，与男人的利益和男人的感受方式（特别在亲属法中）有内在联系。尤其在法律的阐释和适用方面，以及在对严厉的普遍原则纯粹理解式地实际掌握方面更是男性的，在这些方面，个人及其感觉毫无意义。因而，过去剥夺妇女参与司法活动的机会——现在则应欢迎妇女参与司法。妇女在议会中有限的参与已对我们的法律产生了相当影响；妇女在司法领域的加入必将动摇男性正义感，从而使人们明确意识到这种法律感觉的局限和缺陷，并将导致专横的大男子主义法律被真正的人的法律所取代。那些指责'女人'缺乏法官职位所要求的客观性的陈言滥调，是否值得驳斥？我们可以冷静地承认，较之于男性而言，女性或许更经常地欠缺适用法律时必不可少的冷酷求实精神，但我们又必须马上强调说明，较之于男性而言，女性在更高程度上拥有其他一些对法律适用同样不可或缺的品质。事实上，妇女足以胜任一切工作：譬如在监护、少年管教、婚姻法方面的活动，提供在法律限定的范围内所需要的关心；具备刑事和民事诉讼所要求的对人际关系和精神过程的直觉理解；再如律师业所需要的对自由行使个人权利的感受，等等。总而言之，允许妇女参与司法，不仅仅是为了实现宪法中的承诺，也意味着我们司法上的一大进步。"①

　　男人与女人的性格之间，在诸多方面有着鲜明的对立性。其中，值得关注的是，男人的行为具有进攻性、主动性，女人的行为则具有消极性、被动性。而女人这方面的性格特征，或许暗合了司法权相对于行政权而言的被动性。法国思想家托克维尔指出："从性质来说，司法权自身不是主动的。要想使它行动，就得推动它。向它告发一个犯罪案件，它就惩罚犯罪的人；请它纠正一个非法行为，它就加以纠正；让它审查一项法案，它就予以解释。但是，它不能自己去追捕罪犯、调查非法行为和纠察事实。如果它主动出面以法律的检查者自居，那它就有越权之嫌。"② 西奥多·罗斯福也曾说过法律职业"特别适合于'弱势性别'"③。

――――――――――
　　① ［德］拉德布鲁赫：《法学导论》，米健译，166～167 页，北京，商务印书馆，2013。
　　② ［法］托克维尔：《论美国的民主》，上卷，董果良译，110～111 页，北京，商务印书馆，1988。
　　③ 转引自［美］杰罗姆·弗兰克：《初审法院：美国司法中的神话与现实》，赵承寿译，424 页，北京，中国政法大学出版社，2007。

司法被动性首先体现在司法程序的启动上，司法权的行使往往遵循"不告不理"的原则，司法权只能在有当事人提出请求后才能启动。司法权的被动性还体现在司法裁判的范围上，司法机关一旦受理当事人的控告或者起诉，除非有特别规定，其裁判范围必须局限于业已控告或起诉的诉讼请求和事实范围。

再者，与粗放、外向的男人比较，相对细腻、内敛的女人把握案件细节的能力或许更强。"经验丰富的法官和经验丰富的律师一样，他们都培养了一种可以描述为智慧、洞察力或判断力的能力。这种能力使他们可以迅速而准确地得出结论。这种能力与创造力、智力或分析能力是不大相同的。它好像是一种对细节迅速而默契的领悟力，知道对各个因素进行权衡兼顾。"① 法官主要是在微观的细节上展现其才华，法官面对微观细节的案件抉择，对案件微观细节的审查决定着案件的结果、当事人的命运。② 无论是事实认定还是法律适用，都需要法官具有准确把握相关细节的能力。例如，在法律解释方面，法律规范是抽象、概括的规定，需要通过法律解释这座桥梁才能适用于具体的人和事。规范的一般性造成其与每个具体"事件"的特殊性之间的"隔阂"。法律解释作为两者之间的媒介，起着"具体化"规范的作用。法律解释特别是文义解释，功夫往往用在一个语句、一个单词、一个标点等的细节性问题上。再如，在判例运用方面，案件事实的"区别技术"具有明显的细节特征。法庭在辨析判例时，总是首先查看该先例是否"对得上"（on point），也就是该先例和待决案件是否有着同样（identical）或近似（very similar）的案情和争议焦点。任何先例都有着独特的案情事实和设定精确的法律争议焦点，其法律判决仅适用于这些案情事实和争议焦点。待决案件是和判例的具体事实紧密相连的，不能根据判例的关键事实精确界定待决法律争议，或将待决法律争议界定得太窄或太宽泛，或没有将全部关键事实考虑进去，或超出了判例的具体事实范围，都会使人们在正确理解和适用相关判例时出现偏差。③ 还有，法官的绝大部分工作需要机敏，需要在

① ［美］凯斯·A·孙斯坦：《法律推理与政治冲突》，金朝武等译，167 页，北京，法律出版社，2004。
② 参见宋鱼水：《论法官的选择——谈学习社会主义法治理念的体会》，载《法学家》，2008（3）。
③ 参见刘风景：《法学工匠的角色定位——倡导注重细节的法学模式》，载《法制与社会发展》，2010（6）。

相互冲突的利益之间进行方便可行的协调，需要柔软的手腕与敏锐的直觉，而这些都属于女性擅长的技巧。在裁判过程中，适应性、灵活性以及对人的关怀与理解，比形式化的法律逻辑更为重要。比较而言，正是"女性"特征，而不是所谓的"男性"特征，构成了司法活动的本质。"真正富有女性气质的女人——如果保证她们的能力得到足够的训练的话——完全可以与她们的男性竞争者相抗衡，甚至可能比他们做得更好。我相信她们能够在法庭和律师事务所充分地利用女性传统上的洞察力。在她们作为妻子和母亲为她们的男人们安排生计时，她们所运用的就是这种洞察力。而她们的男人们通常却过于倾向于运用超越准确性的抽象思维，通过过度简化来歪曲生活，轻视格式塔。"① 女人往往有一种直透事物核心的能力，她们能够将某种直觉与逻辑进行有机的结合，来细致地观察、灵活地处理手头的待决案件。

　　基于现时主流的法学意识形态，法律职业应由男人掌控，法律的性别是雄性的而非雌性的，但现实的未必就是合理的。备受瞩目的女权主义法学，基于女性的视角，对法律职业的现状进行了审视和批判。"尽管法律被男人所统治这一点千真万确，但那些与妇女密切相关的特征仅仅是被遮蔽了而已，它们并没有消失。法律并不仅仅是男性的，也不是理性的、客观的、抽象和讲原则的。就如它是理性的、客观的、抽象的和讲原则的一样，它也是非理性的、主观的、僵化的和具体的。"② 女权主义法学以女性主义立场对传统法学提出挑战，其核心话题是，如何运用性别的观点来了解、批判现行法律体系？法律是否包含了某种性别预设？如果是的话，是否应该通过"去性别化"的方式来加以修正，使之中立化，或者将性别写入法律之中？性别差异是与生俱来的本质，还是社会建构的结果？③ 如果沿着女权主义法学的思路，就充任法官职务而言，消极被动、后发制人的女性，是不逊于甚至胜过男性的。我国曾评

① ［美］杰罗姆·弗兰克：《初审法院：美国司法中的神话与现实》，赵承寿译，425 页，北京，中国政法大学出版社，2007。

② ［美］戴维·凯瑞斯：《法律中的政治：一个进步性批评》，信春鹰译，491 页，北京，中国政法大学出版社，2008。

③ 参见张丽卿：《法律与文学：文学视野中的法律正义》，288 页，台北，元照出版有限公司，2010。

选出的优秀法官中女性比例相对较高的事实①，也是很好的例证。

　　基于女人这一象征，我们可提炼出有关司法的三个关键词：被动，细致，温柔。区别于行政机关，被动性是司法权的特质与美德；不同于政治家，法官职业的特点在于把握细节的能力；在法律的慈悲的眼光中，没有不共戴天的死敌，只有犯错误且可挽救、教育好的孩子。

二、利剑：司法权威性的标志

　　正义女神手中的利剑也具有深刻的喻义："那把剑，用它可以实现公正。它要是没有力量，什么法院的判决，什么法官的命令，统统没有一点儿用；要让它有力量，它背后必须有国家的权威。正义之剑就是国家之剑。它是必须加以维护的权威的象征。"② 任何一种社会规范都具有强制性，都有保证其实施的社会力量。法的国家强制性，既表现为国家对违法行为的否定和制裁，也表现为对合法行为的肯定和保护；既表现为国家司法机关依法行使权力，也表现为公民可以依法请求国家保护其合法权利。是否具有国家强制性，是衡量一项规则是否是法的决定性标准，如果一部法律人们经常性地违反它却不受任何制裁，很难说它是真正意义上的法。法的强制性不同于其他规范之处在于，它具有国家强制性，是以国家强制力为后盾，由国家强制力保证实施的。国家强制是"一种锐利的、严厉的社会影响手段"③，因而，正义女神手中的那把利剑也就成为司法权威性、法律实效性的明显标志。从语源的角度看，裁判一词中的"裁"与"判"，都与刀的运用有着某种联系。"裁"，是指一"刀"两断式地解决纠纷④；"判"，则指做出是非黑白的评价。据《说文解字》，判，"分也。从刀，半声"。用刀分成两爿为"判"，意为分开、分半。在

---

① 2005 年评选的"中国法官十杰"为：（1）金桂兰，黑龙江省宁安市人民法院东京城人民法庭审判员，女；（2）黄学军，广东省佛山市中级人民法院民一庭副庭长，女；（3）钟蔚莉，北京市朝阳区人民法院民二庭副庭长，女；（4）费云龙，吉林省延吉市人民法院刑庭副庭长，男；（5）李昆仑，山东省冠县人民法院定远寨人民法庭庭长，女；（6）赵爱彬，河北省秦皇岛市中级人民法院刑一庭副庭长，女；（7）姚丽青，福建省莆田市秀屿区人民法院副院长，女；（8）杜建军，解放军军事法院北京军区天津军事法院院长，男；（9）袁月全，上海市第二中级人民法院民一庭审判员，女；（10）刘晓金，江西省高安市人民法院新街人民法庭庭长，男。参见孙晓光：《2005 年中国法官十杰评选揭晓》，载《法制日报》，2006 - 02 - 27。
② ［英］丹宁勋爵：《最后的篇章》，刘庸安、李燕译，295 页，北京，法律出版社，2000。
③ ［苏］阿列克谢耶夫：《法的一般理论》，上册，黄良平、丁文琪译，277 页，北京，法律出版社，1988。
④ 参见［日］兼子一、竹下守夫：《裁判法》，7 页，东京，有斐阁，1999。

某个时期，人们习惯上要将书写有重要内容的契约从中裁开，签约双方各持一半。中分线之处要盖章。这样的契约书称"判书"。发生纠纷时，根据"一分为二"的判书的内容进行审理裁决，由此，才有"判决"、"裁决"等词语。① "法律"一词本身即带有一种内在的黑白分明倾向②，是法官做出非此即彼判断的尺度。因而，作为法律适用者的法官，手挥利剑，将案情剖析清楚，是非划分明白，利落地作成判决。③ 同时，"剑也准确地表示出了正义的刚性。面对罪行，司法会毫不犹豫地予以惩罚，从不折中"④。正义女神手中的利剑是国家惩罚犯罪、伸张正义的工具。法官运用国家强制力对违法犯罪者的人身、精神施加痛苦，限制或剥夺其财产，能够发挥报复、预防和矫正的司法功能，维护社会秩序，实现公平正义。

正义女神手握利剑，也表明限制人身自由、剥夺财产所有权乃至生命的强制力不得由私人分散拥有，必须由法院集中掌控、行使。从历史上看，司法裁判取代社会成员的私力救济，本身就是制度演化和文明进步的结果。在人类社会发展的最初阶段，实行"以牙还牙、以血还血"的私力救济方式，社会充满了暴力和血腥，秩序混乱。进入文明社会后，国家禁止冲突主体以自身的报复性手段来解决争议，禁止用私人暴力杀戮的方式来平息冲突。国家强制力的制裁，代替了私人的报复和复仇。通过诉讼解决争议，用和平的、合法的途径而不是暴力的、任意的方式来解决纷争，不仅使各类冲突和矛盾可以和平的方式得到解决，社会秩序得以维护，受害人获得必要的补救，而且通过诉讼定分止争，使人类的行为得到规范。⑤ 可以说，正义女神手握利剑，即意味着司法权具有专属性，司法是由专门的、享有裁判权的法院所从事的执法活动，其他主体都不得染指与插手。

在不同的社会条件下，作为国家强制力表征的利剑，其功能定位差别较大。在现代法治社会，法是依靠国家强制力保证实施的，但这是从终极意义上讲的，即从国家强制力是法的最后一道防线的意义上讲的，

---

① 参见［日］白川静：《常用字解》，苏冰译，364 页，北京，九州出版社，2010。

② 参见［美］富勒：《法律的道德性》，郑戈译，231 页，北京，商务印书馆，2005。

③ 参见张伟仁：《天眼与天平：中西司法者的图像和标志解读》，载《法学家》，2012 (1)。

④ ［英］马丁·洛克林：《剑与天平：法律与政治关系的省察》，高秦伟译，68 页，北京，北京大学出版社，2011。

⑤ 参见王利明：《司法改革研究》，5 页，北京，法律出版社，2000。

而并不意味着法的每一个实施过程、环节，每一个法律规范的实现都要借助于国家的系统化暴力。国家强制力也不是保证法实施的唯一力量。如果一个国家的法仅仅依靠国家政权及其暴力系统来支撑、维护，它是无法进入人心的，也很难具有实效性。因而，在法律实施过程中，国家暴力常常是备而不用的最后保证。当人们的行为符合法律规范的要求时，法的强制力只是潜在的、不易为人所感知的；而当人们的行为触犯法律规范时，法的强制力才会走上前台。因此，正义女神手中的利剑，不是张扬的、挥舞着的、滥杀无辜的暴力工具，而应是不轻易启用的、于万般无奈情况下的最后选择。但是，在 16—18 世纪，正义女神更摇身一变，成了捍卫现代主权国家乃至于专制君主的女战士。"欧洲长期以来对于正义女神的图腾信仰，早就已经接受过'利维坦化'（leviathanation）的加工改造了，或者甚至可以说，正义女神乃成了利维坦自己'变脸'（face off）后的结果。此时，正义女神左手拿着的天平，其实正是利维坦，亦即主权者所颁布的法律，而她右手拿的宝剑，则是象征着由国家所独占的暴力，亦即可以在必要的情况下，作为法律执行的后盾。这样一个置身于利维坦国家里的正义女神，与其说她是世间公平正义的代表，倒不如说是遂行专制君主恣意权力的禁卫战士。"① 所以，正义女神手中的利剑，如果主要被定位于维护专制统治的工具，而缺少公平正义价值目标的引导和担保，则有成为危险的伤人凶器之虞。

近世以来，伴随着法学领域中法律"强制力"观念的弱化②，以及对司法权性质与职能认识的变化，法官的说理越来越为人们所重视，它在司法裁判中所占的权重也越来越大，这也使得正义女神手中的利剑少了些令人恐怖的杀伐之气。说服是一种非暴力的人类交往活动，其目的在于通过参与者之间交往互动，促使个人、群体自愿地改变观点或行为。"法律的最后手段确实是强力，而即使是在最宽松的理性定义中，强力也恰恰是被排除的。理性'仅仅是一种保持开放和好奇的方法，一种依赖说服而不依赖强力的方法。'而法律的'开放和好奇'的特点并不突出，

---

① 江玉林：《司法图腾与法律意识的继受——在正义女神与包青天相遇之后》，载《法制史研究》，第 9 期，285～286 页，台北，元照出版有限公司，2006。
② 参见刘星：《法律"强制力"观念的弱化——当代西方法理学的本体论变革》，载《外国法译评》，1995（1）。

它依赖强力，也依赖说服。"① 特别是在法治社会，给予决定的理由是正常人的正义感所要求的。② 说理充分、论证周详的裁判文书，可使司法活动的"征服"性、"暴力"性减弱，"说服"性、"亲和"性增强，有助于提高法院判决的社会认同感、实效性。

基于利剑的标志，我们可以提炼出有关司法的三个关键词：强制，专属，最终。利剑意味着法官要在不同的主张之间做出黑白分明、是非清楚的判断，并能运用国家强制力将其贯彻到底；为了保证利剑用于正当的用途，它只能由法官垄断行使，不能易手而为其他主体所掌控；强制力是法律实现的最终机制，通常它是备而不用的。

三、天平：司法公正性的图像

法是公平正义之术。公正的司法应当惩恶扬善、办事公道、利益均衡、多寡相匀。权衡凭正直，轻重在公平。以具有公平、准则性质的天平来喻指司法的公正性，无疑是绝好的类比对象。"象征的特点是：它永远不是完全任意的；它不是空洞的；它在能指和所指之间有一点自然联系的根基。象征法律的天平就不能随便用什么东西，例如一辆车，来代替。"③ 正义女神以手中的天平来衡量人世间行为的是非曲直，以此表明裁判具有公正性、精确性、客观性等诸多特征。

从历史发展趋势上看，"国家制度越是完善，它就越少诉诸物理力量，而必定毁灭自己和导致自己崩溃的，正是那种追求物理力量的绝对统治的制度。'剑'绝对反映不出国家政权的实质；它只是政权的一种极端的和病态的手段；它是政权的最后语言和最软弱的支撑之一"④。相对于表征国家强制力的利剑，作为公平正义图像的天平则从另一个方面体现司法的本质属性。"法官的真正作用就是在他的当事人之间做到公正。如果有任何妨碍实现公正的法律，那么法官要做的全部本分工作就是合法地避开——甚至改变——那条法律，以便在提交给他的紧急案件中做

① ［美］理查德·A·波斯纳：《法理学问题》，苏力译，105 页，北京，中国政法大学出版社，2002。
② 参见［英］威廉·韦德：《行政法》，徐炳等译，193 页，北京，中国大百科全书出版社，1997。
③ ［瑞士］费尔迪南·德·索绪尔：《普通语言学教程》，高明凯译，104 页，北京，商务印书馆，1980。
④ ［俄］伊·亚·伊林：《法律意识的实质》，徐晓晴译，129 页，北京，清华大学出版社，2005。

到公正。他不用等立法机构来进行干预：因为这对紧急案件不会有任何帮助。但是，我要强调'合法地'这个词。法官自己应该服从法律，并且必须坚持法律。"① 耶林指出："正义女神一手持有衡量权利的天平，另一只手握有为主张权利而准备的宝剑。无天平的宝剑是赤裸裸的暴力，无宝剑的天平则意味着法的软弱可欺。天平与宝剑相互依存，正义女神挥舞宝剑的力量与操作天平的技巧得以均衡之处，恰恰是健全的法律状态之所在。"② 国家强制力（利剑）与正义价值（天平）之间相互依存、彼此依赖，更准确地说，两者是有主次之分的，前者是手段，后者是目的。"如果法律制度缺乏正义，那么依赖政府强制力的做法——作为政府的首要政策目标——就不可能得到人们的普遍拥护。"③ 因而，"权力之剑，只能依据正义的天平而挥舞"④。正义女神手中的利剑之指向，以及所用的力道，须由正义原则来决定。"司法工作的最大目的，是用权利观念代替暴力观念，在国家管理与物质力量使用之间设立中间屏障。""法院具有的道义力量，可使物质力量极少为国家所使用，而且在多数场合可以代替物质力量。但当最后不得不使用武力时，武力还会因与道义力量结合而使自己的力量倍增。"⑤

对于正义女神手中的利剑与天平，孙国华先生的"理"与"力"关系理论，也是一个重要的研究进路。法的内容实际上就是讲任何法都有其成为人人必须遵守的东西的"道理"，这个"道理"来自其同一定社会生活的内在联系，反映了社会生活的客观需要；同时，任何法也都有其用以保证人人对其必须遵守的力量，这个力量来自其与国家权力的联系，反映它是由国家制定或认可的、由国家强制力所保障的。内容决定形式，形式服务于内容，我们可以把法理解为一定的"理"与一定的"力"的结合。"理"是内容，"力"是形式，内容决定形式，形式服务于内容，

---

① ［英］丹宁勋爵：《家庭故事》，刘庸安译，226 页，北京，法律出版社，2000。

② ［德］鲁道夫·冯·耶林：《为权利而斗争》，胡宝海译，1～2 页，北京，中国法制出版社，2004。

③ ［美］E. 博登海默：《法理学：法律哲学与法律方法》，邓正来译，347 页，北京，中国政法大学出版社，1999。

④ ［英］马丁·洛克林：《剑与天平：法律与政治关系的省察》，高秦伟译，251 页，北京，北京大学出版社，2011。

⑤ ［法］托克维尔：《论美国的民主》，上卷，董果良译，156 页，北京，商务印书馆，1988。

所以"理"是基本的，"力"是必要的。① 因而，正义女神手中的利剑是司法之"力"，而天平则是司法之"理"，前者是司法的形式、要素，后者是司法的内容、本质。

司法正义原则要求"相同案件，同等对待"，除非有法律上的正当理由，处于相似情况下的诉讼当事人不应受到差别对待。"法律共同体的大多数人都抱有这种理想，即每条法律规则、每个法律案例都应该促进法律作为一项社会制度的目的。这样，规则和案例应该有助于维持和发展一个更有序、更公正的社会。"② 如果人们看到甲可以做某件事，而乙在做同一件事时却遭到处罚，即出现"同案不同判"现象时，就会断言法律是不公正的。而遵守先例支持了人们的正当程序意识和平等保护意识，它为裁判提供了一种合法性的社会心理基础。司法机关及其司法人员在处理案件、行使司法权时，对于任何公民，不论其民族、种族、性别、职业、宗教信仰、教育程度、财产状况、居住期限等有何差别，也不论其出身、政治历史、社会地位和政治地位有何不同，在适用法律上一律平等，不允许有任何的特殊和差别。对于任何人的违法犯罪行为，都必须同样地追究法律责任，并给予相应的法律制裁；对于所有诉讼参与人都应当平等地、公平地对待，切实保障诉讼参与人充分行使诉讼权利和履行诉讼义务。在司法领域贯彻平等原则，可以消除人们对司法制度的愤懑和不满，树立裁判的权威，这对于切实保障公民在适用法律上的平等权利，反对特权思想和行为，惩治司法腐败行为，维护社会主义法制的权威、尊严和统一，保护国家和人民的利益，调动广大人民的积极性，加速实现法治，具有重要意义。

公平正义也被视为精确的、独立的与绝对的司法程序。"正义关乎恢复平衡、实现公平、平等裁决、做出弥补、偿还债务以及报仇雪恨，关乎一切回归于零、回归于公平的事情。在清算的比喻中，公平即一切，这个比喻有很深层的含义。如果天平倾斜，我们就仍然会'有纷争'（at odds）；直到秤盘恢复平衡，事情才会了结。正义的任务是重建正当的（right）秩序，重建业已被一些错误行为或尚未偿还的债务所打破的先前被假定的均衡。根据矫正性正义，终极目标是公平而非倾斜。"天平是商

<hr>

① 参见孙国华主编：《马克思主义法理学研究：关于法的概念和本质的原理》，207 页，北京，群众出版社，1996。

② ［美］史蒂文·J·伯顿：《法律和法律推理导论》，张志铭等译，125 页，北京，中国政法大学出版社，1999。

人的鲜明标志，这些人拥有一种可计算的经济理性，这是司法正义的重要原型。"天平是市场的用具，也是日常结账的装备。正义女神恰巧借用了那些自远古以来就不被信任的狡猾商人手里的界定器具作为她的裁定工具。正义无法摆脱它与价值衡量、定价和交换之间的联系，因此它必须从商人手中借用工具。至今我们发现，如果脱离市场、产生债务、结清账目、确定价值、定价、清偿全部债务、借债和还债及满足这些语言，我们就很难解释矫正性正义。"① 作为一种精准的计量工具，天平是客观、理性的体现，它排斥情感的泛滥，而是让事实本身来说话。"天平可以确保正义的运作客观而公正。判断的过程必须独立于任何人的恣意；判断仅仅关注在天平上的问题的客观重量。正义要求以客观的标准来评估人类的行为，法律原则反映出的内容正是这一客观的标准。天平，过去用以衡量物质的重量，现在则变成了正义的象征。这一象征必然包含了程序是一门精确科学的观点。"② 法官不直接插手调查案件的事实，而是由他们对控、辩双方提交的证据进行比较衡量。法官只用天平衡量诉讼双方提出的证据，哪一方的证据充分就胜诉，哪一方的证据不足就败诉。"当诉讼双方就争议的正义问题诉诸法庭之前时，他们希望得到答案。这种信心来自于每一次因为法律而产生争议时，他们总是能够得到正确的答案。无论涉案的问题有多新奇、复杂与不确定，法官们明确的义务都是对诉讼一方或者另一方确定性的权利加以肯定。""天平的符号是秩序与确定性的象征：法律正义的首要原则就是当公民之间发生争议时给予他们一个答案。"③ 天平对物质轻重的变化是极为敏锐、精确的，"千钧之重，加铢两而移"。要使天平保持平衡的状态，须锱铢必较，精确地衡量轻重。人们一个接一个地把分量不等的砝码放在天平上，仔细地估量两边孰轻孰重，直到两边重量完全相同、托盘处于水平位置为止。而原本的平衡，因一端重量稍有增减，就会被改变。在审判过程中，为了防止判断向一边偏斜，法官须对各种事实和法律因素认真地权衡比较。这个过程也反映了司法过程的审慎性与仔细掂量的反思性，因而，耐性及细

---

① 〔美〕威廉·伊恩·米勒：《以眼还眼》，郑文龙、廖溢爱译，6页，杭州，浙江人民出版社，2009。

② 〔英〕马丁·洛克林：《剑与天平：法律与政治关系的省察》，高秦伟译，63页，北京，北京大学出版社，2011。

③ 〔英〕马丁·洛克林：《剑与天平：法律与政治关系的省察》，高秦伟译，64页，北京，北京大学出版社，2011。

心听讼是法官的重要美德。① "法院操生杀予夺之权，如果不想，粗心浮气，那就是对人民不负责。"② 在法官的心目中，案件的事实无论多么细微，都可能成为影响判决结果的重要砝码，不得被轻视、忽视；当事人的权利无论多么轻微，都具有自身独立的存在价值，不容抹杀，需认真对待，仔细地识别、掂量、比较，并给予平等的对待、妥当的保护。

基于天平的图像，我们可以提炼出有关司法的三个关键词：本质，平等，技术。相对于利剑，作为公平正义图像的天平，更能代表司法的本质特征；天平的均衡状态，一定是左右两边重量相等。这意味着法官面对讼争双方应平等对待，不允许有任何的特殊处理；要使案件处理得公平，不仅要有公平正义的理念，也要有达致公平正义的审判技术。

四、眼罩：司法中立性的符号

法官的职责是裁断讼争，所以他（她）蒙上眼睛，防止因为看见诉讼双方而有主观上的倾向性，也不会因为受到各种干扰而妨碍正义的实现。"蒙眼形象最有说服力的含义在于朱斯蒂提亚代表了公正无私。朱斯蒂提亚被蒙上了眼睛，她并非盲人。蒙眼意味着自我克制，从而可以确保法官们忠诚于就职誓言，其要求所有的法官'在此领域，基于法律与惯例并作出对人民正确的事情，无惧无爱、无感情或者恶意'。蒙眼是法律面前平等的象征。所有来到法官面前的人均平等，均有理由要求依据法治原则予以审判。朱斯蒂提亚的蒙眼布不能被强权或者来到法庭之上的诉讼双方与证人的状态所压迫与威吓"③。正义女神戴上眼罩，是表示通过有效的制度设计意欲屏蔽掉法官自身性格上的缺陷，防止情感的泛滥，保障其既不偏袒或嫌弃这一方也不偏袒或嫌弃那一方，有意识地对可能影响公平判决的各种现象视而不见，不对案件有先入为主的预断、前见，以便独立地做出判断。④ "从职业性质来说，一位训练有素的法官不会受他在报纸上读到或在电视上看到的任何东西的影响。"⑤ 法官应依凭法律规定和自己的良心，在当事人之间保持不偏不倚的中立态度，不

---

① 参见［英］培根：《培根论说文集》，水天同译，195 页，北京，商务印书馆，1983。

② 《谢觉哉文集》，1095 页，北京，人民出版社，1989。

③ ［英］马丁·洛克林：《剑与天平：法律与政治关系的省察》，高秦伟译，66～67 页，北京，北京大学出版社，2011。

④ 参见孙笑侠：《程序的法理》，24 页，北京，商务印书馆，2005。

⑤ ［英］丹宁勋爵：《法律的正当程序》，李克强等译，59 页，北京，法律出版社，1999。

受政府、媒体、个人等各方面力量的干涉。

从司法职业化的角度看，正义女神戴着蒙眼布，标志着社会强烈地期待着独立于且不听命于君主的法官群体的出现。蒙住双眼的正义女神意味着法官无法看见或者故意视而不见君主做出的指示其如何判案的命令。蒙住眼睛，可使法官与普通人不同，不会被可能影响其判断的信息所误导。蒙住眼睛的法官看不见面前的诉讼者，也就不会被某个想要对其进行威胁的诉讼人或者证人的影响所左右。当代社会中，蒙住眼睛代表的是中立，而所有的智慧与洞察力也正是来源于此。法官为了履行其职能，往往不得不做出为许多人不喜欢的判决。但法官的存在不是为了取悦多数人或者媒体。司法体系赖以存在的是法官群体的独立与公正。①

法谚云："程序是正义的蒙眼布。"正当的法律程序是实现公平正义司法理念的制度保障。"在变易不居、犬牙交错的多义的社会现实中，任何法律决定或行政措施都会受到来自各个方面的压力。统筹兼顾、综合平衡固然必要，然而，如果面面俱到则具体的判断就会变得极其困难，至少是成本太昂贵。况且，一个完全开放的决策过程非常容易为事实上存在的力量对比关系所左右。因此，需要法律规范来创造一个相对独立于外部环境的决策的'隔音空间'。在这里，只有原告、被告、证人、代理人，而不管他们在社会上是贤达名流还是贩夫走卒。在这里，只讨论纷争中的判断问题，而不管早晨的茶馆谈笑、傍晚的交通拥挤。在这里，只考虑与本案有关的事实和法律，而不管五百年前的春秋大义、五百后的地球危机。总之，通过排除各种偏见、不必要的社会影响和不着边际的连环关系的重荷，来营造一个平等对话、自主判断的场所。"② 公平正义不仅体现于结果，也必须体现于形成这一结果的诸多程序之中。例如，英美两国"起诉书一本主义"的制度设计，即带有"蒙眼罩"的诉讼功能。以当事人双方在法庭上的公开平等辩论为刑事诉讼的中心环节，因此必须使审判程序与侦查程序之间的联系中断，使审判程序成为独立的程序。达到这一目的的手段就是在起诉时，不许检察官移送侦查卷宗和证据，只得提交一本简单的起诉书，以防陪审团、法官因事先了解案情而先入为主，使法庭审理过程失去意义。被告人只有在法庭上正式提出

---

① 参见［澳］大卫·义普：《司法中的偏见》，见怀效锋主编：《法官行为与职业理论》，107～108，北京，法律出版社，2006。

② 季卫东：《法律程序的意义》，24～25 页，北京，中国法制出版社，2004。

不服罪的答辩后，起诉人才提出证据证明他所指控的犯罪事实，以便陪审团听证。因为受法院之公正审判为刑事被告人的基本权利，所以需要使审判与侦查隔绝，法院不能以侦查机关的侦查成果为基础而进行审判。因此，起诉人在起诉时，只能将起诉书送交法院，而不得进行证据说明，也不得记载足以使法院对被告人产生偏见的任何事项。

正义女神的蒙眼布不是一直都有的，曾经有一段相当长的时间，正义女神的眼睛并没有戴眼罩。在这期间，人们认为，正义女神的眼睛若是被蒙住的话，反而具有一种带有负面评价的意义。眼睛被蒙起来，不仅成为不正义、错误，甚至更意味着审判者的失德。原因是，如要实现正义，必须要眼睛睁大且锐利，才能明辨是非，明察秋毫。1494 年，德国的塞巴斯蒂安·布兰特的《愚人船》汇集了 112 个配有木刻版画的小故事，这些版画大部分是丢勒的作品。在丢勒的木刻画插图中，正义女神被蒙上了双眼，这在文学或视觉艺术史上是第一次（在经典的古代作品或是中世纪艺术中，正义女神毋庸置疑地都被描绘得明眸善睐）。在 16 世纪，正义女神的蒙眼布被理性化为今天我们所熟知的正义的不偏不倚的形象。① 要求正义女神蒙住眼睛，是为了借此使她的裁断能够公正无私，不仅不受到睁眼时可能看到的贫富、尊卑、权势等的影响，免于自己主观上受到各种情绪好恶的不当影响，且希望法官通过省思，根据内心理性及普遍性的法理念，对手头案件进行中立的裁断。

然而，1907 年 1 月，德意志帝国公共工程部长与司法部长联合发布了一个命令，要求此后所有新公共建筑上的正义女神雕像或是画像都不应该有蒙眼布。② 无独有偶，在英国伦敦中央刑事法院的圆屋顶上也有一座雕像，上边的正义女神就是不蒙眼睛的。丹宁勋爵对此的解释是："的确，法官应力求自己的视线不被遮蔽。蒙住双眼不偏不倚固然不坏，但是如果不用纱布缠住公正的慧眼，情况就会更好。对于偏见和先入之见，公正的慧眼必须闭而不视，但是公正的慧眼必须能够一眼看到真实情况的所在，挡住它视线的灰尘越少越好。"③ 有学者也认为，如果认真推敲、仔细斟酌，蒙眼布的传统说法就会成为谬论。如果蒙眼，那她该如何看

---

① 参见［美］西奥多·齐奥科斯基：《正义之镜：法律危机的文学省思》，李晟译，162～163 页，北京，北京大学出版社，2011。

② 参见［美］西奥多·齐奥科斯基：《正义之镜：法律危机的文学省思》，李晟译，344 页，北京，北京大学出版社，2011。

③ ［英］丹宁勋爵：《法律的正当程序》，李克强等译，66 页，北京，法律出版社，1999。

清手中的天平？想让一个手持利剑的人蒙上双眼，她看不到所攻击的对象，蒙眼的正义就沦为盲目的暴怒。① 正义女神这种新造型，可能在某些方面体现了当代资本主义社会司法理念的新变化，反映了司法裁判由注重"形式公正"向注重"结果公正"转变、由以法律规则为中心向以目的和政策为依据转变的法律现状。

　　基于眼罩的符号，我们可以提炼出有关司法的三个关键词：中立，独立，程序。法官应当居中裁判，不得偏袒任何一方；司法体系赖以存在的是法官群体的独立与公正。为了履行其职能，法官往往不得不做出为许多人不喜欢的判决；"程序是正义的蒙眼布"，正当的法律程序是实现公平正义司法理念的制度保障。

五、白袍：司法纯洁性的代码

　　在古希腊、古罗马，白色是一种天然的政治色。罗马元老和护民官穿的长衫是白色的，在古罗马所有指示牌和标志都是以白色为底色的，罗马人以白色为名创立了一种布告牌（album），这种布告牌实际上就是一堵白墙，上面记载了不少史实和各种竞选口号。候选人 candidato 一词是从 candidus 演变而来的，而 candidus 是 album 的近义词，除了有白色的意思外，还指那些可以擢升到更高公职的廉洁之士。② 所以，让正义女神身穿白袍，是符合西方社会的色彩心理学的。

　　白色代表纯洁与冷静，白色性格的人可能会让人产生可远观但不可亲近之感，其平和冷静，较少受华丽外表的迷惑，更在意的是内心的情感和精神。他们不喜欢太出位，不爱很抢眼的东西。他们很可能对周围的人也比较挑剔。"白袍象征着纯洁无瑕；意味着法官不得有任何道德上的瑕疵，道德上的瑕疵可能会影响公正判决的作出或者阻塞正义道路上对真实情况的发现。司法的职能只能赋予那些具有崇高品德与拥有独立地位依据法律要求作出判决的高素质者。"③ 白色是一种与众不同、超凡脱俗的色彩。白色性格的人做事可能会带着一种圣洁的生活态度。"受一

---

① 参见［美］威廉·伊恩·米勒：《以眼还眼》，郑文龙、廖溢爱译，1 页，杭州，浙江人民出版社，2009。
② 参见［墨］爱乌拉里奥·费里尔：《色彩的语言》，归溢等译，192 页，南京，译林出版社，2004。
③ ［英］马丁·洛克林：《剑与天平：法律与政治关系的省察》，高秦伟译，64 页，北京，北京大学出版社，2011。

文枉法钱，是为民贼；存半点偏袒意，难对神明。"身着白袍的正义女神，令人自然联想到法官一尘不染、清正廉洁的道德节操，以及远离世俗、甘于寂寞、独守清净的生活方式。

　　法官的廉洁自律，是法治原则的题中之义。法官主要是行使"惩罚犯罪和裁决私人争讼的权力"[①]。纠纷进入诉讼渠道后，法官掌握着生杀予夺的大权，只有思想品德高尚、法律素养深厚的法官，才能做出公正的判决；如果审判权被素质差的法官所把持，当事人的权利无异于俎上之鱼肉。"法官的职务特别要求廉洁、公正、透明和谨慎，不能做出让当事人怀疑或者可能让一般国民指责的事情。"[②] 司法腐败的危害极其严重，"一次不公的〔司法〕判断比多次不平的举动为祸尤烈。因为这些不平的举动不过弄脏了水流，而不公的判断则把水源败坏了"[③]。法官的职业道德、个人操守，对保证司法的公正性至关重要。2010 年 12 月，最高人民法院发布的《中华人民共和国法官职业道德基本准则》第四章"确保司法廉洁"要求：法官要树立正确的权力观、地位观、利益观，坚持自重、自省、自警、自励，坚守廉洁底线，依法正确行使审判权、执行权，杜绝以权谋私、贪赃枉法行为；严格遵守廉洁司法规定，不接受案件当事人及相关人员的请客送礼，不利用职务便利或者法官身份谋取不正当利益，不违反规定与当事人或者其他诉讼参与人进行不正当交往，不在执法办案中徇私舞弊；不从事或者参与营利性的经营活动，不在企业及其他营利性组织中兼任法律顾问等职务，不就未决案件或者再审案件给当事人及其他诉讼参与人提供咨询意见；妥善处理个人和家庭事务，不利用法官身份寻求特殊利益。按规定如实报告个人有关事项，教育督促家庭成员不利用法官的职权、地位谋取不正当利益。为了防止庸人滥竽充数、杜绝恶人混迹其间，法官队伍的精英化、职业化是一个必然的选择。我们应该通过科学的筛选、培训机制，锻造出一支人数少、素质高的法官队伍，使法官们确实能够做到政治坚定、公正清廉、纪律严明、业务精通、作风优良。

　　法官的服饰不仅直接影响到社会公众对司法的认知和评价，同时它与法官自身履行职务之间也有着密切的关联。"在任何一个社会，法律本

---

① 〔法〕孟德斯鸠：《论法的精神》，上册，张雁深译，155 页，北京，商务印书馆，1961。
② 〔日〕森际康友编：《司法伦理》，于晓琪、沈军译，277 页，北京，商务印书馆，2010。
③ 〔英〕培根：《培根论说文集》，水天同译，193 页，北京，商务印书馆，1983。

身都力促对其自身神圣性的信念。它以各种方式要求人们的服从，不但诉诸他们物质的、客观的、有限的和理性的利益，而且求诸他们对超越社会功利的真理、正义的信仰，也就是说，它以那些与流行理论所描绘的现世主义和工具主义面目不同的方式要求人们的服从。"[①] 因而，象征司法的各种符号，如法官法袍、法庭布置、尊敬的辞令等，"不仅使法官本人，而且也使审判过程的所有其他参与者、实际上是整个社会都铭记不忘，肩负审判重任者必得摒除其个人癖好、个人偏见，以及其先入为主的判断"[②]。正义女神身着白袍这一细节，可以引发人们进一步思考：法官的行为与其着装之间有无关联？如果有的话，这又是一种什么样的关联？这其中发挥作用的机理又是什么？在当下中国，什么样的服饰最有利于法官履行审判职责？这些都需要我们做深入、细致的实证研究，并提供合理的解释。人们有理由认为，法官服饰对于其法律信仰的形成、行为模式的型塑，都有一定程度的影响。正是基于这种考虑，最高人民法院要求，法官穿着法官袍或法服时，应同时佩戴法徽作为其身份标志。在穿着法官袍时，法徽应佩戴在红色前襟 4 颗金黄色领扣的正上方；在穿着法服佩戴大法徽时，法徽应佩戴在西服左上口袋的正上方，而佩戴小法徽时，应佩戴在西服左驳领的正上方。

基于白袍的代码，我们可以提炼出三个关键词：清廉，自律，移情。身着白袍的正义女神，令人自然联想到法官一尘不染、清正廉洁的道德节操；一位合格的法官应该远离世俗，甘于寂寞，独守清净的生活方式；同时还必须看到，法官服饰对于其法律信仰的形成、行为模式的型塑，都有一定程度的影响。

余论

我们对正义女神像意涵的知识考古与学术挖掘，绝非单纯的发思古之幽情，更体现着强烈的现实关怀。从构建具有中国特色社会主义法律意识形态的角度看，选择、设计植根于中国文化传统，符合自己国情的司法符号、标志，实乃不可小觑之举措。"我们需要符号与神话来形成认知，定位我们在世界之中的位置，决定事物之间的关联"[③]。法律是社会

① ［美］伯尔曼：《法律与宗教》，梁治平译，18 页，北京，中国政法大学出版社，2003。
② 同上书，21 页。
③ ［英］马丁·洛克林：《剑与天平：法律与政治关系的省察》，高秦伟译，255 页，北京，北京大学出版社，2011。

观念、文化传统和意识形态的体现，其中包含着人们的情感、偏好、价值观，如果只以纯理性的、逻辑的方式对它予以记载、叙述和宣示，这本身就是一种无视社会真实状态的非理性选择。"法律也需要形象的表达方式：语言、表情、（有特色的）服装、符号、建筑等"①。在漫长的社会发展史中，理性不过是较为晚近的人类才具有的属性，而且现今还没有站稳脚跟。无意识作为一种仍然不为人知的力量，其作用巨大。② 在司法理念的宣示、灌输过程中，各种象征性符号的作用非常突出，它们是与文字相并行的另一种有效手段。这些符号并非简单地增强语词的劝说力量，而是改变了论证方式，并通过这种改变更有效地发挥劝导作用。它们不同于必须经由线性的连续阅读才能被接受的语词，往往更容易为人所喜欢和接受。③ 獬豸、黑脸包公，曾是中华法系的重要司法符号，但与现代法治原则存有深刻的抵牾，难以简单地继承、沿用。另一方面，西方社会的某些司法图腾，在我国法制现代化进程中也产生了一定的影响。我国台湾学者江玉林指出："若干原产于西方、并且可以用来表彰现代法律精神的图像性措置，已经逐渐地内化成为我们所固有的法律意识了"④。但是，将正义女神像之类的司法图腾简单地移植到中国，难免圆凿方枘、水土不服。因而，再造植根于本土文化传统且具有现代精神的中国司法象征符号，实属必要。例如，法槌的设计与使用，就是我国法院在这方面所做的一次积极探索。2001 年 12 月 24 日，最高人民法院审判委员会正式通过的《人民法院法槌使用规定（试行）》要求，从 2002 年 6 月 1 日起，全国法院统一使用法槌。法槌槌身及其底座均取材于名木海南檀（又称"花梨木"），呈红褐色，纹理清晰均匀，质地坚硬而有光泽，抗弯曲耐腐蚀，寓指人民法官刚直廉洁、坚忍不拔的优秀品质。法槌槌身圆柱形，槌顶镶嵌着金黄色铜制法徽，槌腰嵌套标明法院名称的铜带；底座为矩台形，表面嵌有矩形铜线和我国传统饰纹。底座以"矩"制形，取"规矩"之意，与法槌方圆相衬，既寓意司法公正，又取"智圆行方"之意，象征法官应成为智慧和正义的化身。槌、座相击，声音清澈坚定，

---

① ［德］G. 拉德布鲁赫：《法哲学》，王朴译，109 页，北京，法律出版社，2005。
② 参见［法］古斯塔夫·勒庞：《乌合之众：大众心理研究》，冯克利译，作者前言 4 页，北京，中央编译出版社，2004。
③ 参见［美］奥斯汀·萨拉特编：《布莱克维尔法律与社会指南》，高鸿钧等译，106 页，北京，北京大学出版社，2011。
④ 江玉林：《司法图腾与法律意识的继受——在正义女神与包青天相遇之后》，载《法制史研究》，第 9 期，279 页，台北，元照出版有限公司，2006。

烘托出法庭的庄严神圣，有"一锤定音"之意。"譬喻及符号将人心由简单的感觉物之觉察升至于理性及抽象观念之概念。"① 无疑地，该举措是体现、宣扬现代司法理念的一次有益的尝试，至于其实际的成败得失，不宜遽下断语，容后细察。还有，法槌只是我国"司法剧场"中的一个小道具，其功能还极为有限，我们非常需要设计出能够完整地传递出现代司法理念、意义更加丰富的象征物。

从法学研究的角度看，新材料的使用，将会开辟学术研究的新境界。诚如李启成博士所言："在近代法史研究中，研究者多注重纸面文字。当然，文字之范围是在不断地拓展中，比如从法律条文拓展到档案文字、司法判决、风俗习惯、会议记录、口述资料等。这种文字资料范围的扩大，对学术研究的意义显而易见。但着眼于文本的研究也有其缺陷：一般而言，在法史学研究中，研究者不可能亲临现场，文本研究实际上是通过别人的文字转述而获得对历史事件的认识，在此基础上，又用自己的语言文字来表达这种认识。在这个过程中，经历了两次转述才形成研究者的成果。在信息的传播过程中，转述的次数越多就越容易失真。如果研究者将其视野转向历史场景中自然形成的实物本身，能够减少这种信息传播过程中转述的次数，从而更能保证其信息的相对真实性。"② 长期以来，法学主要被视为文本之学，其他的载体或资料往往为人所忽视。必须承认，除了语言文字外、仪式、音乐和歌曲、旗帜、徽章、装饰物、纪念碑、图画、雕塑等③，也是记录、宣扬特定法律理念的重要物质载体。如果将它们也纳入法学家的视野，无疑会拓展法学的疆域，丰富研究的素材，提高法学研究的实证化、科学化水平。

---

① [意] 密拉格利亚：《比较法律哲学》，朱敏章等译，72 页，北京，中国政法大学出版社，2005。
② 李启成：《从衙门到法庭：清末民初法庭建筑的一般观念和现状》，载《中外法学》，2009（4）。
③ 在现代社会，国旗、国徽、国歌等都是一国法律意识形态的重要载体。

第五编　法律文化

法律文化，是在一定社会物质生活条件的基础上，国家政权所创制的法律规范、法律制度，以及人们关于法律现象的态度、价值、信念、心理、感情、习惯及理论学说的复合体。法律文化虽然抽象、模糊，但借助器官移植、人、手、颜色等看得见摸得着的喻体，可增加研究的客观化、实证化程度。

　　第8章以器官移植为喻体，来分析不同法律制度之间相互学习、借鉴的现象。法律移植一词系属隐喻，在思维结构上，器官移植是喻体，法律移植是本体，基于它们之间的相似性，再根据器官移植的语意，来理解、界定法律移植的含义。任何两个事物都可能存在着某种程度的共性，只有它们之间的类似性达到一定程度，隐喻的使用才是成功的。因而人们须对作为隐喻的法律移植一词保持清醒的认识，明了其与器官移植的差异之处，防止张冠李戴式的误用。法律移植一词有着特定的历史背景，也意味着一种观察视角的选择，具有某种片面性，还需要其他的法律隐喻对其补充、校正或替代。

　　第9章以人为喻体，来观察复杂的法律世界。拟人法律观，是法学家们以人为喻体，通过专业化的法律思维和法律术语，对各种法律现象进行概括与描述的法学方法，以及以此为基础而形成的调整社会关系的法律制度与法律方法。作为拟人法律观的喻体，除了人的器官、生理状态、意识与情感、行为、社会角色和社会关系等具体方面外，还有由多个部分组成的有机整体的人。拟人法律观的内在根据是类比推理，还有"以己度物"的认知进路、万物有灵论和生物进化论。拟人法律观的运用，须以正确的价值判断为先导。

　　第10章以手为工具，分析各种法律现象。在法学上，手是一个富有启示性的喻体，对认识、表征各种法律现象，具有重要的方法论价值。以手为喻体的法律隐喻，在法律领域大量存在着。手在私法领域中与调整占有、支配特定物的物权法有着紧密的联系，在宪法、行政法、刑法等公法领域，也是表征公权力现象的重要思想源泉。在人类早期，手的直观形象是构建法律制度的思维原型；在发达的社会中，手的使命也很重要，它的意象是法学家们进行制度性想象的酵母。

　　第11章从颜色的角度，分析颜色隐喻的法律意义。人类在熟悉、掌握各种颜色的基本类型与特点之后，可将之投射于相关法律现象的认知与表达，故出现了白色、黑色、灰色、红色、绿色、黄色等的颜色法律隐喻。在法律领域，法律术语、法律思维与颜色文化、颜色心理相结合，形成了独特的法律文化现象，极大地丰富了法律的表现力；同时，颜色法律隐喻可改变社会成员对法律的束缚性、约束性、压迫性的消极意象，增强法律的娱人、化人功能。

第8章 法律移植

一、疏解：基于器官移植的意义投射

法制史和比较法的研究表明，在文明社会早期，就已存在一国法律向他国法律借用材料、汲取经验的情况，在以后的历史发展中，这种现象相当普遍。在当今世界，各种法律制度、法律文化之间相互融合、相互接近的趋势日益明显，人们试图运用各种概念和术语来表征这一现象，诸如学习、借鉴、吸收、模仿、传播、引进等，其中法律移植一词影响最大、使用范围最广。关于法律移植，通说认为是特定国家（或地区）的某种法律规则或制度移植到其他国家（或地区）的过程。它所表达的基本意思是：在鉴别、认同、调适、整合的基础上，引进、吸收、采纳、摄取、同化外国的法律（包括法律概念、技术、规范、原则、制度和法律观念等），使之成为本国法律体系的有机组成部分，为本国所用。[1] 在思维上，法律移植一词属于隐喻，其运思过程是，在其他物体的移植与法律移植之间，其他物体的移植是喻体，法律移植是本体，基于它们之间的相似性，再根据移植的通常语义，来理解、界定法律移植的含义。

第一，以器官移植为喻体。一般而言，移植有两层含义，一是指把苗床或秧田里的幼苗拔起或连土掘起移栽到别处；二是指将有机体的一部分组织或器官补在同一机体或另一机体的缺陷部分上。对此，人们会继续追问：法律移植隐喻的意义是什么？它的喻体是植物方面的移植，还是医学移植？法学界的主流观点认为，医学上的器官移植可能是最理想的参照对象。法律移植意味着"一国借鉴、吸收外国法律，类似于医学上的器官移植"。从植物学的角度看，移植意味着整株植物的异地栽培，因而有整体移入而非部分移入的意思。但是，从医学术语的角度看，

---

[1] 参见张文显主编：《法理学》，210 页，北京，高等教育出版社，2007。

器官的移植显然是指部分的移入而非整体的移入。而且器官移植还可使人想到人体的排他性等一系列复杂的生理活动过程，从而更能准确地反映法律移入后的复杂情况。如果是在植物学的意义上运用这一概念，它具有简单化的缺陷；而后者则不会令人产生这种误解。因此，法律上的"移植"与植物学上的移植相似性较少些，而更类似于医学上的器官移植。① 这样，人们在理解法律移植时，自然会联想到器官移植，并将器官移植的含义直接或间接地投射到对法律移植的认识上。

第二，供体品质的相对优良。器官移植通常是将供体上良好的部分或者受体不具有的部分移入受体，至少供体的器官的功能要优于受体原来的功能；而一个机体鉴于另一个机体某些部分生长发育状态不良，而不希冀出现或者试图避免的情形，显然不属于移植的范畴。新中国成立以来，我们的立法工作一直坚持这样的原则："以本国经验为主，同时又吸收本国历史上的和外国的经验"。自从党的十一届三中全会确立改革、开放的总方针以来，我们在立法工作中，继续"研究、借鉴历史的和外国的经验"，人们认识到"如果不参考外国的法律规定，不研究国际公法和国际私法，关起门来立法，肯定会行不通，要么我们就会吃亏"②。总的说来，不同国家法律之间的相互借鉴与吸收，不仅包括学习成功的经验，还包括以其失败的教训为借镜的内容。一国的立法者，从他国立法的错误或失败中取得的有益启示，是为了避免重蹈覆辙，而绝不是重复他国立法的错误或失败。很显然，法律移植是以什么是"好的""优良的"为价值前设的，该概念中自然不包含以失败的教训为鉴的内容，否则，将改变移植的正常语义，偏离其惯常用法。所以，法律移植的对象国法律制度的品质，应该较本国的法律更加优越。

第三，必要的上限与下限。在医学上，器官移植事实上存在着最高限度和最低限度。从上限看，如果一个人的心脏、头颅都换成别人的，恐怕供体和受体的关系就要颠倒过来，供体就要反客为主了。"如果甲的脑（甲的身体被彻底破坏了，但甲的脑完好无损）移植到乙的身体内（乙的全部脑死了，但乙的身体完好无损），作为一个'人'乙已经死了，但甲仍然活着，但活在乙的体内。"③ 从下限看，医学上只有肢体的相对

---

① 参见王晨光：《不同国家法律间的相互借鉴与吸收》，载《中国法学》，1992（4）。
② 吴玉章：《对法律移植问题的初步思考》，载《比较法研究》，1991（2）。
③ 邱仁宗：《论"人"的概念》，载《哲学研究》，1998（9）。

独立的部分——器官的位移，才能构成移植，采用别人的细胞、血液、骨髓，也不能称为器官移植。① 同样，在法律移植问题上，也存在最高限度与最低限度的问题，如果突破上限或者没有达到下限，都不成其为法律移植。从上限看，在供体与受体之间，应该以接受国为主，在其法律的根本方面不变的情况下，吸收他国的法律。一旦某国的法律基本上被他国所替代，作为受体本身的法律已不存在了，此时也就无所谓法律移植，更恰当地说，是被"移植"的法律适用范围的扩大。在法律与国家政权的关系上，可以说法律是出自国家的规范体系。在殖民地、半殖民地社会，通常是由宗主国的统治阶级单独或者是宗主国的统治阶级与本地的统治阶级联合执掌政权，从根本上说，该地区的法律不是本地的统治阶级意志的体现。有人认为殖民地半殖民地社会的法律移植基本上属于被迫的消极性法律移植。② 实际上，在这种情况下，外国法律的进入不能称为法律移植，因为在殖民地半殖民地社会不存在真正意义上的国家主权，宗主国才是真正的立法主体，此时宗主国向殖民地半殖民地社会输入法律，可以说是宗主国国内法适用范围的扩大。是否输入这些法律，殖民地半殖民地社会无法自主做出选择，真正能做出决断的"大脑"仍是宗主国。相反地，从下限的标准看，被移植的法律在构成上应有其最低限度，至少不低于某种程度，才能称之为法律移植。法律包括法律概念、技术、规范、原则、制度和法律观念等各种成分，如果把法律规则视为法律的细胞，那么最低应该是法律规则的层次，还包括其之上的法律原则、法律制度、法律文本等，才能被称为法律移植中的"法律"；相对地，如果只是吸收他国法律中的少数几个概念、名词，难以达到移植的最低限度，就不能称之为法律移植。

第四，强烈的情感因素之介入。黑格尔认为，"定义大多从语源演绎而来，特别是从特殊事件中抽象出来，所以是以人们的感情和观念为基

① 有人将输血也看作器官移植的一种，进而来分析法律移植问题：人的血液有血型之分，临床经验证明，血型互不匹配的血液是不能给病人输的，否则，将导致病人机体排异，甚至死亡。法律无血型之分，但有传统之别。不同法系中看似相同的法律制度，其机理却相去甚远。因此，在为实现法律现代化而需要移植外国法律时，应格外小心、谨慎。不然，所移植的法律便会与既有传统和现行法律体系发生冲突。参见孙新强：《我国法律移植中的败笔——优先权》，载《中国法学》，2011（1）。

② 参见姚建宗：《论法律移植》，载南京师范大学法制现代化研究中心编：《法制现代化研究》，第 3 卷，410 页，南京，南京师范大学出版社，1997。

础的。于是定义的正确与否就看它是否与现存各种观念相符合而定"①。
这个论断是否具有普适性有待论证，但它对某些社会事物则是适用的。
可以说，植物移植在价值判断上是中立的，只涉及到单纯的技术问题，
而说到人身体的器官移植，难免掺杂着人的复杂情感因素，会遭遇到伦
理、法律难题。诸如，非人类动物的异种移植、某些敏感器官的移植等，
都会产生各种观点的激烈碰撞。② 同理，法律的吸收和借鉴也涉及到强烈
的民族情感，具有鲜明的意识形态色彩，要针对不同的法律部门区别对
待。长期从事新中国立法工作的全国人大常委会法工委原主任顾昂然在
1993 年时曾指出："为什么现在提出要'大胆'借鉴? 我认为有两点。一
是我们新阶段立法工作任务是要制定有关社会主义市场经济的法律。这
与过去不同，新中国成立初期，要粉碎旧法，建立新政权，怎么能提大
胆借鉴呢?! 又如，对政治制度方面，我认为也不能提大胆借鉴，我们不
搞议会制度。至于一些管理方面的法律，特别是市场经济的法律，有共
性，可以而且应当'大胆'借鉴。乔石同志在八届全国人大常委会上说，
市场经济已经有几百年的发展历史，尽管在不同的社会制度下会有一些
不同特点，但它运行的基本规律，如价值规律、供求规律是相同的，竞
争机制、资源配置原则也是相同的。因此，在制定市场经济方面的法律
时，必须借鉴外国经验，注意与国际上的有关法律和国际惯例相衔接。
二是有利于解放思想。有的同志对法律阶级实质的认识不够全面。法是
统治阶级的意志，这是马克思主义对法的基本理论，揭示了法的阶级实
质。这是正确的，必须坚持，不认识这一点，就会迷失方向。但是，我
们说法是统治阶级意志，是从整体上来说的，并不能说所有法，所有法
的具体规定，都有阶级性。法有各种各样，有基本法，有一般法；有根
本制度的，也有具体管理性质的，不完全一样。过去强调法的阶级实质，
有的同志对有些法具有共性这一点认识不够。所以，现在提出'大胆'
借鉴，有利于解放思想。"③ 我国实行的是人民当家作主的社会主义法律
制度，对其他历史类型法律的学习、吸收，必然要考虑到法律的阶级本
质、历史类型。对于政治性、民族性很强的法律制度的移植要谨慎从事，
而对于体现人类共性、技术性较强的法律制度则可大胆吸收。而这些考

---

① ［德］黑格尔:《法哲学原理》，范扬、张企泰译，2 页，北京，商务印书馆，1961。
② 参见颜上咏:《异种移植之伦理法制议题分析》，载《东吴法律学报》，2009 (1)。
③ 顾昂然:《立法札记》，39～40 页，北京，法律出版社，2006。

虑，与器官移植一样，都是基于各种复杂的价值观念、情感因素而生发出来的。

二、语境：选择法律移植一词的前提预设

法律隐喻的使用还需要一套共享的价值观。一般而言，法律隐喻是以类比推理为基础的，是基于喻体与本体的相似性而认识法律现象的一种思维活动。判断两个事物之间的类似，是以特定的价值取向为前提的。在人们不知道要由哪个角度来看待、比较两件事物之前，我们根本不能说它们类似或不类似、相同或不相同。[①] 人们往往是先进行价值判断，方能有效地运用法律隐喻。

（一）各国法律面临着诸多共同课题

世界各国法律之间，既存在着共性，也存在着个性。强调法律不可移植的理论基础实际上是各国法律的个性、特殊性，相反，认为法律可移植的理论基础则是法律具有共性、普遍性。[②] 可以说，人类社会法律的发展史，就是不同国家法律之间相互借鉴与吸收的过程。当今世界，市场经济机制成为调整世界经济的最主要机制。尽管在不同的社会制度下市场经济会有一些不同的特点，但它运行的基本规律，如价值规律、供求规律、优胜劣汰规律却是相同的，资源配置的效率原则、公正原则、诚信原则等也是相同的。这就决定了一个国家在建构自己的市场经济法律体系和制定市场经济法律的过程中必须而且也有可能吸收和采纳市场经济发达国家的立法经验。各种社会事务和国家事务，诸如资源利用、环境保护、人权保护、惩治犯罪、维和行动、婚姻关系等，越来越带有跨国性质，从而使一个国家的国内法越来越具有涉外性和外向性，法律在处理涉外问题和跨国问题的过程中，必须逐步与国际社会通行的法律和惯例接轨。进入新世纪，以经济全球化为中心，包括公共事务全球化、人权全球化、环境全球化、法律全球化在内的全球化程度越来越高，各国之间交往增多，国家间的相互依存度大大提高，彼此协调和实现共同利益的机会空前增多。世界本来就是一个相互联系的有机整体，任何一个国家、民族的发展都离不开其他国家。特别是像我们这样经济和文化都比较落后的发展中国家，更有必要实行对外开放。在构建中国特色社

---

① 参见林立：《法学方法论与德沃金》，92~93 页，北京，中国政法大学出版社，2002。
② 参见刘兆兴主编：《比较法学》，84 页，北京，社会科学文献出版社，2004。

会主义法律体系时，必须关心和谐世界的建设，努力实现在平等、维护主权、互相尊重、互利和确保子孙后代美好前景的前提下的全面协调发展。在法律上，调整对象决定调整时段。由于各国法律调整事项的趋同，这内在地决定了作为调整手段的法律制度的共同之处越来越多。市场经济的客观规律和根本特征决定了有关市场经济法律移植的必要性和可能性。20 世纪 90 年代以来，随着世界经济、科技的全球化，不同国家法律之间相互影响、渗透的趋势更加明显。

法律全球化是经济全球化、公共事务全球化的必然归结，是当今世界法律进化的重要趋势。[①] 法律全球化趋势主要表现为：法律的"非国家化"，法律的"标本化或标准化"，法律的"趋同化"和法律的"一体化"或法律的"世界化"。既然各国法律之间具有共性，不同法律之间的大规模输出、引入则势属必然。我国在建设社会主义法治国家的过程中，也必然要借鉴和吸收其他国家尤其是西方资本主义法治国家的经验，法律移植就是在这样的历史背景下，作为一个学术词语而为人们所广泛使用。与此同时，当代中国的法理学呈现出以下特征：强调法律的普遍价值，强调法律对人权的保护，强调法律自身的形式合理性，在理论上意味着现代法律超越了主权国家的界限，变成了人类普遍的法律秩序。由此，在法律现代化理论中，"权利本位""形式理性法"与"法律普适性"构成现代法律区别于传统法律的三个最基本的理论要素。通过创造一套关于法律普适性和保障权利正当性的现代法律神话，创造了移植西方法律并实现"与国际接轨"的意识形态，从而加快了法律移植的步伐。[②] 在改革开放的三十多年间，中国法学的发展基本上为一种所谓的"现代化范式"所支配。邓正来认为，这种理论范式在对西方现代化理论或现代法制/法治发展的结果不加质疑、不予反思和不加批判的情形下便将西方现代法制/法治发展的各种结果视作中国法制/法治发展的当然前提。[③] 正是基于对法律发展趋势大致相同的体认，才为法律移植术语的使用奠定了思想基础。

（二）法治建设落后国家的赶超意识

一般地，较发达的国家向较不发达的国家所显示的，只是后者未来

---

① 参见张文显：《WTO 与中国法律发展》，载《法制与社会发展》，2002（1）。

② 参见强世功：《迈向立法者的法理学》，载《中国社会科学》，2005（1）。

③ 参见邓正来：《中国法学向何处去》，78 页，北京，商务印书馆，2006。

的景象。较为发达国家的某些调整社会关系的法律也具有先进性，对发达国家来说是现实的社会关系，对一些不发达的国家则常常是尚未实现的、超前的社会关系。对这些国家的某些成功地调整了社会关系的法律规定，发展中国家可通过超前立法的方式，予以学习或移植。在中国的现代化进程中，为了迅速缩短同发达国家的差距，改变在国际关系格局中的相对不利地位，把加速经济和社会发展作为首要目标，并为此形成加速发展的"时间表"。法制现代化是这个"时间表"中的一个有机组成部分，表现为一种人为推进型的法制现代化模式。其建设往往在较短的时期中一下子全面铺开，政府自觉不自觉地形成一种全面的法制现代化纲领，试图在较短的时间里全面完成西方国家法制建设在各个不同阶段所完成的所有任务，把西方国家很长时间逐步形成的法律体系在短期内迅速完成。在立法供给与立法需求之间的距离加大的背景下，大规模地引入外国法律则是不得已的选择。在这种情况下，比较落后的或后发达国家为了赶上先进国家，就有必要移植先进国家的某些法律，以保障和促进社会发展。在当今世界，法律制度之间的差异，不只是方法和技术上的差异，也是法的时代精神和价值理念的差异。正是根据时代精神和价值理念的差异，各种法律制度中间才有传统与现代、先进与落后的区分。对于仍处于传统型和落后状态的国家来说，要加速法制现代化进程，必须适量移植发达国家的法律，尤其是对于发达国家法律制度中反映市场经济和社会发展共同的客观规律和时代精神的法律概念和法律原则。中国的法制现代化主要是在外部的压力和示范作用下按照"移植改造"的方式进行的。[1]"社会主义要赢得与资本主义相比较的优势，就必须大胆吸收和借鉴人类社会创造的一切文明成果"。[2] 制定法律要从中国的实际出发，也要广泛地研究借鉴世界上所有国家的立法经验，吸收对我有用的东西。法制建设相对落后的国家，为了赶上法制成熟国家，法律移植是法制建设加速发展的有效选择。

（三）以法律有机体作为上位隐喻

在思维结构上，法律移植一词的选择和使用，联系着庞大的认知理论体系。隐喻并不是本体与喻体之间的一一对应关系，而是两个不同语义系统之间整体的对比和映射。通常，喻体的概念系统会整体地移入本

---

① 参见蒋立山：《中国法制现代化建设特征分析》，载《中外法学》，1995（4）。
② 《邓小平文选》，1 版，第 3 卷，373 页，北京，人民出版社，1993。

体之中，从而生成一个新的隐喻系统，也就是一套新的话语体系。在这个意义上，一个法律隐喻只是冰山的一角，在其背后还存在着更复杂的问题和庞大的话语群。关于法律移植，按照喻体的不同起码有三种类型的隐喻，即机械型隐喻、有机型隐喻和语言型隐喻。第一类是机械型隐喻，它们往往使用"输出""输入""流通""传播"以及"强加"之类的表述，通常伴随着法律"影响"和"渗透"的内容，这是以运行制度、工具和社会工程技术为视角的观察。第二类是语言型隐喻，往往使用"翻译""重释""文化""沟通""叙述"和"神话"等词语。第三类是有机型隐喻。① 如果将法律移植看作器官移植的隐喻，在逻辑上可能存在着一个更上位的隐喻，即法律"有机体"。实际上，借用有机体的隐喻分析社会问题的方法，在社会科学领域早已有之。19 世纪，英国社会学家斯宾塞就明确地用"有机体"的概念来说明社会问题。他认为社会机体同生物机体完全一样，并主张社会生活也应服从生物学的规律。② 马克思主义认为把社会看作一个活的有机体的思想是合理的，但反对把社会生活的发展归结为生物现象。社会有机体的运动是高级运动形式，它有着区别于生物机体的特殊本质和运动规律。法律是社会的重要组成部分，法律有机体也就是社会有机体隐喻的扩张适用。法律有机体的隐喻，是用来说明以社会物质生活条件为基础的各种法律要素有机联系、相互制约、运动发展着的体系概念。在这个意义上，一次成功的法律移植，正如人体器官的移植，应该在新的机体内成长，并成为这新机体的有机组成部分，如同那些在其母体内继续发展的规范与制度一样。③ 这是一个诸多具体隐喻，围绕着一个核心隐喻，相互影响、相互制约的隐喻系统，相应地该隐喻系统也外显为一套话语体系。在以器官移植为喻体的法律移植一词的周围，就形成了"疾病""缺陷""病菌""感染""医生""医药""手术""愈合"等一系列的词语。它意味着，移植一旦成功就会健康成长；一旦失败，受体就会把移植物作为"不相容"的部分。

---

① 参见［意］D. 奈尔肯、［英］J. 菲斯特编：《法律移植与法律文化》，高鸿钧等译，22页，北京，清华大学出版社，2006。

② 参见［英］赫伯特·斯宾塞：《社会学研究》，张宏晖、胡江波译，14 章"生物学上的准备"，北京，华夏出版社，2001。

③ 参见［英］阿兰·沃森：《法律移植论》，载《比较法研究》，1989（1）。

三、辨别：法律移植与器官移植的同中求异

喻体与本体的相似性是隐喻存立的基础。但是，相似即相异，任何相类似的两个事物之间都存在着不同之处。任何两个事物都可能存在着某种程度的共性，只有它们之间的类似性达到一定程度，隐喻的使用才是成功的。如果法律隐喻没有界限的话，将出现词与物、名与实的不相匹配，难免张冠李戴。规范法学的鼻祖奥斯丁在分析桌子的脚、狮子的脚和人的脚三者之间的类似关系时认为，"'类似'是一个模糊的术语。当两个事物在狭义上是类似的时候，亦即当两者都具有一个种类的所有特性的时候，这个名称（诸如上面例子提到的脚），用在它们身上，既是严格的，也是恰当的。当它们具有某些方面的类似的时候，换句话说，在它们之中的一个，具有一个种类的全部特性，而另外一个，仅仅具有部分的特性的情况下，我们可以认为，这一名称对其中一个是恰当的，对另外一个，则是不恰当的，或者，这一名称对后者，仅仅是个类比修饰而已。"① 隐喻引导人们将注意力集中于法律现象的特定方面，对其他方面有意地视而不见，以实现特定之认知目的。法律移植与器官移植有相同点也有许多不同之处，如果不加辨析，简单地将器官移植套用于法律移植的理解之上，并以此来规定法律移植的内涵和外延，就无法准确地表征不同国家法律之间相互借鉴与吸收的真实状况，会导致盲目照搬他国法律的后果，使法律脱离其社会基础。因此，人们须对作为隐喻的法律移植一词保持清醒的认识，明了其与器官移植的差异之处，防止张冠李戴式的误用。

（一）两种移植之供体构成不同

医学上的移植，只是生物器官硬件的位移；而法律包含硬件和软件两个组成部分。法律移植一词，有广义的与狭义的用法。广义的法律移植，是指一国对他国法律任何方面与程度的学习与吸收。而狭义的法律移植，仅指一条法规，或者一种法律制度自一国向另一国，或自一族向另一族的迁移。② 无论广义的法律移植，还是狭义的法律移植，都存在着严重的局限。前者只是一国对他国法律借鉴和吸收的别称而已，并无任

① ［英］约翰·奥斯丁：《法理学的范围》，刘星译，140～141 页，北京，中国法制出版社，2002。
② 参见［美］阿兰·沃森：《法律移植论》，载《比较法研究》，1989（1）。

何突出的特质。而且，将法律观念、法律意识也包括在移植的范围之内，是不科学的，其实，法律观念、法律意识是无法移植的。① 对法律移植的狭义理解，将法律的"硬件"和"软件"予以剥离，只强调法律的形式方面，视法律为单纯的制度，无疑在这个层面上，法律的确是可以移植的。但是，法治社会的建立绝不仅限于其物质层面的制度建设，绝不仅限于其"硬件"系统的完备周详。法治社会的有效建立，最为关键的，是作为其基础以支撑整个法治大厦的精神层面的意识与观念的确立，是作为其内在灵魂的"软件"系统的开发。② 无怪乎托克维尔针对墨西哥人脱离本国实际、把美国联邦宪法几乎全部照抄过来的做法，指出："他们只抄来了宪法的条文，而无法同时把给予宪法以生命的精神移植过来"③。所以，单纯地移植法律制度，毫无意义。

　　无疑地，法是内容与形式的统一体，如果把法律规范作为法的形式，法的内容则包括统治阶级在一定物质生活条件下形成的法权要求、阶级意志；该阶级对一定利益关系的认识和选择，该阶级的价值观、公正观；该阶级对客观规律的认识和利用，人类对社会关系进行法律调整的经验、智慧，一切可以称之为法律文化的合理的有用的技术措施和手段。西方法学界两位大师孟德斯鸠和萨维尼，都被后人看作反对法律移植的代表人物。前者认为："为某一国人民而制定的法律，应该是非常适合于该国的人民的；所以如果一个国家的法律竟能适合于另外一个国家的话，那只是非常凑巧的事。"④ 后者认为："在人类信史展开的最为远古的时代，可以看出，法律已然秉有自身确定的特性，其为一定民族所特有，如同语言、行为方式和基本的社会组织体制（constitution）。不仅如此，凡此现象并非各自孤立存在，它们实际乃为一个独特的民族所特有的根本不可分割的禀赋和取向，而向我们展现出一幅特立独行的景貌。将其联结一体的，乃是排除了一切偶然与任意其所由来的意图的这个民族的共同信念，对其内在必然性的共同意识。"⑤ 他们都是从法的内容、法律构成

---

　　① 参见〔美〕埃尔曼：《比较法律文化》，贺卫方、高鸿钧译，14 页，北京，生活·读书·新知三联书店，1990。

　　② 参见姚建宗：《信仰：法治的精神意蕴》，载《新华文摘》，1007（8）。

　　③ 〔法〕托克维尔：《论美国的民主》，上卷，董果良译，186 页，北京，商务印书馆，1988。

　　④ 〔法〕孟德斯鸠：《论法的精神》，上册，张雁深译，6 页，北京，商务印书馆，1961。

　　⑤ 〔德〕弗里德里希·卡尔·冯·萨维尼：《论立法与法学的当代使命》，许章润译，7 页，北京，中国法制出版社，2001。

的"软件"部分，使用法律概念的。主张法律是由"硬件"和"软件"
两部分构成的，"硬件"包括法律的制度、条文等；"软件"则指法律的
精神文化成分。一个国家占统治地位的法律意识不仅仅属于独立于法律
制度而存在的思想上层建筑领域，而且渗透到法律制度、法律调整过程
当中，成为法律制度的有机组成部分。① 法律是一个民族长期积累起来的
运用法律手段调整社会关系、进行社会管理的智慧、知识和经验的结晶，
反映了历史上形成的有价值的法律思想和法律技术，反映了一个民族法
律调整达到的水平，具有民族性。当一个国家公民的法律意识、法律观
念发展到一定程度，迫切需要体现这些"软件"的"硬件"——法律条
文、法律制度，而该社会中相应的法律条文、法律制度尚付阙如时，就
需要从其他国家或地区引进。从表面上看，法律移植只是针对"硬件"
而言的，但这是与"软件"相适应的法律制度、法律条文、法律术语。
因此，法律移植的对象是记载着法的内容的法律规范，是作为内容与形
式统一体的法律。

（二）供体移入受体后的功能不同

器官移植的供体进入受体后，供体的形态基本不变；而法律移植的
供体进入受体后，无论是形态还是功能都发生诸多实质性变化。美国学
者赛德曼夫妇就深圳是否应该移植大批的香港法律和行政管理体制，持
反对的意见。其主要理由是：（1）引进香港法的问题不仅仅是引进何种
法律的技术性问题，而是一个事关深圳将来的政治、经济的具有深远影
响的价值选择问题；（2）由于法律所引起的行为具有高度的时空特定性，
被移植的法律在它的新移植地通常不能成功地产生出它在起源地所引起
的行为（关于"法律不能移植性的规律"）；（3）深圳和香港在历史、制
度方面差异如此之大，使得香港的经济、行政方面的法律在深圳不能产
生出它在香港所产生的同样的行为。② 他们的观点尽管有些偏激，但也是
有一定道理的，因为法律不是孤立的社会现象，它只是复杂的社会综合
体的一个因素，只具有相对的独立性。赞同法律移植的理论往往是以经
济发达国家为供体，以为一国经济发达，其法律必然是先进的。实际上，
经济发达是各种社会因素综合作用的结果，很难把法律作为一个独立的

---

① 参见孙国华主编：《法律学教程》，249 页，北京，中国人民大学出版社，1996。
② 参见［美］安·赛德曼、罗伯特·B·赛德曼：《评深圳移植香港法律建议》，载《比较
法研究》，1989（3—4）。

变量加以分离。单纯强调法律移植，其实是将复杂的社会关系简单化。"一切有关法律制度和法律概念的特征的问题都需要与产生法律的社会条件相联系来加以领会"①。一个国家学习他国的法律，关键的不是具体的制度，而是他国在彼地彼时如何运用法律来解决社会问题，是一种运用法律进行社会调整的方法、智慧，而不仅仅是法律制度。在此，与其说是移植，不如说是学习、借鉴、吸收。一些发展中国家虽然聘请西方法学家依照西方的模式建立了现代化的法律制度，但它们与这些国家的实际相差太远，结果形成了"书本上的法"与"实际中的法"相脱离。因此，再"好"的法制，再"科学化"的法典，如果不适应社会经济发展，也只不过是个花架子，不可能在现实中发挥作用。②"面对法律规则，人们要在环境的约束力和资源中选择行为。法律规则及其约束力构成了该环境的一部分，但仅仅是一部分而已。甚至法律移植地与其原产地的法律规则及其执行机构预示要采取的行动都一样，但其他方面的约束力和资源也不可能一样。所以，被移植的法律在其新移植的国家所引起的行为永远也不会与其原产地所产生的行为真正地相似。"③ 一国法律中的法律术语、概念和制度构造在外观上可能与另一国的完全相同，但实际上，它们在各个国家法律体系中所居的位置、发挥的作用可能大相径庭。④ 必须承认，"南橘北枳"是各个国家法律之间相互影响、渗透过程中不可避免的普遍现象。

（三）供体移入受体后的状态不同

器官移植反映的是机体的某部分向受体的物理意义上的位移，就是说因为移植，某机体的某部分已离开供体，而成为受体的一部分，它不可能继续存于供体之中并发挥作用。而法律移植对供体的法律状况基本上不发生影响，作为供体的法律，是否继续有效，与其是否被移植无关。被移植的法律，可以为不特定多数的国家所使用，具有重复性和公共性。如法国民法典曾为许多国家奉为楷模，纷纷仿效，但这并不改变它在诞生地——法国的地位、功能。从这个意义上讲，如果以一国法律为范本，

---

① ［英］罗杰·科特威尔：《法律社会学导论》，潘大松等译，27 页，北京，华夏出版社，1989。
② 参见朱景文：《法制建设的正规化和非正规化》，载《法学评论》，1996（增刊）。
③ ［美］安·赛德曼、罗伯特·B·赛德曼：《评深圳移植香港法律建议》，载《比较法研究》，1989（3—4）。
④ 参见［美］埃尔曼：《比较法律文化》，贺卫方、高鸿钧译，26 页以下，北京，生活·读书·新知三联书店，1990。

他国法律对其予以吸收、借鉴的情形，以生物体克隆为类比，使用"法律克隆"，比器官移植更加相似，也更贴切。

医学上的克隆，也称无性繁殖，它是通过人工技术由单亲的体细胞核植于去核卵细胞，培育成胚胎，经子宫着床发育的生育技术。而医学上的器官移植对象是一个占有特定空间的客观实体，具有唯一性，移往彼处，则此处并不留存。因此，一个生物体的肢体或者器官被移植于其他生物体上后，与原来的生物体（供体）已经没有任何关系，而成为受体的有机组成部分，供体与受体的结构与功能都要相应地发生程度不同的变化。被移植的器官不可能为供体与受体所同时拥有，而是非此即彼的排斥性关系。与此不同，法律移植的对象是一种知识、经验或观念，从理论上讲，可以被无限复制或克隆，某项法律制度、条文、技术被移植之后，其在原产地并无丝毫改变或毁损；只是接受移植的国家法律单方面地发生某种改变。在这个意义上，或许法律移植还不如法律克隆来得贴切。但另一方面，移植一词还能形象地表征移植对象和植入环境之间紧密的、有机的联系，这又为克隆一词所不及。① 因此，用来说明一国对他国法律经验的学习借鉴这一现象时，器官移植作为喻体，比生物克隆更具相似性，能有效地表征同时代的国家间相互引进和吸收法律这种实践的内涵。

四、功能：法律移植一词的学术功能

在法学界，"法律移植"一经使用，即获人们的青睐，成为一个面广、频高的常用词。可以说，这不仅仅是一种理论时髦、学术新潮，而是由于它内在地隐含着深刻的根据与充足的理由。隐喻不仅是一种语言学现象，更涉及到人的思维结构和认知方式。在法学上，"我们所使用的词语会有不同的意义，剖析隐喻并考察它们的含义，可能是我们把握隐喻如何塑造了人们的学识和影响了人们行为的力量的唯一途径。"② 在隐喻的思维结构中，人们是由于对器官移植非常熟悉和了解，然后将它的一些已知属性和特征，映射到作为话题中心的"法律移植"之上，从而对其进行理解和阐释。源于"移植"一词的原始含义，可以自然地生发

---

① 参见陈传法：《法律移植简论》，载何勤华主编：《法的移植与法的本土化》，4 页，北京，法律出版社，2001。

② ［意］D. 奈尔肯、［英］J. 菲斯特编：《法律移植与法律文化》，高鸿钧等译，24 页，北京，清华大学出版社，2006。

出一系列鲜活的意象与丰富的联想。在认识过程上，器官移植就作为隐喻的喻体，成为人们理解"法律移植"属性的观念原型和思想源泉。在对事物的把握上，隐喻固然不是显微镜下条分缕析式的细致观察，而是粗线条的轮廓勾勒，但是它的意象与联想，有助于形成新的思维范式、认知定向，对理解"法律移植"的属性、功能将产生重要的影响。

（一）凸显鲜明的思维意象

隐喻通过将两个事物并置，可以暗示两种事物之间存在着事先未被注意到或未被发现的相似性。喻体与本体之间的相似性不是自然展现在人们的眼前，而是需要法学家发挥主观能动性，揭示出法律现象未被认知的属性。隐喻可以传达新信息，是一种有效的认知工具。"大多数机智的话语都来自隐喻，也来自预先伏下的出人意料的结局。因为当结局出乎意料时，听者更能明显地感到自己从中学到了点什么，他内心仿佛在说：'真是这样的！我竟然猜错了。'"① 作为隐喻的法律移植，"其可取之处在于它们向人们展现了被言说对象的具体而鲜明的特性，这种隐喻使人过目不忘。因此，使用一种令人印象深刻的隐喻从而有意引起人们的注意，显然胜似那种平淡无奇令人过目即忘的语言表述。"② 从语言接受心理的角度看，法律移植一词生动地描述了各国法律相互学习和借鉴的复杂情形，相对于表征大致相同含义的学习、借鉴、吸收、模仿、传播、引进等其他名词，它更加鲜活形象，可摆脱平淡无奇的话语形式，能够给人带来匪夷所思的视觉冲击效果。"诗性语言的产生完全由于语言的贫乏和表达的需要。诗的风格方面一些最初的光辉事例证明了这一点，这些事例都是生动的描绘，意象，显喻，比譬，隐喻，题外话，用事物的自然特性来说明事物的短语，把事物的细微的或较易感觉到的效果搜集在一起的描绘，最后是加重语气的乃至累赘的附加语。"③ 隐喻属于诗性语言，在阐述、传播某种法学理论或观点时，对读者来说可收到赏心悦目的良好效果。特别是在中国从长期封闭的、半封闭的状态走出来的改革开放之初，法律移植一词的选用，很好地表征了我国学习、吸收国外先进法律制度、经验的决心，以及当时我国法制建设大踏步地向前迈进

---

① ［古希腊］亚里士多德：《修辞术·亚历山大修辞学·论诗》，颜一、崔延强译，190 页，北京，中国人民大学出版社，2003。
② ［意］D. 奈尔肯，［英］J. 菲斯特编：《法律移植与法律文化》，高鸿钧等译，23 页，北京，清华大学出版社，2006。
③ ［意］维柯：《新科学》，朱光潜译，234 页，北京，商务印书馆，1989。

的实际状况。

（二）选择崭新的认知路径

人类认识遵循着"近取诸身，远取诸物"，即由近及远、由实体到非实体、由简单到复杂、由具体到抽象的基本规律。一般地，隐喻中的喻体对说话者或听话者来说，要比本体更为熟悉。在两者发生互动反应时，更为熟悉的事物的特点和结构就被影射到相对陌生的事物上，在说话者与听话者之间建立起理解和沟通的桥梁，以帮助认识本体事物的属性。法律隐喻是以我们身边的日常行为和现象为基础，即使不是法律专家的一般人也能够知道比喻基础的事物。隐喻包含本体与喻体两个部分，在两者之间，本体是理解和说明的内容和目标，而喻体只是用来说明本体的工具和手段。隐喻意义是喻体的特征经过筛选、调整，而映射转移到本体上的，但本体的特征决定着喻体的哪些特征可以转移，它起到一种"过滤"的作用，强调某些特征而抑制另外一些特征。隐喻理解过程中，喻体实际上只有部分的特征发生转移。人们在把握所感知的物质世界和精神世界时，隐喻能从其他事物、概念和语言中发现相似点，建立想象丰富的联系，实现认识上的质的飞跃，从而形成新的关系、新的对象、新的语言表达方式。"隐喻会使一个人用一种新鲜的、或许更有启示的方式看待某个东西，因此他会从自己先前的参照系中惊醒过来，在这里，隐喻扮演了一种很有用的认知角色。"[①] 一般地，越是严格的、抽象的地方，人们就越需要隐喻进行思考和交流，隐喻的使用就越频繁。在法学领域，将器官移植作为喻体，可以把较为熟悉的器官移植方面的知识，投射到相对抽象的法律移植之上，实现由此及彼的意义转换。在法学上，一个成功的隐喻的选择与确定，也就是发现一个新的认知进路和认识方式。

（三）提供有效的研究范式

美国科学哲学家科恩认为，科学界是由一个流行的范式所控制的，范式代表着科学界的世界观，指导和决定问题、数据和方案的选择。范式是一种全新的理解系统、理论框架、理论背景、研究方法，是科学研究中奇思妙想的原点。隐喻如同范式，在使问题进一步明确的过程中，起着重要的作用。隐喻通过将问题整体予以素描，把握事物的大致轮廓

---

① ［美］理查德·A·波斯纳：《超越法律》，苏力译，598 页，北京，中国政法大学出版社，2001。

和基本特征，发挥着启发思考、赋予灵感的作用。一个新的重大法律隐喻的发现和运用，就意味着新的法学思维模式乃至法学流派的诞生。苏力教授在分析近代西方社会契约论的形成时提到，在资本主义上升时期，契约活动大量增加，契约现象成为人们日常生活中一种最普遍、最基本的现象，它不仅成为构建新型社会关系和社会组织的一种可供借用的理论资源，而且使人们的思想发生了新的"格式化"①。借助交易契约的隐喻，可以改变人们以往对国家的压制、暴力印象，突出国家保障公民权利、与社会成员协商对话的自由平等色彩。法律隐喻可以为认识提供导向和目标，提供认识的框架，能够促进形成新的构思。法律移植作为一个法律隐喻，在我们法制建设的指导思想和认识方向上，引导着人们突破以往对法阶级性的片面理解，促使人们解放思想，大胆借鉴国外先进的法律经验。任何国家的法律都要学习和吸收别国的法制经验，但法律移植不同于一般意义上的学习和借鉴。使用平淡的吸收或借鉴，难以突出法制现代化的时代特征，而使用法律移植，有利于抛弃"姓资姓社"的极左思维，大胆借鉴国外成功的法律经验，大规模地吸收外国法律成熟的制度和做法。

五、省思：寻找有竞争力的其他隐喻

在喻体的选择、比较以及最终的确定过程中，运用主体基于特定的目的，在本体与喻体之间形成"最"相类似的判断，全关重要。作为有机型隐喻的法律移植一词，对各种法律制度、法律文化之间相互融合、相互接近现象的描述，是其他方法所不可替代的，但它也存在一定的局限性。外国同行告诫道："无论有关过去的法律移植的例子如何，法律移植的进路都有某种危险，继续利用（和争论）'法律移植'的重要性和可能性也许会转移我们的视线，使我们忘记有必要寻找符合现今法律适应形式的新的隐喻和思考模式。"② 在特定的历史时期，器官移植是法律移植的最重要喻体。以器官移植为喻体的法律移植一词具有很强的阐释力，能有效地说明一国学习、吸收他国法律的现象，是其他的隐喻或者词语所难以替代的。但是，"法律中的比喻必须严格把关，因为以开阔思路启

---

① 苏力：《从契约理论到社会契约理论》，载《中国社会科学》，1996（3）

② ［意］D. 奈尔肯、［英］J. 菲斯特编：《法律移植与法律文化》，高鸿钧等译，44 页，北京，清华大学出版社，2006。

用的工具，往往以束缚思想告终。"① 社会法制发展的进程也是生生不息的，人们追求真理的旅途是没有终点的，因而代表认识相对性的隐喻的选择也是无止境的。还有，任何一种隐喻，都意味着一种观察视角的选择，因而都具有某种片面性。对事物的全面认识，必然需要其他视角的补充、校正与替代。

更重要的是，"概念变化往往是政治变迁的结果"②。法律移植论出炉的历史背景是，改革开放之初我国立法缺口较大，需要从国外大规模引进现成法律制度。但是，1982 年我国通过了现行宪法，其后又通过了 4 个宪法修正案。到 2010 年底，我国已制定现行有效法律 236 件、行政法规 690 多件、地方性法规 8 600 多件，并全面完成对现行法律和行政法规、地方性法规的集中清理工作。目前，涵盖社会关系各个方面的法律部门已经齐全，各法律部门中基本的、主要的法律已经制定，相应的行政法规和地方性法规比较齐备，法律体系内部总体做到科学和谐统一。一个立足中国国情和实际、适应改革开放和社会主义现代化建设需要、集中体现党和人民意志的，以宪法为统帅，以宪法相关法、民法商法等多个法律部门为主干，由法律、行政法规、地方性法规等多个层次的法律规范构成的中国特色社会主义法律体系已经形成，国家经济建设、政治建设、文化建设以及生态文明建设的各个方面都实现了有法可依。③ 经过多方面长期艰苦不懈的努力，无法可依的问题基本上得到解决，大规模、大面积引进外国法律制度的历史阶段已经过去，法律移植论已失去其赖以存立的特定语境。

第一，以植物移植为喻体的"法律移植"仍具有相当的阐释力。就法律移植问题而言，人们对器官移植的了解和掌握，构成了理解法律移植一词含义的特定参照系。相反，如果是在一个医学技术不发达的国家或地区，以器官移植来比喻法律移植，即无法有效地阐述学术主张、交流理论观点。中国是个农业社会，植物移植更容易为人所理解，换句话说，器官移植并非人们熟悉的身边事物。在关于法律移植是否可行争论最为激烈的 1980、1990 年代，我国医学上的器官移植技术还比较落后。

---

① ［美］A. L. 考夫曼：《卡多佐》，张守东译，423 页，北京，法律出版社，2001。
② ［美］特伦斯·鲍尔、［美］约翰·波考克主编：《概念变迁与美国宪法》，谈丽译，19页，上海，华东师范大学出版社，2010。
③ 参见吴邦国：《全国人民代表大会常务委员会工作报告——二〇一〇年三月十日在第十一届全国人民代表大会第四次会议上》，载《光明日报》，2011-03-19。

1990 年代中期出版的一本关于器官移植的专著,对此做了描述:我国在肾、心、肝、肺、胰腺与胰肾等一些主要的大脏器移植领域,除肾移植外,距国际先进水平均有较大差距。自 1983 年后,心、肝、肺移植均转入低谷,肝移植自进入 1990 年以来,陆续恢复至今已施行 6 例,但存活均未超过 3 个月;心移植于 1992 年施行 5 例,有 4 例存活超过 1 年,尚有 3 例迄今存活,似有起色,但总数尚少。肺、胰腺移植则完全陷于停顿。① 在当时,器官移植成功率较低,尚有着很大的风险,以器官移植来阐释法律移植,只能反映人们对学习外国先进法律制度的疑虑和担心,这显然与我国改革开放、大胆吸收国外先进法律制度的时代主旋律不合拍。

在现代汉语中,移植主要有两层含义:(1)把苗床或秧田里的幼苗,移栽到菜田或大田里。(2)将有机体甲的一部分完好的组织或器官,移在同体或乙体的有缺陷的部分,使缺陷部分成为正常。如皮肤移植、异体的角膜移植。实际上,相对于植物移植,器官移植本身也是引申义。《说文解字》:"植,户植也",是指室门中间竖立的直木。引申为直立之物。作动词,有树立、直立之意。由此,动词义进一步引申为种植,是种植活动的总称,不论栽种何物,都可称"植"。"植物"者,所种植之物。"一个词有'原初的含义'和'次级的含义'。唯当这个词对你有原初的含义,你才能在次级的含义上使用它。"② 在概念的形成过程上,先有植物移植,再有器官移植,最后才是法律移植。尽管,在器官"移植"与法律"移植"之间,前一个移植是该词的原初含义,而后者则是第二性的含义,但相对于植物移植,它们的含义都是引申的。因此,人们在理解、界定法律移植的含义时,仅熟知器官移植之属性尚不够,还需以植物移植为原型来阐释和理解相对陌生、抽象的"法律移植"的属性。

如果以植物移植作为法律移植的喻体,那么"嫁接"可能是该进路中一个不错的语词。嫁接,是选取植株的枝或芽,接于另一植株的枝、干或根部,使两者接合成活为新植株的活动。嫁接既能保持接穗品种的优良性状,又能利用砧木的有利特性,达到提早结果、增强抗性、经济利用繁殖材料、增加苗木数量等目的。用于繁殖果树、林木、花卉等。接穗与砧木嫁接后,两者由于在组织结构、生理生化和遗传特性上的异

---

① 参见夏穗生主编:《器官移植学》,6 页,上海,上海科学技术出版社,1995。

② [英] 维特根斯坦:《哲学研究》,陈嘉映译,339 页,上海,上海人民出版社,2001。

同，所表现出的愈合和生长发育情况也不一。亲和力弱的表现为不能愈合；愈合不良；存活率低；砧穗虽能愈合但生长不协调，如常有叶色不正、落叶提早、新梢枯萎、砧穗粗细不一等症状，有的甚至还会提早死亡。亲和力的强弱，一般与砧穗之间的亲缘关系呈正相关，亲缘愈近，亲和力愈强；反之则弱。"嫁接"一词中，包含了植物的部分移植，供体与受体之间亲和程度与成活率间的正比例关系等意思，这些对表征各国法律之间相互学习、引进来说，都能提供有益的联想。

第二，法律克隆、法律吸收都是可考虑的隐喻。如上所述，法律克隆是一个可供选择的术语，同时，法律吸收也是对法律移植有竞争力的隐喻。在生物学上，吸收是指有机体把组织外部的物质吸到组织内部，其对象往往是液体、气体等渗透性物质。通常，固体物质不能成为吸收活动的对象。器官移植是指将机体的某一部分原样移入受体，比如，手臂、肾脏等的移植。法律移植往往是打破作为供体的法律原有的体系、结构，重新排列、组合，根据本国的需要，对别国法律的概念、技术、规范、原则、制度，以不同的方式，在不同的程度上予以取舍，而这在形态上恰恰与输血、换骨髓非常类似，是一种渗透性作用机制，它意味着如果不是法律体系中相对独立的硬件构成，即不属于法律移植的范畴。即使在一些极端的情况下，一国将另一国的一部或若干部法律原样照搬，但由于接受国的社会物质生活条件的特殊性，形式上相同的法律规范，内容上已发生实质性的变化。在世界法制史上，被视为法律移植范例的日本明治维新立法，也并不是简单照搬他国的法律。日本明治政府 19 世纪 70 年代中期开始着手法典编纂，先以法国法为参照，后又转以德国法为蓝本，日本的资产阶级法律属于大陆法系，德国法的色彩更浓厚些，且由于明治维新的不彻底性，其中又保留着相当的封建成分。例如，在民法典物权编中专章规定了体现封建剥削的永小作制度；在亲属编中基本上延续了德川幕府时代以男性为中心的"家"的制度，规定户主对家族成员可以行使户主权。从这一点看，法律吸收可能比法律移植能更有效地表征各国法律之间相互学习渗透的复杂情形。

第三，商品进口隐喻之妙处。在全球化的背景下，一国要全面实现经济与社会的快速发展，就必须适应世界经济发展的大趋势。特别是，2001 年中国正式成为世界贸易组织成员。加入世贸组织后，我国赢得了公平的国家贸易环境，享有世贸组织各项多边协定规定的权利，享有通过多边争端解决机制解决国际贸易争端的权利，享有参与制定全球贸易规则的资格。另一方面，我国将按照承诺，进一步开放国内市场，实行公开、透明、平等的贸易和投资政策，实行国民待遇，给予外国人与我国公民相同的待遇。外国产品、服务和投资有可能更多地涌入我国市场。对于全球开放的贸易体制，古典经济学家大卫·李嘉图的"比较优势"理论做了很好的诠释。所有国家，包括最贫穷的国家都有可利用的资源，如人力的、工业的、自然的和财政的等等，可以利用这些资源为国内市场或为在海外市场竞争生产产品、提供服务，并在这些产品和服务进行交易的过程中获利。各国获得繁荣首先是通过利用其可用的资源，集中生产所能生产的最佳产品，然后是通过将这些产品与其他国家所能生产的最佳产品做交易。自由贸易政策，即允许产品和服务无限制流动的政策，使从最佳设计和最优价格生产的最好产品中所获得的利益极大化。但贸易的成功并不是总能保持的。如同企业之间的竞争一样，竞争力也可在各国之间发生转移。一国可能会因其较低的劳动力成本或某些丰富的自然资源而享有某种优势，也可能会随着经济发展，而在某些产品或服务上失去竞争力。然而，由于开放经济的刺激，该国将继续发展，而在其他产品和服务方面获得竞争力。① 在这种形势下，一国各种市场主体将直接面对来自外国的激烈竞争，一些弱势领域、行业和企业将在一段时间里受到不同程度的冲击和挑战，有些企业将由于自身素质或市场需求变化等原因而不得不退出市场。在此语境下，以商品的出口、进口作为喻体，来观察和分析国与国之间复杂的法律互动过程，自然就具有了很强的阐释力。

美国法学家埃尔曼指出，法律制度自一种文化向另一种文化的移植是常有的情况。当改革是由于物质的或观念的需要以及本土文化对新形势不能提供有效对策或仅能提供不充分的手段时，这种移植就可以取得一定的成功。虽然观念从来不被作为进口项目，但法律条文与制度的渗透却很类似于贸易商品的进口。进口可能损害民族经济，但是，在评价这种不平衡时还要与闭关自守很可能带来的匮乏相对照。② 在全球化的背景下，作为公共产品的各国法律制度之间，就存在着激烈的竞争。那些有效地调控一国社会关系的法律制度，就如同有竞争力的产品和服务一样，经常会跨越国境"出口"到他国。在"比较优势"理论的视野中，

---

① 参见世界贸易组织秘书处编：《贸易走向未来：世界贸易组织概要》，张江波等译，8～9页，北京，法律出版社，1999。

② 参见 ［美］H. W. 埃尔曼：《比较法律文化》，贺卫方、高鸿钧译，14 页，北京，生活·读书·新知三联书店，1990。

法制成熟国家有着一整套可供他国仿效的法律制度和做法，但法律制度落后的国家，也可能存有一些有效的、值得他国学习的法律制度和做法。这种各国法律相互竞争、学习的状况，既可能推动一国经济、社会与法制的发展，也可能损害一国法律制度的自主发展，但总的说来是利大于弊的。

　　在这种激烈的竞争格局中，各国法律之间的优劣状况往往会发生根本性变化。"一些国家在具备了经济、政治和军事实力之后，开始总结本国法律现代化的经验和教训，重新发掘、整理和阐释传统的文化精华和法律智慧，从而升华出现代的法律制度和法律文化"[①]。特别是，源远流长、影响广泛的中华法系，"有其历劫不磨之真价值存在"，是"数千年来我祖宗心血造诣之宝贵财产"。当代的法律人有责任使其"不惟不至纷失，且更进一步力采欧、美之所长，斟酌损益，以创造崭新宏伟"[②] 的中华法系。随着中华民族的伟大复兴，中华法系的转型再生、发扬光大指日可待。如此看来，不久的将来，中国法律制度进出口的总体状况，将由近现代进口大于出口的"逆差"，转变为出口大于进口的"顺差"。

余论

　　世界是普遍联系的，许多不同的事物之间都有某种程度的共同点，这是隐喻得以运用的客观基础。"比喻说法往往来自类推（analogy）"[③]，"隐喻就是一种类比"[④]。法律隐喻是基于喻体与本体的相似性，认识法律现象的一种思维活动，是以类比推理为基础的。通过类推，人们用一个术语来解释另一个新的情况。在逻辑学上，类比推理是根据两个对象在一系列属性上是相同（或相似）的，而且已知其中的一个对象还具有其他特定属性，由此推出另一个对象也具有同样的其他属性的结论。在法律领域，有时为了实现特定目的，可以运用隐喻的方法进行视角的转换，引导人们将注意力集中于法律现象的某一方面，而对相互间的差异之处

①　高鸿钧：《美国法全球化：典型例证与法理反思》，载《中国法学》，2011（1）。
②　杨鸿烈：《中国法律对东亚诸国之影响》，"全书提要"7 页，北京，中国政法大学出版社，1999。
③　［奥］凯尔森：《法与国家的一般理论》，沈宗灵译，37 页，北京，中国大百科全书出版社，1996。
④　［美］理查德·A·波斯纳：《法理学问题》，苏力译，116 页，北京，中国政法大学出版社，2002。

有意地视而不见。如果我们的思想囿于法律移植之类既有的隐喻，即意味着法学家们想象力的枯竭，表明我们的法学研究已走入穷途末路。实际上，在表征各国法律相互学习、吸收这一现象时，可供使用的参照对象多种多样，"法律移植"只是在特定历史时期内较为成功的一个，但并非唯一的一个。

第9章 拟人法律观

一、拟人法律观的基本含义

文学作品常常运用拟人修辞手法，对花草鱼虫、雨雪风霜、天地山水，根据作者自己的观感给它们以人格，让其和人一样，有思想、有感情，会说笑、会做事情。正确地运用拟人，可增加语言表达的生动性和形象性，使人们产生鲜明的印象，感受到作者对该事物的强烈感情，引起思想共鸣。这种把人类的特点添加给自然界和社会界，将自然、社会比作人的拟人用法，不限于文学领域，在其他方面包括法律领域也是广泛存在的。

人是万物之灵，它具有许多不同于其他动物的生理、心理和社会特征。身体垂直，用两条后肢行走，是人在生理解剖学上的重要特征。人手的拇指异常发达并与其他 4 指对立，8 块形状多样的腕骨和 5 根掌骨形成了宽阔的手掌。手部的鱼际肌是人类区别于猿类的重要特点，能做对掌运动，是人手做精细动作的生理基础。人头骨的颅腔容积通常为 1 200～1 600 立方厘米，借助语言并在大脑的生理基础上形成的第二信号系统是人特有的高级神经系统，它使人脑具有接受特种声音，即语言刺激的能力，是人进行抽象思维的生理前提。人是地球上生命有机体发展的最高形式，是在劳动基础上形成的社会化高级动物，是社会历史活动的主体。人是在自然界发展的一定阶段上出现的，是由古猿进化而来的。人区别于动物的最根本的特征是劳动。为了劳动，人们必须在生产过程中结成一定的社会关系，劳动使人逐渐成为社会的动物。在劳动中人还逐渐形成抽象思维的能力，这是人区别于其他动物的最重要的心理学特征。思维是人脑对客观现实的间接的、概括的反映形式。人借助思维，就能在对事物的认识中，从个别中概括出一般，从现象中看到事物的本质和规律。通过思维，人还可以反映那些没有直接作用于人的事物，可以预见事物的发展变化进程，对未来做出"超前"反映。人是历史活动的主体。人是自然界的改造者，又是人类社会的创造者。人是和社会同时产生的。社会是人们在相互交往和共同活动的过程中形成的相互关系。① 在认识世界、改造世界的过程中，人既是主体，也是中介与途径。在法学领域，拟人法律观就是以人为中介的认知方式、实践方法。

第一，拟人法律观是法律隐喻的一种具体形式。从法学研究方法的角度看，法律隐喻，就是法学家为了理解或解释某一法律问题（本体）而借用其他领域的概念（喻体），以实现从其他知识领域到法律领域的意义转换的思维活动，是法学中常用的定义方式和认知方法。隐喻引导我们依据较熟悉的系统去看不那么熟悉的对象域。其中本体是需要认识和把握的法律现象，而喻体是来自相关领域的知识，属于人们熟悉的"身边事物"，是认识的有效工具。② 由于拟人法律观是法律隐喻的具体形式，法律隐喻的基本原则与工作机制对其也都是适用的，但因其喻体为人，它也具有自身的特质。

第二，拟人法律观是以人为喻体对法律现象所进行的观照。能否选择适当的喻体，是一个法律隐喻运用得是否成功，其阐释力或强或弱的关键。在法律隐喻中经常被用作喻体的现象多种多样，既有自然现象，也有社会现象；既有静态的事物，也有动态的行为或过程；既有单个的实体，也有事物之间的关系。拟人法律观不同于其他的法律隐喻，它以人的身体、思维、行为、社会关系等作为喻体，将有关人的知识、情感，投射到法学领域，实现对法律现象拟人化的认知、把握。

第三，拟人法律观首先体现为一种法律思维模式，以及相对应的一组拟人化法律词语。法律词语不仅仅是法律思维的包装物、容器，也渗透着深刻的法理念。"语言并非仅仅是在我们手中的一个对象，它是传统的储存所，是我们通过它而存在并感受我们的世界的媒介"③。拟人法律观是以人为类比对象，对法律现象进行观察与把握的认知方式，其中，拟人化词语是外在形式，拟人化思维是内在灵魂。在制定法、判例等法律文本中，在各种法学著述中分散着数量众多的词语，它们是拟人法律思维的外部表现；拟人法律思维则决定着拟人化法律词语能否被使用，

---

① 参见《哲学百科全书》，693～694页，北京，中国大百科全书出版社，1995。
② 参见刘风景：《法律隐喻的原理与方法》，载《山东大学学报》，2011（5）。
③ ［德］伽达默尔：《哲学解释学》，夏镇平、宋建平译，29页，上海，上海译文出版社，1994。

预设了拟人化法律词语的语境，以及使用的方式。

第四，拟人法律观既是法学方法，也是一种法律方法。法学方法与法律方法是有区别的，但它们之间的界线不是绝对的，往往能够相互渗透、转化。拟人法律观是法学家为了认识、表征相关法律现象而运用的理论工具，是一种认知手段；同时，它也可能是一种法律调整机制，在法律创制和法律实施等方面，成为调整社会关系的有效工具。作为一种认知方式的拟人法律观，可直接或间接地对法律创制、法律适用、法律遵守都产生影响，进而转化为特定的立法方法、裁判方法。

综上，所谓拟人法律观，是指法学家们以人为喻体，通过专业化的法律思维和法律术语，对各种法律现象进行概括与描述的法学方法，以及以此为基础而形成的调整社会关系的法律制度与法律方法。

在法学领域，选择拟人的视角与方法来观察和分析各种法律现象，具有不容忽视的理论意义和实践价值。（1）整合，梳理与重述零散的相关素材。在各种法律文献、法学著述中存在着大量的拟人化法律术语，迄今尚处于"碎片化"的散在状态。在法律认知方面，有意识地将芜杂的素材加以连缀、拼合、归纳和整理，并进行专题研究，会形成拟人化法律现象的完整图画。（2）生趣，显现与增强法学的趣味性。"如果对人类生活作纯粹的知性主义解释，就会使它萎缩成一种由前提和结论组成的毫无色彩的单调景象。"[1] 在法学领域，拟人词语如同一个个熠熠生辉的珍珠，将这些词语加以排列组合，可串起一件赏心悦目的艺术品，引人入胜；拟人思维属于诗性智慧的范畴，它妙趣横生，可改变法学呆板、生硬的形象，使人亲近法律、喜欢法学。（3）联想，激发与丰富法学家的想象力。人们在把握所感知的法律世界时，拟人思维能从其他事物、概念和语言中找到灵感，建立起想象丰富的联系，挖掘出为人忽视的新意蕴，实现认识上的质的飞跃，形成新的关系、新的语言表达方式；它能够突破坚牢的思想藩篱，跨越时空使知识不断地得到扩充、拓展、延伸、进化和更新，使静态的知识呈爆炸式地增长。（4）纳新，吸收与接纳其他学科先进的研究成果。法学的发展不是封闭自足的，须从哲学、政治学、经济学、社会学、语言学、人类学甚至自然科学等其他学科中寻求灵感启迪，汲取学术营养，开拓新的学术疆域，丰富研究方法。拟

---

① ［英］保罗·维诺格拉多夫：《历史法学导论》，徐震宇译，46 页，北京，中国政法大学出版社，2012。

人法律观可促进法学与其他学科的交流互动，将其他学科对人之认识的"他山之石"，用来攻法学之玉。（5）实践，寻找与运用有效的解决法律问题的工具。当人们自觉运用一定的理论来思考和研究问题时，理论就已经成为指导和规范实践活动的手段。在立法、执法和司法等方面，拟人法律观可转化为法律机制，成为调整社会关系的法律手段。

二、拟人法律观的具体考察

人是非常复杂的存在物，它既是生物体，也是社会存在；既有静态的肢体结构，也实施着动态的各类活动；既体现为由诸多因素组成的生命有机整体，同时也可分解为肢体、器官、细胞等组成部分。"人之为人的特性就在于他的本性的丰富性、微妙性、多样性和多面性。"① 作为认知的参照系，人之图像有着多个层次和侧面，可为认识法律世界提供多维的视角和丰富的联想。

第一，器官。人体有头、心、肝、肺、胃、手、脚、眼等呈现为一定形态，具有一定机能的各个组成部分，它们以及其活动都可以成为认知与表征法律事物的中介。（1）头。在古罗马，人们用头（caput）来表征完全之人格。② 现代宪法中的国家元首、政府首脑，也属于以头为喻体的拟人化词语。（2）眼。在沙皇俄国时期，检察官被赋予了极大的权力：可以出席各官署的会议、审查会议记录，一旦发现滥用权限或违反法规的事实，可以直接向县长或司法大臣通报。彼得大帝将总检察长称为"朕的眼睛"；历代沙皇都把检察官作为"沙皇之眼"而备加信任。③ 德国法学家施托莱斯则以"法律的眼睛"来比喻公民依据宪法和法律对国家权力的监督。"法律的眼睛"就是公民的眼睛。在自由宪政国家，由人民代表决议通过的法律成为真正的塑造政治格局的工具。它通过确定、公开的程序实现，它必须符合一国宪法的全部具体规定，须以法治的方式加以实施。这意味着，"法律的眼睛"不仅注视着公民们，也注视着适用法律的政治家、公务员、法官和警察。④ （3）牙。人们将国家强制力比作

---

① ［德］恩斯特·卡西尔：《人论》，甘阳译，15 页，上海，上海译文出版社，1985。
② 参见［日］穗积陈重：《法律进化论》，黄尊三等译，97 页，北京，中国政法大学出版社，2003。
③ 参见［日］大木雅夫：《比较法》，范愉译，356 页，北京，法律出版社，1999。
④ 参见［德］米歇尔·施托莱斯：《法律的眼睛》，杨贝译，中文版序言，北京，中国政法大学出版社，2012。

"牙齿"，因而把约束力弱、实施效果差的"稻草人"式的法律、"僵尸"条款，称作没有"牙齿"的法律。中国的宪法虽规定由全国人大及其常委会行使违宪审查权，但实效性差、效果不好，违反宪法几无风险。有人说，我们的宪法不长牙齿，不会咬人。① （4）手。像眼睛、牙齿之类的器官是多数动物都有的，而手却是人类在劳动过程中，经过长期进化所独有的器官。在好几十万年以前，在地球上生活着一个异常高度发达的类人猿的种属。"这种猿类，大概首先由于它们在攀援时手干着和脚不同的活这样一种生活方式的影响，在平地上行走时也开始摆脱用手来帮忙的习惯，越来越以直立姿势行走。由此就**迈出了从猿转变到人的具有决定意义的一步**。"② 作为喻体，手在法学上具有重要的认知功能，它体现着把握、掌控、取得、处理、安排、权力、支配、统治等意思。在罗马法上，"质押"（piguns）一词源于"拳头"（pugnus）。因为用于质押之物要被亲手交付，所以一些人认为质权（pignus）本身被设定于动产之上。③ 意大利思想家维柯则对以"手"为喻体的许多法律术语做了整理：由于人类凭自然本性都想要寻求真实（the true），如果达不到真实的愿望，人类就要紧紧抓住确凿的可凭的证据（the certain）。买卖或转让（mancipations）是从用真正的手（vera manu）开始的，也就是凭真正的力量（force）开始的，因为力量是抽象的，而手是具体的。在所有的民族中，手的意义就是权力，因此希腊人有 cheirothesiai（一人把手放在另一人的头上）和 cheirotoniai（举手）这些手势；他们用前一种手势把手放在被选举出来当权的人们头上，用后一种手势欢迎被选的当权者。在野蛮时期，选举国王时也用举手欢迎，这种实在的手势也用在占领上或交易上。占领是一切财产权的自然来源，占领中有军事占领（occupatio bellica），是由罗马人保存下来的；因此当时奴隶们就叫作 mancipia（俘虏），即战争的胜利品，本来只是罗马人中间的来自征服和掳掠的转让，后来就应用到对付被征服的民族。伴随着这种实际转让的还有一种相应的实际占领（usuc apion），即通过实际使用而取得的所有权（因为"获得"就是 capio 这个词的意义），占领通过实际使用的〔取使用（usus）这个词即指占领（possessio）的意义〕执行方式本来就是对所占领物的

---

① 参见林来梵：《文人法学》，14 页，北京，清华大学出版社，2013。
② 《马克思恩格斯选集》，2 版，第 4 卷，374 页，北京，人民出版社，1995。
③ 参见［意］桑德罗·斯奇巴尼选编：《物与物权》，范怀俊译，198 页，北京，中国政法大学出版社，1993。

持续的物体掌握。①

　　第二，生理状态。法律的诞生、生存与死亡，就是从生理状态方面对法律所做的拟人化理解。古希腊的柏拉图说过："我们现在所说的罪恶，即贪婪，就是那些在血肉中被叫做'疾病'，在四季和各年里被叫做'瘟疫'的东西；而要是它发生在国家和社会中，同样的邪恶就得到另一个名称：'非正义'。"② 有人将无讼思想、顺民思想、安贫思想、奴隶主义、迷信崇拜等，看作是我们东方民族的"痼疾"。③ 在十年动乱期间，全局性的"左"倾严重错误占支配地位，我们党和国家遭到了建国以来最严重的挫折和损失，公检法被彻底砸烂，人民法庭陷于"瘫痪"状态。对于立法数量越来越多的状况，可称为"立法臃肿"。④ 生物体各种器官所起的作用，即为机能。受此启发，人们将法律的作用，称为法律机能。⑤ 还有，"法律有时睡眠，但并不是死亡"的法谚意指，法律遇有特别法之公布，则依特别法优于一般法，其适用的机会减少，有时几乎等于零，但该项法律并未废止，而仍属有效的法律。⑥

　　第三，意识。法律是立法者的"命令"或"意志"，就属于一种比喻性说法。一个法律规则规定人的一定行为模式，就像一个人要另一个人以如此这般方式行为并以命令的形式表示这一意志的状态。⑦ 法律目的也属于隐喻的用法。"法是一个抽象观念，包含一套规则、原则和概念。法具有目的的想法含有法的目的论观点，其背后存在着为一定目的服务的思想，但法本身并无思想。制订法律的人当然可能怀有他们希望法律达到的目的，而且有时这些目的体现得非常明显。当出现这种情况时，相对来说比较容易将立法者的目的转移到法本身，并可以假定法的目的（或政策）是为了达到这一或那一目的。"⑧ 类似的用法还有法律精神、法

---

　　① 参见［意］维柯：《新科学》，下册，朱光潜译，558～559 页，上海，商务印书馆，1989。

　　② ［古希腊］柏拉图：《法律篇》，张智仁、何勤华译，350 页，上海，上海人民出版社，2001。

　　③ 参见《熊先觉法学文集》，290 页，北京，北京燕山出版社，2004。

　　④ 参见［德］拉德布鲁赫：《法学导论》，米健译，34 页，北京，法律出版社，2012。

　　⑤ 参见王利荣：《行刑的法律机能》，北京，法律出版社，2001。

　　⑥ 参见郑玉波：《法谚（一）》，38 页，北京，法律出版社，2007。

　　⑦ 参见［奥］凯尔森：《法与国家的一般理论》，沈宗灵译，37 页，北京，中国大百科全书出版社，1996。

　　⑧ ［英］P. S. 阿蒂亚：《法律与现代社会》，范悦等译，125～126 页，沈阳，辽宁教育出版社，1998。

律思想、法律灵魂。此外，"法爱衡平"，"法律厌恶迟延"，"法律尊重自然"等法谚，则属于情感类的拟人用法。

第四，行为。在这方面，"搭便车"意指每个人都是理性的、经济的算计者，因此，任何人对于能够给自己带来好处的利益是乐于去主张的。但是，对于个人之外的大多数人的利益，如果与个人无关，甚至有害于个人，基于成本利害的计算，不仅不会去主张，甚至会反对。① 狂欢（frolic）是代理法中的一个概念。如果一个雇员是在"狂欢"，即在从事与自己工作无关的事情，那么他的雇主对该雇员的侵权行为不负责任，即使该侵权行为发生在工作时间内。② 在美国，"卧底"（raiding）是指赞同一个政党的投票者自称其为另一政党的投票者以影响或决定另一政党的预选结果的做法。③ 而"揭开公司面纱"，指在具体法律关系中，基于特定事由，否认公司的独立人格，使股东在某些场合对公司债务承担无限责任的法律制度。在英国，称其为"揭开公司的面罩"（lifting the corporation's mask）、"撩去公司面纱"（lifting the corporation's veil）或"刺破公司面纱"（piercing the corporation's veil）。④ "古老的法律吃着新鲜的食物"（legibus utere antiquis, obsoniis novis）⑤ 的法谚，意指通过法律解释，使法律规范不断适应社会需要而发展完善的过程。法律继承也是"一个借用的名词"⑥，它以民法上的继承行为为喻体，描述的是不同历史类型的法律制度之间的延续、相继、继受，一般表现为旧法律制度对新法律制度的影响，以及新法律制度对旧法律制度的承接和继受。有时立法者可能是故意将某种情形排除出某个法律的适用范围，这种漏洞被称为"法律上故意的沉默"。此类漏洞不应通过类推适用得到补充，因为这无法实现立法者的意愿，反与之相抵触。⑦ 在解决纠纷的过程中，不分清是非曲直，无原则地调和、折中，被称为"和稀泥"。

---

① 参见胡锦光、王锴：《论我国宪法中的"公共利益"的界定》，载《中国法学》，2005（1）。

② 参见［美］理查德·A·波斯纳：《法律与文学》，李国庆译，41 页，北京，中国政法大学出版社，2002。

③ 参见薛波主编：《元照英美法词典》，1144 页，北京，法律出版社，2003。

④ 参见郭升选：《"公司人格否认"辨》，载《法律科学》，2000（3）。

⑤ 张明楷：《刑法格言的展开》，8 页，北京，北京大学出版社，2013。

⑥ 《杨兆龙法学文选》，16 页，北京，中国政法大学出版社，2000。

⑦ 参见国家法官学院、德国国际合作机构：《法律适用方法：合同法案例分析》，30～31 页，北京，中国法制出版社，2012。

　　第五，社会角色。德沃金在描述现代国家机构体系中审判机关的地位时指出，法院是法律帝国的首都，而法官则是法律帝国的王侯。① 在民法领域，诚实信用原则的适用范围逐步扩大，不仅适用于契约的订立、履行和解释，而且扩及一切权利的行使和一切义务的履行，成为民法的基本原则。其性质也由补充当事人意思的任意性规范，转变为当事人不能以约定排除其适用，甚至不待当事人援引，法院可直接依职权适用的强行性规定，被学者们称为"帝王条款"。② 在诉讼法上，"快速的裁判乃不详的继母"的法谚意指，在现代社会为了特殊的个案，法院过于快速的审判，会损害司法的基本价值，因而，将快速的裁判，比作不详的继母。匆忙易出错，刑事案件判人死刑，不可草率。民事案件关系人的身份或财产，必须谨慎从事，否则欲速则不达。③ 基于债与诉讼间的紧密联系，有人称"债为诉讼之母"④。这类以社会角色为喻体的词语，还有母法与子法，母公司与子公司，等等。

　　第六，社会关系。在比较法学上，法系的英文为 legal genealogy 或 legal family，也可译为"法族"，是依据法律的历史渊源和传统以及由此形成的不同存在样式和运行方式，而对现存的和历史上存在过的各种法律制度所做的分类。一个法系内的各个国家、地区之间，既有差异也有共性。当我们基于特定的考虑，对它们做舍异求同的观察时，一些国家或地区的法律之间便表现出一个家族成员之间的类似性，并形成一个"法律家族"（René David）。⑤ 在判例法学上，美国法学家伯顿则将属性相同的案件，看作是"家族式关系"。在他看来，"归入一个法律类别的案件是相类似的，正如一家人也很是类似的一样"⑥。

　　以上，我们分别从人的器官、生理状态、意识与情感、行为、社会角色和社会关系等几个具体的方面来观察法律世界，对拟人化法律术语

---

　　① 参见［美］德沃金：《法律帝国》，李常青译，361 页，北京，中国大百科全书出版社，1996。

　　② 参见梁慧星：《民法解释学》，303 页，北京，中国政法大学出版社，1995。

　　③ 参见郑玉波：《法谚（二）》，257 页，北京，法律出版社，2007。

　　④ ［德］霍尔斯特·海因里希·雅科布斯：《十九世纪德国民法科学与立法》，王娜译，181 页，北京，法律出版社，2003。

　　⑤ 参见［德］Christian Starck：《法学、宪法法院审判权与基本权利》，杨子慧等译，50 页，台北，元照出版公司，2006。

　　⑥ ［美］史蒂文·J·伯顿：《法律和法律推理导论》，张志铭、解兴权译，106 页，北京，中国政法大学出版社，1998。

进行归纳和整理。如果转换视角，从由多个部分组成的有机整体的人方面，对法律现象进行的观察，将会呈现出一幅新的认知图画。

三、拟人法律观的系统结构

霍布斯在其代表作《利维坦》中，以人之整体为喻体，对国家的组成部分及其功能进行描述，并在人与国家两个系统之间建立起较为严整的对位关系。"'大自然'，也就是上帝用以创造和治理世界的艺术，也像在许多其他事物上一样，被人的艺术所模仿，从而能够制造出人造的动物。由于生命只是肢体的一种运动，它的根源在于内部的某些主要部分，那么我们为什么不能说，一切像钟表一样用发条和齿轮的'自动机械结构'也具有人造的生命呢？是否可以说它们的'心脏'无非就是'发条'，'神经'只是一些'游丝'，而'关节'不过是一些齿轮，这些零件如创造者所意图的那样，使整体得到活动的呢？艺术则更高明一些：它还要模仿有理性的'大自然'最精美的艺术品——'人'。因为号称'国民的整体'或'国家'（拉丁语为 Civitas）的这个庞然大物'利维坦'是用艺术造成的，它只是一个'人造的人'；虽然它远比自然人身高力大，而是以保护自然人为其目的；在'利维坦'中，'主权'是使整体得到生命和活动的'人造的灵魂'；官员和其他司法、行政人员是人造的'关节'；用以紧密连接最高主权职位并推动每一关节和成员执行其任务的'赏'和'罚'是'神经'，这同自然人身上的情况一样；一切个别成员的'资产'和'财富'是'实力'；人民的安全是它的'事业'；向它提供必要知识的顾问们是它的'记忆'；'公平'和'法律'是人造的'理智'和'意志'；'和睦'是它的'健康'；'动乱'是它的'疾病'，而'内战'是它的'死亡'。最后，用来把这个政治团体的各部分最初建立、联合和组织起来的'公约'和'盟约'也就是上帝在创世时所宣布的'命令'，那命令就是'我们要造人'。"[1] 霍布斯这段生动的拟人化描述，在法学方法论上的启示是，如以人之整体为喻体，即存在着明显的思维倾向：将国家、法律作为统一的有机整体，并且显示出国家、法律的各个组成部分与人的各器官之间的关联。人的身体，是由能够共同完成一种或几种生理功能而组成的多个器官的总称。组成系统的多个器官，一般是互相联系的，如呼吸系统由鼻、咽、喉、气管、支气管、肺等器官

---

① ［英］霍布斯：《利维坦》，黎思复、黎廷弼译，1~2 页，北京，商务印书馆，1985。

组成；也有分散在体内各部的，如内分泌系统由垂体、甲状腺、肾上腺等组成。在神经和体液调节下，所有系统互相联系、互相制约地执行其生理功能，以保证机体代谢的进行和生命的延续。如以整体的人为喻体，来观察和描述法律现象，其思维过程具有以下特征。

第一，法律是一个包括诸多要素的有机体系。借用有机体的隐喻分析社会问题的方法，在社会科学领域早已有之。柏拉图指出："不言而喻，国家本身相当于胴体，因其天赋和敏锐的思想直观而被选中的年轻的保护者们则居于头脑的顶部而俯视着整个国家。在视察的过程中，他们记下看到和听到的所有事情，并作为汇报人把国内发生的事全部向年长者汇报。我们可以把年长者比做理智，因为他们在许多重要问题上显示出过人的智慧。他们借助于年轻人关于有争议的政策的帮助和建议，因此，这两者的结合有力地保证了整个国家的安全。"① 19世纪，英国社会学家斯宾塞也用"有机体"的概念来说明社会问题。他认为社会机体同生物机体完全一样，并主张社会生活也应服从生物学的规律。马克思主义经典作家认为，把社会看作一个活的有机体的思想是合理的，但反对把社会生活的发展归结为生物现象。社会不是坚实的结晶体，而是一个能够变化并且经常处于变化过程中的机体。社会有机体的运动是高级运动形式，它有着区别于生物机体的特殊本质和运动规律，法律有机体也就是社会有机体隐喻的具体运用。恩格斯指出："在现代国家中，法不仅必须适应于总的经济状况，不仅必须是它的表现，而且还必须是不因内在矛盾而自相抵触的**一种内部和谐一致的**表现。"② 作为相对独立的社会现象，法律一旦产生，便逐渐形成自己的体系。法律有机体的隐喻，是用来说明法律是包括法律概念、法律规则和法律原则等各种法律要素，各要素间有机联系、相互制约的规范体系。

第二，存在着一个拟人化词语的集群。在法律有机体的隐喻系统中，各个隐喻相互影响、相互制约，相应地该隐喻系统也外显为一套话语体系。没有任何一个拟人化词语是无牵无挂的孤子，它总是与别的词语有着千丝万缕的牵连。因而，了解这些个别的词语，就要把握它的相关脉络。拎出任何一个拟人化词语，必然牵涉到一个相互影响、相互制约的

---

① ［古希腊］柏拉图：《法律篇》，张智仁、何勤华译，422页，上海，上海人民出版社，2001。

② 《马克思恩格斯选集》，2版，第4卷，702页，北京，人民出版社，1995。

隐喻词语系统。例如，法律移植一词如以器官移植为喻体，实际上，就预设着一个生命有机体的存在。器官是生物体的组成部分，脱离生物体的"器官"就不再是器官。法律有机体是以整个人身为喻体，系上位的隐喻，接下来包括法律规范是法律的细胞，法律概念是法律的关节（或者纽节），法律原则是法律的灵魂等下位隐喻。

　　第三，人是拟人法律观的根隐喻（root metaphor）。人的世界观总有一些互相联系的范畴，而这些范畴都来自根隐喻。哲学家对宇宙本质的假设，也寻找以往的经验，那是事物本质的最好的样板。有机体论，其根隐喻是生物学中的有机体，它强调过程、现象和实体之内和之间都有联系。在拟人法律观之中，人是根隐喻，是关于法学基本范畴的核心范畴，它决定着法学家们观察、研究世界的进路、方式。人是有着复杂结构与多方面属性的存在物，以人为喻体，可形成拟人化词语的集群。拟人化法律词语，与人这个系统之间形成明显的对位关系。在拟人法律观中，人与法律两类不同事物之间的关系其实是两个不同语义场之间的对比与映照，就像冰山一样，实际出现的词语只不过是冰山的一角，下面隐含着整个冰山，整个相关的语义网络。拟人法律观有一定的系统性，它们的本体或喻体的结点可以激活各自所在的子系统，并在一定时间内使两个子系统的许多概念结点都处于激活状态。它们的激活状态自然能够激励一系列隐喻的连通关系。如果以人为喻体，各种法律现象之间，能形成一系列词语的对位关系，外显为一套新的法律概念系统。

四、拟人法律观的存立理据

　　在法律领域，广泛分布着的拟人化词语，或隐或显地存在着的拟人化思维，既是法学家们的诗性挥洒、灵感闪现，同时也有着深刻的根据和理由。不可否认，在思维特征上，"隐喻就是一种类比"[1]。法律隐喻的运思过程，是法学家基于某一法律现象与其他领域现象具有一定的相似性，从而将已掌握了的其他领域现象的相关知识，由此及彼地转换到法律领域，实现对某一复杂的法律现象的认知、表征和交流。与其他的法律隐喻一样，拟人法律观的内在机理也是类比推理。其思维基础是，由于法律现象与人具有诸多的类似性，因而将已知的人之属性与特点，投

----

[1]　[美] 理查德·A·波斯纳：《法理学问题》，苏力译，116 页，北京，中国政法大学出版社，2002。

射于相对陌生的法律世界的思维活动。除此之外，拟人法律观的存在还有其他方面的原因。

　　第一，"以己度物"的自然进路。人是万物的尺度。人的认识，往往"近取诸身，远取诸物"，"以己度物"，遵循着由近及远、由实体到非实体、由简单到复杂、由具体到抽象的基本规律。"人们在认识不到产生事物的自然原因，而且也不能拿同类事物进行类比来说明这些原因时，人们就把自己的本性移加到那些事物上去"①。一般地，隐喻中的喻体对说话者或听话者来说，要比本体更为熟悉。而在两者发生互动反应时，通常是更为熟悉的事物的特点和结构被影射到相对陌生的事物上，喻体可以帮助认识本体的特点和结构，因而也就具有了认知的功能。隐喻是以我们身边的日常行为和现象为基础，即使不是法律专家，一般人也能够知道比喻基础的事物。这里使用的比喻，不仅是普通人在日常生活中所熟悉的，也是法律家在法律世界中的职业体验。对每个人而言，"身边的事情"都可能成为比喻的线索，以自己熟悉的"身边事情"为喻体，可将其已知的意义投射到陌生的本体上，使难解的问题变得通俗易懂。人类最先认识人体本身及其器官等有形的、具体的东西，进而认识、把握世界其他事物，包括无形的、抽象的事物。"人们不但根据自己衡量别人，而且根据自己衡量一切其他物体。"② 一切都是从人自身出发，引申到外界事物，再扩展到空间、时间、物质。人体及其器官是人类认知的基础和出发点；之后人们又把人体的认知结果投射到对其他物体、事物等概念的认知与理解之上。"在构造知识以服务于我们的社会和政治目的方面，隐喻有着明显的效果（而且这也说明为什么社会的、政治的，因而，还有历史的世界是隐喻所喜欢的领域）。在我们支配把实在转变成人类目标和目的能够接受的世界方面，可以论证隐喻是我们拥有的最强有力的语言工具。隐喻把社会实在有时甚至把物质实在'拟人化'，而且通过这样做，使我们在这些词语的真实意义上把握或者变得熟悉实在。"③拟人法律观以某种特定的价值取向为前提，通过将特定的法律事物与人相并置，可以发现它们之间存在着事先未被注意到或未被发现的相似性，它具有重要的认知功能。

---

　　① ［意］维柯：《新科学》，上册，朱光潜译，114 页，北京，商务印书馆，1989。
　　② ［英］霍布斯：《利维坦》，黎思复、黎廷弼译，6 页，北京，商务印书馆，1985。
　　③ ［荷］F. R. 安克施密特：《历史与转义：隐喻的兴衰》，韩震译，16 页，北京，文津出版社，2005。

　　第二，万物有灵论的思维惯性。早期人类的一种典型思维特征就是"身体化活动"或"体认"，即把人作为衡量周围事物的标准。"在人类的初期时代，人们对持续不变的或定期循环发生的一些活动只能假用一个有人格的代理人来加以说明。这样，吹着的风是一个人，并且是一个神圣的人，上升、上升、到达极顶然后下落的太阳是一个人，并且是一个神圣的人；生长庄稼的土地是一个人，也是神圣的人。"① 他们努力把人类的特性加于外界事物上，使之具有人格化特征，周围的世界无处不涌动着生命想象。当时的语言中也很少有表达抽象概念的词汇，他们对世界的描述不可避免地要借用描写人本身及其活动的词语。原始人把自然现象人格化或精灵化，创造出各种各样的神。在原始法律里，对待动物，甚至植物和其他无生物，经常像对待人一样，甚至也要使它们受到惩罚。原始人认为动物、植物和无生物也有一个"灵魂"，有人的甚至超人的精神能力。原始人并不认为人类和其他东西间存在根本差别，他们将自己的法律也适用于非人类，因为对他们来说，非人类也是人，至少是与人相似。② 公元 3 世纪，罗马法学家乌尔比安认为："自然法是所有动物所通有的法律。这种法律并不是人类所特有的，而是属于生活在陆地或海中的所有动物，也属于空中飞翔的鸟类。因此，就出现了我们称之为婚姻的男女结合，也因此出现了繁衍后代和养育后代的问题。就此而言，我们可以说所有的动物，甚至包括野兽，都通晓此类法律"③。在万物有灵论居支配地位的情况下，将非人的各种事物与人无差异地看待的观念，还没有发现它们之间的不同，社会尚处于前拟人法律观阶段。但是，万物有灵论对后世的拟人法律观的产生具有重要的影响。

　　第三，生物进化论的深刻影响。19 世纪下半叶，法学受到了当时正在兴起的生物科学，尤其是达尔文理论的影响。今天，法律"正在进化"的概念深深扎根于英美法律思想之中，以至大多数法律家甚至不再意识到它是一种比喻。可以说，法理学中对进化论的这种迷恋并非特异现象。大多数思想领域一直深深地受到达尔文的影响。进化论的比喻是时代精神的一个部分。如果在法理学中没有进化理论那才是奇怪的。关于"法

---

　　① ［英］梅因：《古代法》，沈景一译，2～3 页，北京，商务印书馆，1959。
　　② 参见［奥］凯尔逊：《法与国家的一般理论》，沈宗灵译，3～4 页，北京，中国大百科全书出版社，1996。
　　③ ［美］E. 博登海默：《法理学——法律哲学与法律方法》，邓正来译，16 页，北京，中国政法大学出版社，1999。

律"一词，学者所说的意思同大多数法官、律师等法律家和公民有很大的不同。他们特别把注意力集中在较长的时间段中出现的法律判决模式。各种法律进化理论绝不零星地谈论法律。他们主张这样来辨认变化的模式，即当人们从高处而不是从地平面上观察法律时明显可见的那种变化模式。"他们试图利用进化论模式的独特的力量在很少知道特定案件的决定因素时，在抽象的水平上做相对精密的陈述。"① 进化论的法律观包含着三个要素。首先，它将法律看作是一定环境决定的产物；其次，这种环境处在不断的变化发展之中；再次，它不将法律看作是一举制成的东西，而是历史的产物，强调法律的逐渐演变而不是同过去一刀两断。由于生物进化论创造了大量的语汇，提供了各种类比，而且还指明了思路，因此，物理学定律的类比以及星球运动的类比已被生物学定律的类比所取代。有机体的进化、有机体和"超有机体"的类比以及把生存之争和适者生存的原则应用于社会现象的做法等等，都是生物社会学以及处在生物学阶段的社会学法理学的特征。生物学解释就是那种根据把生存之争的生物学原则视作社会发展规律和法律发展规律的观点所做的解释。②

五、拟人法律观的制度设置

认知层面的拟人法律观，仅是观察法律世界的一种视角、方式，它如被国家的法律所认可、接受，即成为正式的法律制度，对人们之间权利义务的配置、法律责任的归结，都能产生直接的影响。拟人法律观的制度转化，最典型的形式是法律拟制。所谓的法律拟制，是指基于一定的目的，有意地将不同的事项等同看待，赋予相同的法律效果，且不许人们反驳的法律规定。

（一）疑似的法律拟制

早期人类并不像我们现在这样知道存在一个无生命的世界，他们拥有不是一种有生命和无生命截然分立的世界，而是一个介于两者之间的模糊不清的世界。在人类早期，风、太阳、庄稼等，有权利义务，也要承担法律责任。物我无别，主客不分。古代雅典有一个特别法院，它的职能是惩治无生命物，如果一个人被落下来的石头、石块、铁器或其他

① ［美］E·唐纳德·埃利奥特：《美国法学中的进化论传统》，载《法学译丛》，1986（5）。

② 参见［美］庞德：《法律史解释》，邓正来译，100页以下，北京，中国法制出版社，2002。

东西所击，而他不知道是谁丢的，但他认出并持有这一行凶器具，就可以在法院里对这些器具提起追诉。在古希腊时期，王者执政官和部落王负责审判无生物和动物被控杀人的案件。① 在中世纪仍可能对一个动物提起诉讼，例如一只狗或一头公牛弄死了一个人，或者蝗虫吃谷物而造成损害，而且采用对人一样的方式加以执行。② 在盎格鲁—撒克逊时代，结果责任不仅可以施加于任何人，而且可以施加于动物乃至无生物。只要是对人的死亡起了作用的东西（无论是人、动物抑或物体），都要作为"赎罪奉献物"交给上帝以用于虔诚的用途，为未被宽恕的死去的灵魂超度。例如，一头牛误伤了一个人，致其死亡，那么，该牛通常要被砸死，并且它的肉不能食用；一个驾驶马车的人从马车上摔下来，马车轮和马就要被没收，交给有权获得"赎罪奉献物"的主人；一个小男孩掉进一口盛满牛奶的锅里溺死了，这口锅就被没收了；当棍棒、石头、铁制品以及无声的和无感觉的东西落在任何人的身上时，就把它们扔到国界以外；当一个人自杀时，实施该行为的手就要从尸体上割下来埋掉。③ 对于人类早期的上述法律制度与做法，霍姆斯认为，"无生命物是可以拟人化等同于野蛮人的，而且这种观点可以得到很多的证实。没有这种拟人化，对于无生命物的愤怒之情最多就只能是暂时的，而我们应该注意到，在原始的习惯法和法律中有一个最常见的例子：一棵树倒下来砸死了一个人，或者一个人从树上跌下来摔死了，此时我们都知道，树是如何与动物被等同对待的。它当然是与动物一样被送给死者的亲属，或者被砍成一块一块的，以满足真实的或者模拟的复仇激情。"④ 对此，我们持不同意见。在万物有灵论居支配地位之时，人们尚无运用普遍概念进行思考与推理的能力，当时的法律规定与做法虽有着法律拟制的外壳却无内在的灵魂，它们并不是以拟人法律观为其思想基础的，并不属于法律拟制。然而，这些法律规定对后世的法律拟制的形成，提供了丰富的思想灵感和制度资源。

---

①　参见［古希腊］亚里士多德：《雅典政制》，日知、力野译，62 页，北京，商务印书馆，1959。

②　参见［奥］凯尔森：《法与国家的一般理论》，沈宗灵译，489 页，北京，中国大百科全书出版社，1996。

③　参见张智辉：《刑事责任通论》，18 页，北京，警官教育出版社，1995。

④　［美］小奥利弗·温德尔·霍姆斯：《普通法》，冉昊、姚中秋译，10 页，北京，中国政法大学出版社，2006。

（二）现行的法律拟制

拟人法律观产生与存在的思想前提是，社会主流观念已能够理性地看待人与法律现象之间的关系，既意识到它们之间的共性与联系，更意识到相互间的差异与不同。"拟制的本质是一种类推：在一个已证明为重要的观点之下，对不同事物相同处理，或者我们也可以说，是一个以某种关系为标准的相同性中（关系相同性，关系统一性），对不同事物相同处理。"① 正是在这个基础上，立法者才基于特定目的，将原本不同的事物等同对待，赋予相同的法律后果，且不容当事人予以反驳。如果法律拟制的参照对象是人的话，那么法律拟制就与拟人法律观相对接，是权利义务配置的思维基础。

法人作为法律的创造物，它是一个独立于其所有人或者投资人的拟制的实体，或者说是一个人造的实体。法人制度将某些团体或组织看作是与自然人一样的会思考、能活动的主体，并承担相应的权利义务。具体而言，实现法人意思的机关，也是有机体器官的延伸用法。法人机关（organ）一词的本义为器官，原指生物体所具有的器官。当它用于无生命的组织体中，是指能够实现组织体意志的"器官"，即机关。② 在中译该词语时，容易与机械学中的"机关"相混淆，因难以找出另一个更确切的词来，故不得不用之。法人不是本来就有的，而是商品经济发展到一定阶段的产物。罗马法上并无法人的名称，该名称是注释法学派在总结概括罗马法的基础上，作为自然法的对称而提出来的。③ 法人可以像一个真实的人那样，以自己的名义经营一项或多项业务。经营业务，获取资产，签订合同，承担责任，所有这些都是以公司的名义，而不是以任何个人的名义进行。法人也可以像人那样起诉和应诉，它交纳税款，可以自己的名义申请营业执照，可以拥有自己的银行账户、印章，等等。具有独立的法律人格且作为社会生活中常见主体的公司，是在资本主义时期才大量出现的。法律赋予公司独立的人格，实际上是人为的拟制，是满足特定目的之法律手段。再如，对物诉讼也是一种法律拟制。现今，过去万物有灵论支配下的对物诉讼制度转化为海损案件中的扣船扣货，

---

① ［德］亚图·考夫曼：《类推与"事物本质"》，吴从周译，59 页，台北，学林文化事业有限公司，1999。

② 参见江平主编：《法人制度论》，29 页，北京，中国政法大学出版社，1994。

③ 参见［意］彼德罗·彭梵得：《罗马法教科书》，黄风译，52～53 页，北京，中国政法大学出版社，1992。

这样既省去了传唤船主的不便，又可使权利人得到及时的赔偿。在海事诉讼程序上，船舶成为名义上的诉讼主体，它既可以作为原告提起诉讼请求，也可以作为被告应诉，或作为诉讼参与人参加诉讼。法律上设定此种程序的最初理论，是认为船舶是有生命之物，可以从事一定的法律行为，并引起相应的法律关系，船舶具有"法律人格"。"那些伟大的法官，虽然肯定意识到了，一只船其实并不比一只磨轮更有生命力，但他们还是认为，法律不仅事实上确把它作为有生命之物来处理，而且合乎情理的是，法律也应该这样做。读者会注意到，他们并不只是简单地说，牺牲所有者的正义以保护其他人的政策是合理的，而是说，将船舶作为违法之物来处理是合理的。无论这背后的政策根据是什么，他们的想法掩藏在人格化的语言之下。"① 如今，对物诉讼制度转化为海损案件中的扣船扣货，这样既省去传唤船主的不便，又可使权利人得到一定数量的赔偿。这些基于拟人法律观而构建起来的法律拟制，在当今世界仍发挥着不可替代的重要作用。

（三）未来的法律拟制

1972 年的《联合国人类环境宣言》规定："人类有权在一种能够过尊严和福利的生活的环境中，享有自由、平等和充足的生活条件的基本权利，并且负有保护和改善这一代和将来的世世代代的环境的庄严责任。"生态文明的建设，不仅要处理好人与自然的关系，也需要处理好当代人与未来人的关系。"作为一个物种，我们和当今世代其他成员以及与过去和将来世代的成员一道，共同拥有地球的自然和文化环境。在任何特定时期，各世代人既是未来世代地球的管理人或受托人，同时也是地球所有成果的受益人。这赋予了我们保护地球的义务，同时给予我们某些利用地球的权利。"② 但是，在传统法学的视野中，行使环境权利的主体只能是具有权利能力的现实社会中的自然人和组织，未来人无生命、无意识、无思维，没有权利能力和行为能力。相对于在场的当代人，未来人是一个无势群体，没有能力来主张自己的权利，其权利的实现全靠当代人自我约束，经由反射的方式而获得的。实际上，这只是一种道德关系，法律并无发挥作用的空间。在建设生态文明的过程中，我们可从拟人法

---

① ［美］小奥利弗·温德尔·霍姆斯：《普通法》，冉昊、姚中秋译，27 页，北京，中国政法大学出版社，2006。

② ［美］爱蒂丝·布朗·魏伊丝：《公平地对待未来人类：国际法、共同遗产与世代间衡平》，汪劲等译，16～17 页，北京，法律出版社，2000。

律观之中找到新的灵感，设计出更有效的法律拟制。德国法学家考夫曼主张，"创设未来世代请求充分生存条件且可资诉讼的固有权利，这点绝非只是基于人类的考量。此种权利必须交由信托人行使并贯彻之，例如由联合国为之"①。通过法律拟制，设置监护人或代表制度，为未来人利益的实现选取监护人或代表，赋予其诉讼主体地位，让"不在场"的"未来世代者"作为诉讼原告提出对环境与资源的请求权、享有权。在当代人违反义务、侵犯未来人利益时，由其监护人或代表通过司法途径请求排除妨害、恢复原状或者赔偿损失。

六、拟人法律观的价值寻绎

法的目的价值体现着法所要达成的良好状态，反映着法律制度所追求的社会理想。社会成员特别是法律职业者是否具有正确的法的价值观，决定其具有什么样的法律思维，实施何种法律行为，直接影响到法制运行状况。拟人法律观虽有着深刻的理论根基，是一种重要的法学思维方式和有效的法律调整手段，但如果不以正确的价值判断为先决条件，它的运用也是危险的。法价值论上的偏颇，会引人落入思维陷阱，可能在法学理论、法律实践方面带来一些负面影响，因而，必须保持理性的判断和准确的选择。

（一）外力推动与自主演进

在发展动因上，正确的拟人法律观首先要防止社会建构论的思维误导。如果把人的意识、欲望、目的、动机、意志等主观方面作为喻体，来看待和把握法律现象，可能导致的结果是，过分看重人为的理性建构在法律的变迁与发展中的作用，过分依赖政府在法律变革中的主导作用。哈耶克在对指称社会现象使用的诸多术语进行考察时发现，建构论的或意向论的错误解释已深深地渗透进了我们认识社会现象的思维方式之中。自然科学、生物学或社会理论一样，也使用拟人化术语。但是，物理学家在论及"力量"或"惰性"或在论及一个物体对另一个物体"作为"的时候，是在人们普遍理解的专门意义上使用这些术语的，不大可能会误导他人。但是，要说社会在"作为"，会产生诸多极具误导性的联想。法律实证主义是唯理主义建构论的主要分支之一。"根据一项制度行使一种功能的观点，实证主义居然推出了这样一个结论，即履行某种功能的

---

① ［德］考夫曼：《法律哲学》，刘幸义等译，424页，北京，法律出版社，2004。

人在履行此一功能时必定受着另一个人的意志的指导。据此，根据私有产权制度履行维续自生自发社会秩序的功能这个真实的洞见，实证主义也导出了这样一个观点，即为了维续自生自发的社会秩序，就需要有一种具有某种权威的指导权力——这种观点甚至还在一些国家根据实证主义的论断而制定的宪法中得到了明文的规定。"① 法律实证主义认为，人"制造了"自己的所有文化和制度，所有的法律都是某人意志的产物，从而也就忽视了社会物质生活条件对法律的决定作用。

另一方面，拟人法律观的喻体如是人之有机体及其发育过程，其意涵是：政府或者政治统治，对于人来说是自然的。它不是需要用武力强加给社会的东西，也不是发源于某种契约或协定的东西。② 法律既为有机体，其生长与发展的基因密码必然是独特的，外力难以对其产生实质性影响。③ 对此，美国法学家庞德指出，对法律发展过程的理解，必须为我们提供一种以活动为根据的法律史解释，引导我们不仅把法律制度视作是固有之物，而且也把它们视作是被创造的事物；不仅把法律制度视作是传承至我们的传统之物，而且也把它们视作是人们在此前某个时代创制的事物并且是那种相信它们和需要它们的人在当下所创制的事物。沿此进路，他把法理学看成是一门社会工程科学，"我们决不能从一种有机体的角度去思考问题，因为这种有机体得以发展的原因和手段乃是其内部固有的某种特性；我们还是应当像在 18 世纪那样，从一种建筑物的角度去思考问题——该建筑物乃是人类为了满足自身的欲求而建造的，尔后人类又为了满足其日益扩大或日益变化的时尚不断地对它进行修理、改造、重建并不断地给它添砖加瓦。"④ 法律是建筑物的隐喻，突出了人在法律发展和法律建设中的主体地位，明显区别于将法律视为自生自长的有机体的隐喻。法律制度都不是自然生长物，它们总是"处于制作之中"。每一项法律制度只有经过不断地修改、解释、适用，才能逐渐地明确、具体。与政治制度一样，法律制度也"是人的劳作；它们的根源和全部存在均有赖于人的意志。人们并不曾在一个夏天的清晨醒来发现它

---

① ［英］弗里德里希·冯·哈耶克：《法律、立法与自由》，第 1 卷，邓正来等译，31 页，北京，中国大百科全书出版社，2000。

② 参见［美］哈罗德·J·伯尔曼：《法律与革命》，贺卫方等译，348 页，北京，中国大百科全书出版社，1993。

③ 参见谢鸿飞：《民法典与特别民法关系的建构》，载《中国社会科学》，2013（2）。

④ ［美］罗斯科·庞德：《法律史解释》，邓正来译，30 页，北京，中国法制出版社，2002。

们已经长成了。它们也不像树木那样，一旦种下去就'永远成长'，而人们却'在睡大觉'。在它们存在的每一阶段，它们的存在都是人的意志力作用的结果"①。一国的整个法制系统更需各类社会主体持续地维护、建设，方能有效运作、趋于完善。

总之，法的本质，既有主观意志性也有客观制约性。上述的建构模式是法的主体意志性的体现，演进模式则是法的客观制约性的外显，二者并不是截然对立、相互排斥的。如果将二者看作法律本质的两个极端，那么，正确的拟人法律观，必须根据一国社会与法制的发展状况，在建构模式与演进模式之间寻找一个合适的平衡点。

（二）个人权利与国家权威

在法律本位上，拟人法律观首先应警惕国家主义、专制主义的理论误导。黑格尔从有机体的整体与部分之间的关系来分析国家与个人的关系。"国家是机体，这就是说，它是理念向它的各种差别的发展。这些不同方面就是各种不同的权力及其职能和活动领域，通过它们，普遍物不断地、合乎必然性地创造着自己。这种机体就是政治制度。它永远导源于国家，而国家也通过它而保存着自己。如果双方脱节分离，而机体的各个不同方面也都成为自由散漫，那末政治制度所创造的统一不再是稳固的了。这正与胃和其他器官的寓言相合。机体的本性是这样的：如果所有部分不趋于同一，如果其中一部分闹独立，全部必致崩溃。用各种谓语和基本原理等等来评判国家，那是无法做好工作的，国家必须被理解为机体。"② 国家机体中"各个环节的这种理想性正像机体的生命一样。生命存在于每个细胞中。在一切细胞中只有一个生命，没有任何东西抵抗它。如果离开了生命，每个细胞都变成了死的了。一切个别等级、权力和同业公会的理想性也是这样，不论它们有多大的本能巩固地和独立地存在。这正如机体中的胃，它固然主张独立，但同时被扬弃、被牺牲而转入于整体"③。沿此进路，国家既然是至高无上的存在物，作为国家构成元素的个人、组织，并无独立的存在价值，而是依存于国家的附属物，是服务于国家崇高使命的工具。

在国家尊重和保障人权的时代，必须看到，每个人都是目的而不是

---

① ［德］J.S.密尔：《代议制政府》，汪瑄译，7页，北京，商务印书馆，1982。
② ［德］黑格尔：《法哲学原理》，范扬、张企泰译，268页，北京，商务印书馆，1961。
③ 同上书，293页。

手段，每个人的法律地位都是独立的。"一项法规，如果只想为公共利益服务，却拒绝为个人利益作任何辩护，那它也就根本不可能要求获得法之名分。"① 因而，立法者在创制规范时，法官在处理案件时，都不能单纯地以统计学上的概率或历史发展趋势，基于"宏观""整体""大多数""公共利益"之考虑，"只见森林，不见树木"，轻视或抹杀个人的具体权益。正是对每一个具体的、活生生的人及其身边小事的关切，才是法律制度崇高的价值目标。拉德布鲁赫指出："超个人主义以有机体，即整体的人为前提：如同在我们的躯体中一样，在一个好的国家中，并不是整体为了肢体而存在，而是肢体为了整体而存在。个人主义观念则是以一个愈来愈有名的契约为图画而展开的：只有按照这种契约组成的国家才具有合理性，也就是说，这个国家只能是通过意愿自由的、完全可以理解的自私自利的成员共同聚合而实现。"② 国家主义强调国家的崇高超越了国家成员的利益。与此相反，个人主义理论认为国家的所有尊严都来自于个人的封授，国家除了因个人而具有的价值之外不可要求其他价值。在个人利益中，自由主义凭借经验占有着评价既存国家机构有价值或者无价值的现成标准，从而成为批评和改革的工具。

综上，基于"大河没水小河干"的国家主义立场，必然强调公共利益至上，轻视个人权利的保障与实现；相反地，基于"小河没水大河干"的个人主义立场，自然强调公民权利至上，将公共利益看作实现个人权利的手段。客观地说，两者都有合理性也存在不足，它们之间并非不相容的排斥性关系，拟人法律观的运用，应当自觉地在权利优位与国家权威之间进行理性的价值定位。

（三）必然死亡与转型再生

在演进结果上，人的生命必然要经历"胎儿期→诞生→幼年及少年期→青壮年期→老年期→死亡→细胞解体"这一过程。以此类比，一国的法律秩序则要经历"准备期→变革期→上升期→繁荣期→下降期→变革期→衰灭期"的生命周期。无疑地，这种认识可称为悲观的宿命论，它过于简单化，存在着明显的误导。实际上，两者之间虽存有类似之处，但更有着不可不察的重大差别。人体步入老年期后，即不断走向死亡，

---

① 〔德〕古斯塔夫·拉德布鲁赫：《法律智慧警句集》，舒国滢译，25 页，北京，中国法制出版社，2001。

② 〔德〕拉德布鲁赫：《法学导论》，米健译，14～15 页，北京，法律出版社，2012。

最终归入尘土，不能复生。任何人都逃脱不了死亡的结局。但是，法律
秩序受到种种因素影响，处于复杂的变动状况，其实际发展曲曲折折，
不可能是单纯的直线、圆滑的曲线。旧法律制度可能经过一番努力，在
走下坡后峰回路转，注入新的生命力，可再度欣欣向荣。① 这种说法，可
称为乐观的再生论。

何勤华教授就法学死亡这一说法，与生物体死亡的异同做了辨析。
所谓"死亡"，一般是指人、动物等生物"失去其生命"。对人类社会中
的组织机构、制度原则、风俗习惯、意识形态和学术文化而言，是指
"失去其存续下去的价值"，从而退出历史舞台，不再发挥作用。法学的
死亡与自然界生物的死亡不同。它既不会在外形上完全灭失，它的载体
如书籍、文献及碑石、铸鼎等还会保存下来，也不会马上退出人类历史
的舞台，它的观点、概念和思想等还会在人们的头脑中存留下来。就世
界法和法学的发展而言，说某一法学传统死亡、某一法学传统存留下来，
都仅仅是指其程度和范围的不同，而不是说其性质的区别。就法的发展
而言，说某一法学传统保留下来，某一法学传统消亡了，主要是指前者
的主体部分影响了后世法和法学的发展，而后者只有个别成分和要素为
后世的法和法学所吸收。② 如果看不到其差别，把对生物体死亡的理解简
单地套用到法学上，势必得出中国古代法学的死亡就是它完全消失、不
发生任何影响的错误结论。实际上，中华法系源远流长、影响广泛，"有
其历劫不磨之真价值存在"，是"数千年来我祖宗心血造诣之宝贵财产"。
因而，当代的法律人有责任使其"不惟不至纷失，且更进一步力采欧、
美之所长，斟酌损益，以创造崭新宏伟"③ 的中华法系。有着悠久历史和
灿烂文明的中华民族，正在社会主义民主与法治的道路上阔步前进，伟
大的中华法系将焕发出勃勃生机。

所以，在悲观的必死论看来，与人一样，法律必然死亡，只能静观
其变，任何努力都徒劳的；相反地，在乐观的再生论看来，法律的衰败，
并不必然走向死亡。如果时空变换，该法律秩序也可能焕发生机。当然，
一种濒死的法律秩序，人们对之麻木不仁，袖手旁观，无所作为，必死
无疑。因而，这种乐观的再生论并非盲目的乐观，法律的发展并不是自

---

① 参见许志雄：《宪法秩序之变动》，8~9 页，台北，元照出版公司，2000。
② 参见何勤华：《法律文化史谭》，300~301 页，北京，商务印书馆，2004。
③ 杨鸿烈：《中国法律对东亚诸国之影响》，"全书提要"7 页，北京，中国政法大学出版
社，1999。

然而然的演化过程，也需要人的主体作用的发挥。具体言之，中国的法律人应当奋发图强，不懈努力，精心构建出一套体现中华民族特色的法律制度、法律世界观、法律方法论和法律话语体系，为中华法系的勃兴做出自己应有的贡献。

结语

　　法律是明确、肯定的社会规范，相应地，法学具有追求明晰准确的学术传统，崇尚数字般的叙述方式与话语形式，这极易产生贬低、排斥隐喻、拟人等的类比思维。但是，随着唯理主义在法学领域地盘的逐渐缩小，概念法学在法学领域的绝对统治也受到质疑，类比推理不断拓展自己的疆土。美国法学家孙斯坦指出："类推推理位于法律思维的核心，而且理由非常充分。它非常适于律师和法官担任的特定角色——非常适合这样一个制度，即各种不同的人尽管在时间和能力上有各种限制，尽管在根本性问题上存在不同意见，但他们必须得出结论。类推过程没有任何静止的东西；它为灵活性留有大量余地，实际上也就是进行大量的创造活动。法律中的许多创造活动都来自于人们能够看到新的类推的能力。不管一个法律文化是多么的复杂，也不管它对法治是多么的投入，它都可能为类推推理留下大量空间。因此，在日常生活中坚持的类推思维在法律中也得到反映。"[①] 人是复杂的存在物，具有多重属性，能给法学研究带来丰富的联想，是法学家灵感的巨量资源库，拟人法律观尚待开发的学术空间是非常广阔的。就此而言，本书所做的研究只是初步的、浅表层的，还需进一步拓宽观察范围，凿挖研究深度。

[①]　［美］凯斯·R·孙斯坦：《法律推理与政治冲突》，金朝武等译，120 页，北京，法律出版社，2004。

第10章 "手"之法意

一、作为法学认知中介的"手"

人类最先了解人体本身及其器官等有形的、具体的东西，并借此认识、把握世界其他事物，包括无形的、抽象的事物。"人们不但根据自己衡量别人，而且根据自己衡量一切其他物体。"① 人体及其器官是人类认知的基础和出发点，然后又把有关人体的认知结果投射到对其他物体、事物等概念的认识上。同样，法学家也经常将特定的法律事物与手等身体器官并置，发现它们之间存在着原先未被注意或未被发现的相似性，以强化认知功能。

人是万物之灵，它具有许多不同于其他动物的生理、心理和社会特征。而手是人所独有的身体器官，其构造精妙、作用突出，是人类认识各种事物的重要媒介。几十万年以前，地球上生活着一个异常高度发达的类人猿的种属。这种猿类在攀援时手干着和脚不同的活，在平地上行走时也开始摆脱用手来帮忙的习惯，逐渐以直立姿势行走。手在此期间已经越来越多地从事其他活动了。由于手被解放出来，并不断获得新的技能，而由此获得的较大的灵活性便遗传下来，一代一代地增强着。所以，手不仅是劳动的器官，它还是劳动的产物。在劳动过程中，总是要去适应新的动作，这样所引起的肌肉、韧带以及经过更长的时间引起的骨骼的特殊发育遗传下来，而且由于这些遗传下来的灵活性不断以新的方式应用于新的越来越复杂的动作，人的手才达到高度的完善。"随着手的发展、随着劳动而开始的人对自然的统治，随着每一新的进步又扩大了人的眼界。他们在自然对象中不断地发现新的、以往所不知道的属性。另一方面，劳动的发展必然促使社会成员更紧密地互相结合起来，因为

---

① ［英］霍布斯：《利维坦》，黎思复、黎廷弼译，6 页，北京，商务印书馆，1985。

它使互相支持和共同协作的场合增多了，并且使每个人都清楚地意识到这种共同协作的好处。一句话，这些正在生成的人，已经达到彼此间**不得不说些什么**的地步了。需要也就造成了自己的器官：猿类的不发达的喉头，由于音调的抑扬顿挫的不断加多，缓慢地然而肯定无疑地得到改造，而口部的器官也逐渐学会发出一个接一个的清晰的音节。"[1] 手的奇妙功能是人类生物进化和社会化的成果。动物的爪，即便是黑猩猩的前肢，其组织构造也远远不及人的手。手有 27 块骨头，其中 8 块在手腕，5块在手掌，大拇指 2 块，其他手指各 3 块。这些骨头由一个复杂的肌肉、韧带、腱系统编织到一起。像眼睛、牙齿之类的器官是多数动物都有的，而手却是人类在劳动过程中，经过长期进化所独有的器官，发挥着独特的认知、实践功能。

手是器官中的器官，是工具中的工具。在人们的心目中，这双奇妙的手，已不单纯是个物理性存在，它也是有情感、能认知的精灵。蒙田感叹："我们需要、答应、呼人、辞退、威胁、祈祷、恳求、否认、拒绝、询问、赞赏、计算、表白、后悔、害怕、难为情、怀疑、教育、下命令、促进、鼓舞、诅咒、作证、控诉、谴责、原谅、谩骂、轻视、挑战、气恼、谄媚、喝彩、祝福、屈辱、讥笑、劝解、嘱咐、激励、庆贺、享乐、埋怨、伤心、气馁、失望、惊奇、喊叫、不言不语……这一切不都是用变化万千的手势来表示的吗？"[2] 手构造复杂、机能多样，能给人带来丰富的联想，在许多学科领域，都是认知的重要中介。在西方经济学中，"看不见的手"，意指一位理性的经济人，既不打算促进公共利益，也不知道自己会在多大程度上促进这种利益。他所考虑的只是自己的收益。在这种场合，他如同受到一只无形之手的引导去促进一个并非他本意要达到的目的，也并不因为事非出自本意，就对社会有害。他追求自己的利益，却往往使他能够比真心实意要促进时更有效地促进社会的利益。[3] "看不见的手"理论告诉人们，人人为自己，都有获得市场信息的自由，自由竞争，无须政府干预经济活动。这一隐喻是西方经济学的核心范畴，是构建西方经济学体系的理论基石。"为了具有法的思想，必须

---

① 《马克思恩格斯选集》，2 版，第 4 卷，376 页，北京，人民出版社，1995。
② ［法］蒙田：《蒙田随笔全集》，中卷，潘丽珍等译，126～127 页，南京，译林出版社，1996。
③ 参见杨春学：《经济人与社会秩序分析》，108 页，上海，上海三联书店，1998。

学会思维而不再停留在单纯感性的东西中。"① 在法学上，手的认知价值虽不如经济学领域那么突出，但也是一个富有启示性的喻体，对认识、表征各种法律现象，具有重要的方法论价值。以手为喻体的法律隐喻，在法律领域大量存在。

二、法律关系视野中的概观

法律关系是法律在调整人们行为的过程中形成的特殊的权利和义务关系。这里，我们先以法律关系的主体、客体、内容和事实等构成要素为框架，对有关"手"的法律隐喻进行归类和整理。

第一，法律关系主体。在日常用语中，手往往被用来表征各种特定的主体：（1）在群体中居于特殊地位的人，如旗手、帮手、副手、助手；（2）擅长某种技能的人，如高手、好手、能手、里手；（3）专门做某种事的人，如猎手、棋手、枪手、水手、炮手；（4）从事违法犯罪行为的人，如扒手、凶手、黑手、打手。在法律领域，手也指代着享有权利和履行义务的个人或组织。爱尔兰家庭由三个四人组和一个五人组构成。五人组中的第五人是作为四组中所有其他成员来源的家长。因此，全体亲生后裔或收养后裔被分成四人组，他们在家庭中的等级与他们的年龄相反。"格尔家庭"是最高一级分组，同时也是最年轻的一组。"格尔家庭"的含义是"人手之家"（hand - family）。"格尔"（Gil）的意思是"人手"，事实上它就是希腊语。在几种雅利安语言中，表示"人手"的词汇同样用来表示权力，尤其是表示家族权力或父权。在拉丁语中，"herus"是一个表示"主人"的古老单词。在古罗马的家族法中还能看到一个基本单词"manus"，即手，它的意思是父亲的权威。② 德语 mund 的意思是"手"，并且与拉丁文中表示手的单词 manus 都源自同一个印欧语系的词根。在其法律含义中，mund 常被译为"保护"（protection），并被比作罗马家长（pater familia）对其家庭成员的权威。它含有监护之意，因此现代德语中表示监护人的词是 vormund。③

相反地，如果手被切除、割断，就意味着法律关系主体地位的丧失

---

① ［德］黑格尔：《法哲学原理》，范扬、张企泰译，218 页，北京，商务印书馆，1961。
② 参见 ［英］亨利·萨姆纳·梅因：《早期制度史讲义》，冯克利、吴其亮译，106 页，上海，复旦大学出版社，2012。
③ 参见 ［美］威廉·伊恩·米勒：《以眼还眼》，郑文龙、廖溢爱译，162 页，杭州，浙江人民出版社，2009。

或减损。"按照法律关系最初始的看法，手被割断造成了一种法律上的无能力。在肉身化的法律体系中，如果说法律对个人进行判断是看头部的话，那么手就是表达法律约定的器官。不管是宣誓时举手，还是约定时伸出手，手的使用与我们后面要讲到的神判具有同等的意义。手被切除也可以这句话的意思就是：作为约定的一个保证，愿意提供自己的肉体。""割断右手就是'肉体性的民事死亡'，它表示的是介于肉体的物质死亡和人格的民事死亡中间的一个状况。"① 如果当事人手被割断，就没有权利能力，即使他能够独立地实施特定的行为，这些行为也是无效的。

第二，法律关系客体。法律关系客体主要有：物，人身、人格，行为，精神产品等。在古罗马，mancipia 来自拉丁文 manus（手）capere（抓），即"用手抓住"之意，引申意为"权力"。奴隶被称为"mancipia"，因为他们从敌人那里被"用手"抓走了（manu capti）。② 被释自由人是从合法奴隶地位中释放出来的人。释放就是"给予自由"，因为奴隶是掌握在他人"手中"并处于其权力下的，释放就是从这种权力之下解放出来。③ 因结婚而在法律上成为妻子便是"in manu"（处于权力之下）。解脱了父权的儿子便是"emancipated"（被解放的）。④ 在古罗马法中，某些词语与"手"相组合，构成一个新的法律术语，用来表征主体的意志和行为所指向、影响、作用的客观对象。

第三，法律关系内容。人类早期"以牙还牙、以血还血"的同态复仇法则，将生命、眼、牙、手等身体现象作为价值衡量的首选和中心。在这里，人的身体及其器官是价值衡量的标准，是产生义务的来源，还是一种义务的支付手段。最早用英语书写的法律《埃塞尔伯赫特法典》就规定了不同社会阶层的人的手的价格，用以赔偿其手被侵犯者。国王的手价值 50 先令，下层自由民的手值 6 先令，伯爵阶层一名最优秀的寡妇的手与国王的手一样，也值 50 先令。⑤ 因人的社会地位不同，手也被划分为不同的价格标准。《埃塞尔伯赫特法典》还规定，如果折断一个人

---

① ［法］让-比埃尔·博：《手的失窃史：肉体的法制史》，周英译，110 页，上海，华东师范大学出版社，2014。

② 参见《学说汇纂》，第 1 卷，罗智敏译，91 页，北京，中国政法大学出版社，2008。

③ 参见［罗马］查士丁尼：《法学总论》，张企泰译，13 页，北京，商务印书馆，1989。

④ 参见［英］亨利·萨姆纳·梅因：《早期制度史讲义》，冯克利、吴其亮译，106 页，上海，复旦大学出版社，2012。

⑤ 参见［美］威廉·伊恩·米勒：《以眼还眼》，郑文龙、廖溢爱译，162～163 页，杭州，浙江人民出版社，2009。

的一个拇指，赔偿 20 先令。如果折断一个人的拇指指甲，赔偿 3 先令。如果折断一个人的食指，赔偿 9 先令。如果折断一个人的中指，赔偿 4 先令。如果折断一个人的无名指，赔偿 6 先令。如果折断一个人的小指，赔偿 11 先令。① 在此，手及其各个部分，都被列入细致的赔偿价目表之中，直接与一定的权利义务相对应。

在日耳曼，一旦有人或物进入你手的领域，如同东道主对客人一样，你就要对他们负起责任。对于客人，你要为他的错误行为负责，为他的侵犯行为而可能被指控甚至被杀；倘若他被杀，你就要为他复仇或者代表他提起法律诉讼。肯特的法律规定，倘若有人在国王的领地杀了人，那么他除了可能欠受害者亲属的偿命金外，还欠国王的手的价值——50先令；倘若他在一名伯爵的宅第杀了人，那他必须偿付相当于这名伯爵的手的价金——12 先令；倘若与房主的女仆发生性关系就是侵犯了房主的手，必须赔偿 6 先令。② 在这里，手就成为类似于货币的一般等价物，通过它可将权利义务予以量化。

第四，法律事实。法律关系的形成、变更和消灭，需要具备一定的条件。其中最主要的条件有两个：一是法律规范；二是法律事实。就法律事实而言，依是否以人们的意志为转移作标准，大体上可以分为法律事件和法律行为两类。法律行为可以作为法律事实而存在，能够引起法律关系形成、变更和消灭。根据行为的表现形式不同，可以把法律行为分为积极行为和消极行为。积极行为，又称"作为"，指以积极、主动作用于客体的形式表现的、具有法律意义的行为。消极行为，又称"不作为"，指以消极的、抑制的形式表现的具有法律意义的行为。手既能表征作为，也有不作为之意。手能从事的运动有两组：抓握和非抓握。在抓握运动中，一个固定或活动的物体由手指和手掌之间的抓握或捏的动作来把握。整个手的非抓握运动包括手指的推、举、叩、戳等动作。③ 抓握是手的最主要功能，许多法律行为往往也以手的抓握来表征：（1）积极的抓握。这种用法主要有插手、着手、经手、举手、到手、得手、交手、接手、入手、上手、携手、握手等。手"充当着防卫者和侵犯者的角色，它有资格防卫，因为它也具备必要的资格发动侵犯。手靠挡与推来防卫；

---

① 参见［美］威廉·伊恩·米勒：《以眼还眼》，郑文龙、廖溢爱译，153 页，杭州，浙江人民出版社，2009。

② 参见上书，165～166 页。

③ 参见［美］约翰·内皮尔：《手》，陈淳译，60 页，上海，上海科技教育出版社，2001。

它也采取攻击性的抓、掐和拳击来进行保护和防卫。与能够穿越空间发挥作用并能够被抛出去的眼神——眼睛的一瞥也可以被抛出——不同，手所到之处较为有限。要让手延伸到手臂长度以外的地方，我们要么必须求救于扔石头、长矛以及扣动手枪扳机的方式，要么必须在手臂所及之外放进具有隐喻性的东西来赋予手更多扩展性的力量。这就是手。通过道德、社会与法律的力量，手的手（hand of *mund*）超越依附于身体的血肉之手的物理范围，将它自己延伸至实在的空间。因为手能够用抓和握来索取东西，它能够通过仪式与隐喻性的扩展去抓和握"①。在英美法中，"拿走"（asportation），是盗窃罪的构成要件之一，指将窃取的物品从一处移往他处。拿的本义是，用手握住或抓取。英美法中的"拿走"，不一定要求用手，把马骑走、把牛赶走、把车开走，都构成"拿走"②。（2）消极的非抓握。《说文解字》曰："付，与也。从寸持物对人。""付"，就是经由手的给予。"出售"，即"出手"，物的所有人发生变化。此类用法主要有松手、转手、罢手、出手、撒手、甩手、脱手、洗手等，它具有失控、不在手、转让等意思。如罗马法中的土地买卖，出卖人只要站在高处向买受人遥指土地的位置和疆界，不再亲临其地，称"长手交付"（longua manu traditio）；如承租人买下出租的房屋，房屋本已由其居住使用，所须交付只是权利的改变和确定，故称"在手交付"（brevi manu traditio）。③

综上，作为人体器官的手，具有重要的法学认知价值，以它为原型，衍生出大量的法律隐喻、法律拟制现象，形成一类独特的法律词语，不仅对法律思维，而且对法律制度的建构与适用都产生很大的影响。

三、基于"手"意象的物权制度

手本身即有把握、控制的意思，因而，它与调整占有、支配特定物的物权法有着紧密的联系。首先是手与占有的关系。最直观的占有，就是身体及其器官，特别是手，对外物的掌控与支配，因而手与占有制度存在着非常紧密的联系。在罗马法中，早先人们仅承认两种类型的占有：对于动产而言，就是把它拿在手里；对于土地而言，就是把脚踩在上面。

---

① ［美］威廉·伊恩·米勒：《以眼还眼》，郑文龙、廖溢爱译，169 页，杭州，浙江人民出版社，2009。

② 薛波主编：《元照英美法词典》，103 页，北京，法律出版社，2003。

③ 参见周枏：《罗马法原论》，上册，338～339 页，北京，商务印书馆，1994。

在人类的早期，"坐在某个地方，即所谓占有（possessio），因为那个地方自然被位于其上的人占据着"①。罗马法中转移所有权最古老的方式称为 mancipatio，在古典拉丁语中，它也被称为"mancipium（所有权）"。mancipatio 是由拉丁文 manu（手）和 capere（攫取）结合而成的，意为用手攫取。"在绝大部分的情形中，占有都通过被称为象征性的方式而取得。例如，在土地的情形中，象征性的取得必定几乎是普遍的，因为要踩遍土地的每一个角落几乎是不可能的，而任何没有被踩到的部分就不能被认为已经被自然体控了；事实上，即使在动产的情形中，以下情形也必定是少见的，即整个物都被握在手中并被包围。"② 可见，早期罗马人将物的所有理解为一种基于实力或强力的控制，手即是实力或强力的标准，它是占有的思维原型。

占领是一切财产权的自然来源，占领中有军事占领（occupatio bellica），是由罗马人保存下来的，因此当时奴隶们被叫作 mancipia（俘虏），即战争的胜利品，本来只是罗马人中间的来自征服和掳掠的转让，后来就用来对付被征服的民族。伴随着这种实际转让的还有一种相应的实际占领（usuc apion），即通过实际使用而取得的所有权（因为"获得"就是 capio 这个词的意义），占领通过实际使用的〔取使用（usus）这个词即指占领（possessio）的意义〕执行方式本来就是对所占领物的持续的物体掌握。原始各族人民按本性都是些诗人，就自然地模仿过他们从前用来保卫他们的权利和制度的那些真实的力量。所以他们就造出一种关于自然转让的神话故事，从而创造出以交付一种象征的锁链绳结（knot）方式代表正式的民政性的转让手续，来模仿天帝约夫把最初的巨人们束缚在原始的还未占领的土地上，而他们自己就用这种锁链绳结来束缚受他们收容的"家人"或家奴们。用这种象征性的转让方式，他们就通过法定手续（actus legitimi）来使他们的一切民政性的交易手续成为神圣不可侵犯的。③ 为担保债务的履行，债务人或者第三人将其动产出质给债权人占有的，债务人不履行到期债务或者发生当事人约定的实现质权的情

---

① 〔意〕桑德罗·斯奇巴尼选编：《物与物权》，范怀俊译，205 页，北京，中国政法大学出版社，1993。

② 〔德〕弗里德里希·卡尔·冯·萨维尼：《论占有》，朱虎、刘智慧译，156 页，北京，法律出版社，2007。

③ 参见〔意〕维柯：《新科学》，下册，朱光潜译，558～559 页，北京，商务印书馆，1989。

形，债权人有权就该动产优先受偿。"质押"（piguns）一词源于"拳头"（pugnus）。因为用于质押之物要被亲手交付，所以一些人认为质权（pignus）本身被设定于动产之上。①

衡平法中有一种"不洁之手"理论，即对于实施不公平或不正当行为的当事人，法官不给予禁令或损害赔偿等救济。知识产权滥用理论最初是诉讼中的"不洁之手"理论在知识产权领域中的延伸，它只是被告据此答辩的一种抗辩事由。"不洁之手"理论，禁止权利人以其享有的知识产权为手段来获取知识产权法未赋予的其他排他性权利。通过司法判例确立起来的权利滥用抗辩规则，一定程度上又影响到了美国联邦立法政策。② 通过"不洁之手"所获取的利益，不能转化为合法权利，无法得到法律的保障。

在一个进化程度高的社会，通过人身的直接占有来确认与转让权利有着明显的不便之处。"不能由于我躺在一块土地上，便有资格说，这是'我的'。只有当我可以离开那儿，并能够正当地说那块土地仍为我所占有时，它才是我的"③。但是，"我用手占有，但是手的远程可以延展。手是一种伟大的器官，为任何动物所没有的。我用手所把握的东西，转而可以成为我攫取他物的手段。当我占有某物时，理智立即推想到，不仅我所直接占有的东西是我的，而且与此有联系的东西也是我的。实定法必须把这一点规定下来，因为从概念中得不出更多的东西来。"④ 随着社会的发展以及法学思维水平的提升，人们对占有的理解逐渐超越直观的经验层次，而提升到抽象的概念高度。"只有一种理智上的概念，才能概括在理性的权利概念之下。所以，我可以说我占有一块土地，虽然我并不是确实站在它上面，而是站在另一块土地上。""它之所以是我的，因为我的意志在决定对它作任何特殊利用的时候，不与外在自由法则相抵触。现在，正是由于撇开了实物上的占有（即我自由意志在感性方面的占有），于是，实践理性决定：根据智力上的概念（它们不是经验的，却先验地包含理性占有的诸条件），理性的占有将被人理解。"⑤ 在古罗马法

①　参见［意］桑德罗·斯奇巴尼选编：《物与物权》，范怀俊译，198页，北京，中国政法大学出版社，1993。

②　参见易继明：《禁止权利滥用原则在知识产权领域的适用》，载《中国法学》，2013（4）。

③　［德］康德：《法的形而上学原理》，沈叔平译，57～58页，北京，商务印书馆，1991。

④　［德］黑格尔：《法哲学原理》，范扬、张企泰译，63页，北京，商务印书馆，1961。

⑤　［德］康德：《法的形而上学原理》，沈叔平译，65页，北京，商务印书馆，1991。

中，原本只有有体物才能成为占有的标的。① 后来，占有的范围有所拓展，也包括了无体物。对无形财产的占有（即对没有物质形态的权利的占有，如专利权、商标权、在他人土地上的通行权等），即准占有。在准占有中，不必持续地行使该权利，但其对权利的行使应表明其在任何预期的时候均有意行使。

四、公权力之"手"及其法律控制

维柯从词源学的角度，对古罗马法中关于"手"的术语做了梳理。由于人类凭自然本性都想要寻求真实（the true），如果达不到真实的愿望，人类就要紧紧抓住确凿的可凭的证据（the certain）。买卖或转让（mancipations）是从用真正的手（vera manu）开始的，也就是凭真正的力量（force）开始的，由于力量是抽象的，而手是具体的。在所有的民族中，手的意义就指权力，因此希腊人有 cheirothesiai（一人把手放在另一人的头上）和 cheirotoniai（举手）这些手势；他们用前一种手势把手放在被选举出来当权的人们头上，用后一种手势欢迎被选的当权者。这种礼仪性的手势是哑口无言的时代所特有的；在复归的野蛮时期，选举国王时也用举手欢迎，这种实在的手势也用在占领上或交易上。② 由此可见，"手"不只是在私法领域中具有支配、控制、占有等含义，就是在宪法、行政法、刑法等公法领域，也是表征公权力现象的重要思想源泉。

在罗马人看来，potentia 是指一个人或物影响他人或他物的能力。potestas 还有一个更狭隘的政治含义，是指人们协同一致的联系和行为所具有的特殊能力。③ 英语中"权力"（power）一词来自法语的 pouvoir，后者源自拉丁文的 potestas 或 potentia，意指"能力"（两者都源自动词 potete，即能够）。韦伯指出："权力意味着在一种社会关系里哪怕是遇到反对也能贯彻自己意志的任何机会，不管这种机会是建立在什么基础之上。"④ 在文明社会，私人之间的同态复仇被禁止，国家垄断行使军队、警察、法庭、监狱等暴力机器，公权力的社会影响巨大。手有把握、掌

---

① 参见［意］桑德罗·斯奇巴尼选编：《物与物权》，范怀俊译，205 页，北京，中国政法大学出版社，1993。

② 参见［意］维柯：《新科学》，下册，朱光潜译，558 页，北京，商务印书馆，1989。

③ 参见［英］戴维·米勒、韦伯·波格丹诺编：《布莱克维尔政治学百科全书》，中国问题研究所等组织翻译，595 页，北京，中国政法大学出版社，1992。

④ ［德］马克斯·韦伯：《经济与社会》，上卷，林荣远译，81 页，北京，商务印书馆，1997。

控、处理、安排、支配、统治等含义，手与公权力之间的联系同样紧密。

俄罗斯学者科列索夫从语源学的角度分析道："初始的斯拉夫形象'手'表示'抓取的'，在外来的基督教象征中指'权力'。特征的发展开始于象征的典型，由此而产生下列词语：руководитель（领导）、Поручаться（置于自己的权力之下）和 ручной（驯服的），甚至莫斯科的创建者尤里·多尔戈鲁基（Юрий долгорукий）公爵（有权命令的意思）。概念意义一直在发展，目前状况是'（人的）从前臂到指端的上肢部分'。在现代俗语中产生了一个意想不到的想象'волосатая рука'（多毛的手臂），突出理想特征，只是间接地表示'手臂'（长满毛），隐喻涵义是：有权命令的、强大的、无所不至的、强制掠夺一切的（权力）。多神教的初始形象和基督教的象征还像以前一样，在新的社会上下文中复建，这个上下文在特别现象中凝聚，从典型的俄罗斯二重概念 волосатая рука（多毛的手臂—内容和外延是分析展现的）产生新术语 волосатость，表示'因为相识（贿赂）非法占有或致富'，如：У него такая волосатость, чтоемувсенипочем.（他那样手眼通天，什么都满不在乎。）"① 公权力运行的效应是双重的，它既会给社会带来利益，也可能对社会造成危害；它既可能维护和保障人民的权利和自由，也可能侵害人民的权利和自由以至于制造奴役和恐怖。一般说来，软弱无力的公权力无法维护自由和正义；而没有界限和不受制约的公权力将对社会造成危害。"在所有使人类腐化堕落和道德败坏的因素中，权力是出现频率最多和最活跃的因素。"② 那双没有进化好、长满毛的公权力之"手"，让人充满恐惧，没有安全感。为了防止公权力作恶，自然就需要对其进行控制、约束。"权力问题，在少数人当政的不负责任的政府里没有真正的解决方案，也没有其他任何捷径可循。"③ 出于对公权力本性的这种深刻的历史考察和理性分析，近代以来的思想家始终不渝地告诫人们一切有权力的人都容易滥用权力，要对公权力保持高度的戒备心理，构建民主法治社会制度来加以防范和制约。"由于法律对无限制行使权力的作法设置了障碍，并试图维持一定的社会均衡，所以在许多方面我们都必须把法律视为社会生活中的一种限制力量。法律与赤裸裸的权力所具有的那些侵略性、扩张性趋

---

① ［俄］B. B. 科列索夫：《语言与心智》，杨明天译，17 页，上海，上海三联书店，2006。
② ［英］阿克顿：《自由与权力》，侯健、范亚峰译，342 页，北京，商务印书馆，2001。
③ ［英］波特兰·罗素：《权力论》，吴友三译，75 页，北京，商务印书馆，1991。

向大相径庭，因为它所寻求的乃是政治和社会领域中的妥协、和平与一致。一个发达的法律制度经常会试图阻止压制性权力结构的出现，而它所依赖的一个重要手段便是通过在个人和群体中广泛分配权利以达到权力的分散和平衡。"① 在法治社会，预先设置的规则约束着公权力的任意行使，迫使掌权者按照法定的职权、程序、方式行事。《中共中央关于全面深化改革若干重大问题的决定》提出："坚持用制度管权管事管人，让人民监督权力，让权力在阳光下运行，是把权力关进制度笼子的根本之策。"完善的法律制度能够约束和限制权力，控制官员自由裁量的范围，保障公民的法律权利和自由。《中共中央关于全面推进依法治国若干重大问题的决定》更进一步提出要求："必须以规范和约束公权力为重点，加大监督力度，做到有权必有责、用权受监督、违法必追究，坚决纠正有法不依、执法不严、违法不究行为。"在全面推进依法治国的历史进程中，必须把公权力关进法律制度的笼子里，对其进行有效的控制约束，防止被滥用误用，以保护公民权利，维护社会秩序。

五、"手"与法律"有机体"

身体作为组织化的有机体是一个复杂而有序的系统，是由相互联系制约的诸要素所形成的一个复合体。其中的每一个部分既取决于自身的内在结构，又取决于整个身体各要素间的关联，以及该有机体所从属的更高级系统的内在结构。"人以一种全面的方式，也就是说，作为一个完整的人，占有自己的全面的本质。人同世界的任何一种**人的**关系——视觉、听觉、嗅觉、味觉、触觉、思维、直观、感觉、愿望、活动、爱，——总之，他的个体的一切器官，正象在形式上直接是社会的器官的那些器官一样，通过自己的**对象性**关系，即通过自己**同对象的关系**而占有对象。"② 人的身体，是由能够共同完成一种或几种生理功能而组成的多个器官的总称。组成系统的多个器官，一般是互相连接的，如呼吸系统由鼻、咽、喉、气管、支气管、肺等器官组成；也有分散在体内各部的，如内分泌系统由垂体、甲状腺、肾上腺等组成。在神经和体液调节下，所有系统互相联系、互相制约地执行其生理功能，以保证机体代

---

① ［美］E. 博登海默：《法理学：法律哲学与法律方法》，邓正来译，360～361 页，北京，中国政法大学出版社，1999。

② 《马克思恩格斯全集》，中文 1 版，第 42 卷，123～124 页，北京，人民出版社，1972。

谢的进行和生命的延续。在法律有机体的隐喻系统中，各个隐喻相互影响、相互制约，相应地该隐喻系统也外显为一套话语体系。没有一个拟人化词语是无牵无挂的孤子，它总是与隐喻系统内别的词语有着千丝万缕的牵连。因而，了解这些个别的词语，就要把握它的相关脉络。拎出任何一个拟人化词语，必然牵涉到一个相互影响、相互制约的隐喻系统。马克思在批判普鲁士国家法律时指出："把林木占有者的奴仆变为国家权威的代表的这种逻辑，使国家权威变成林木占有者的奴仆。整个国家制度和各种行政机构的作用都应该脱离常规，都应该沦为林木占有者的工具；林木占有者的利益应该成为左右整个机构的灵魂。一切国家机关都应成为林木占有者的耳、目、手、足，为林木占有者的利益探听、窥视、估价、守护、逮捕和奔波。"① 在系统论中，作为整体有机组成部分的每一个要素都映现着整体，与独立的要素呈现出根本不同的性质。手只能是人身体上的手，离开身体的"手"就不是手。身体还规定了诸器官在有机体中不同的地位和作用，以及手与其他各身体器官的联系。

　　第一，手与头。有关心与手关系的成语很常见："心手相应""心慈手软""心狠手辣""心灵手巧""十指连心"等。在汉语中，头、大脑往往被"心"所替代，这些成语实际表达的是手和头之间的密切关系。"手的技能取决于大脑，取决于它和大脑高级枢纽的关系。生动灵巧的手是聪明敏捷大脑的产物。"② 通常，大脑是用来思考、决断的器官，它代表意志；而手则受大脑的支配，代表行为。"在罗马用头（Caput）之具体语，表完全之人格，又以手（Manus）之具体语，为对于家族、家产及奴隶之权力之总称。以头部为体躯中之最要部，最为易见，手为体躯中有实力之机关，以之表示一切之有权力者，实有腕力即权力之原始状态之遗风。迨后手之用例分化，对于手之权力，即称亲权（potestas），对于家财及奴隶之权力，称 dominium。手之语，仅用于对于妻子权力之夫权而已，其他于地役，用奴隶（Servitus）之比喻语，于债务、用纽，或束缚（Obligatis），或用法之锁（Vinculum Juris）之形容词之例不少。"③ 在法律上，"头"代表着人格，是个人独特性的表现，而"手"则是"头"所思所想的实施者、行为者。

---

① 《马克思恩格斯全集》，中文 1 版，第 1 卷，160 页，北京，人民出版社，1956。
② 吕品田：《动手有功》，41 页，重庆，重庆大学出版社，2014。
③ 〔日〕穗积陈重：《法律进化论》，黄尊三等译，103 页，北京，中国政法大学出版社，2003。

　　第二，手与口。行为是指人们在一定目的、欲望、意识、意志支配下，通过身体、言语所做出的外部举动。其中，身体行为，指通过人的身体（躯体及四肢）的任何部位而做出的外部举动；言语行为，是指通过言语表达而对他人产生影响的行为。由此看来，手与口都是行为实施的身体器官。英国哲学家奥斯丁认为，有一类话语，它们由陈述句的语法构成，但它们并不履行描述或陈述功能。说话本身就是在实施这类活动或履行其中的一部分，因此，说话就是做事，这类话语就是"施行话语"。施行话语的首要功用是做事，不是陈述事实或描述事态。因而，手与口都是法律行为的实施主体。"在古代社会中，他—最重要者，即—权利之存在，必由创设此权利之方式，将之明白表现之，以昭公信，因此在当时，不仅对于各个法律行为，在用语上各有一套固定之方式，并且照例还有一种代表权利之象征的行为。一切既成权利之本质，务必使人见之即知，听之即明，能用五官以辨别之。吾人在采究古日耳曼人之各种法律行为上，可发现在当时矛或杖二物，在法律行为中占一极重要之地位。又除所谓护手甲一类之物而外，尚可见草块与条枝（turf and twig）等其他代表权利之象征物。此外，除种种权利象征物外，同时亦可见有代表权利移转或接受之象征的举动与表情。如用一句古日耳曼之习语表之，即一切法律行为概由手与口所完成者。"① 罗马法中的口头契约，就是以"问"（要约）与"答"（承诺）两个要素相结合而构成的。"通过话语缔结的（verbis）债是以询问和问答的方式达成的，比如：'你答应给付？''我答应'，'你给付？''我给付'，'你允许？''我允诺'，'你应保？''我应保'，'你担保？''我担保'，'你做？''我做。'"② 在古罗马有这样一个信仰：右手中握着诚实。就是说，对于他人的信赖是用右手来表达的。整个信仰后来一直存续在法兰克的惯例中。③ "日尔曼法中，真正的法律约定在大多情况下是与右手的手势有关系的。比如在宣誓前先伸出右手，或者把自己的右手插入签约的对方或者对合同作出保证的第三者手里。这种场合有一种说法叫作'手的誓言'或者'身体的誓言'。

---

① ［美］孟罗·斯密：《欧陆法律发达史》，姚梅镇译，52～53 页，北京，中国政法大学出版社，1999。

② ［古罗马］盖尤斯：《盖尤斯法学阶梯》，黄风译，163 页，北京，中国政法大学出版社，2008。

③ 参见［法］让-比埃尔·博：《手的失窃史：肉体的法制史》，周英译，109 页，上海，华东师范大学出版社，2014。

此仪式在封建臣服礼中还原封不动地被保留了下来，但在平民的习惯中则被简化成了击掌（用双方的右手拍出响声来）的方式。"①

第三，手与眼睛。眼睛是人的视觉器官，它能辨别不同的颜色和不同亮度的光线，并将这些信息转变成神经信号，传送给大脑。一双敏锐的眼睛能够明察秋毫，发现真相。理性的人，往往先用眼睛观察，接着用大脑来分析，并辨别是非利害，然后再用手等器官实施行为。德国法学家施托莱斯以"法律的眼睛"，来比喻公民依据宪法和法律对公权力进行监督。"法律的眼睛"就是公民的眼睛。在自由宪政国家，由人民代表决议通过的法律成为真正的塑造政治格局的工具。它通过确定、公开的程序实现，它必须符合一国宪法的全部具体规定，须以法治的方式加以实施。这意味着，"法律的眼睛"不仅注视着公民们，也注视着适用法律的政治家、公务员、法官和警察。② 在一个民主法治的社会，作为公权力行使者之"手"，必须接受"法律的眼睛"的严格监督。

六、通过并超越"手"的法律想象

手只是身体的一个器官，但是，经过法学家的思维加工，便成为法律隐喻的绝好喻体。在人类早期，手的直观形象是构建法律制度的重要素材；在发达的社会中，手的使命也很重要，它的意象是法学家们进行制度性想象的酵母。

第一，通过"手"界定权利、权力的空间。"手现在仍然存在于神圣不可侵犯的个人空间这一概念中，对这种空间的侵入有时会构成法律意义上的侵犯，如强奸罪和侵犯人身罪，但是对今天的我们而言，它大多只会引发社交意义上的冒犯和道德要求。道德意义上的身体并不是戛然而止于皮肤；存在着从皮肤延伸到外面的一个不断弱化的力场，它建立了一个我们通过道德权利来主张属于我们自己的空间。试想一下身体，它本身就是被一块不断变化但又绝对可预测形态的灰色区域所围绕的一点。在有些情况下，这个区域非常小，甚至不能完全涵盖我们的皮肤，就如同我们试图挤进体育场观看比赛时受到身边人群严重挤压一样。在另外情况下，这个区域却可以扩张到涵盖我们的办公室，甚至整个房子

---

① ［法］让-比埃尔·博：《手的失窃史：肉体的法制史》，周英译，110 页，上海，华东师范大学出版社，2014。

② 参见［德］米歇尔·施托莱斯：《法律的眼睛》，杨贝译，中文版序言，北京，中国政法大学出版社，2012。

和庭院。我们的手就在那个领域中宣示它的权力；从某种意义上讲，它就是那个领域。手正是这样一个空间，在这个空间里我们公正地认为，他人要么必须考虑我们对获得特定待遇的要求，要么处于向我们正式进犯的关系中；手还是这样一个空间，即我们在空间里负有保护他人的责任，当我们允许他人进入时，像好客之道这样的概念通常就包含了这些保护责任。"① 在人类早期，对手的认知，构成了权利、权力想象的基础。一个人手的控制范围，也就是他权利或权力的空间。伸手，就是权利、权力的行使；缩手，就是权利、权力的限缩；转手，就是权利、权力的让渡；收手，就是权利、权力的放弃。

　　第二，"手"控制范围的扩展。"许多精神和象征性的力量都源自于手。一个国王可以用他的命令来延伸他的手／手。"② 手划定了一个以身体为核心的空间，这个空间超越肌肤延伸至社会、精神与法律领域，大大扩展了身体所及的范围。它能延伸到肌肤以外多远是由权力和荣誉所决定的，并且随年龄、性别和司法地位的不同而有所变化。"手从精神和法律上扩展它自己以保护和主张它的司法管辖空间。因此就有了意味着约束、接受、转让的 handshakes（握手）、handclaps（拍手）与 handsels（一手交一手）；罗马法中有 manumissions（解除奴役）、emancipations（解放）和 manucaptions（控制）；还有法语和普通法中的 mainrises（保释），甚至还有 mortmain（永久保管），即坟墓中死者之手扩展至坟墓以外的控制。在这些礼仪中的每一只手都在扩张它自己，时而让渡，时而紧握。手是占有、拥有与持有、紧握与抓住、给予和'交出'（handing over）的工具。主张一个权利继而对其进行保护和防卫的实质就在于用手来抓、握与夺取。这意味着手成了占有与保护它所占有之物的象征。因此，手象征性地控制着孩子，并在养育和婚姻中将他们交出去。手就是我那被如此设想的手要延伸的空间。关于在这个空间里出现的所有事物，我都可以宣称我拥有一项权利或与我有利害关系。那么手不仅仅是指我的势力范围；它使我的空间、我的所有物、我的自我与我的荣誉之间不存在任何清晰的区别。"③ 在现代法律中，"手"的控制范围大幅扩展，从有体物到无体物，从物质界到精神界，从人在世到人死后，都在它的掌

---

　　① ［美］威廉·伊恩·米勒：《以眼还眼》，郑文龙、廖溢爱译，167 页，杭州，浙江人民出版社，2009。
　　② 同上书，171～172 页。
　　③ 同上书，169～170 页。

控之下。

第三，超越"手"的法律拟制。黑格尔指出："物的占有有时是直接的身体把握，有时是给物以定形，有时是单纯的标志。""身体把握只能行之单一物，反之，标志是借观念而占有。在后一种情况，我用观念来对待物，并且认为全部是我的，而不仅仅以我身体所能占有的部分为限。""从感性方面说，身体把握是最完善的占有方式，因为我是直接体现在这占有中，从而我的意志也同样可被认识到。但是一般说来，这种占有方式仅仅是主观的、暂时的，而且从对象的范围说来，以及用于对象的质的本性之故，都受到极大的限制。如果我能把某物跟我用其他方法所取得而已属于我的东西联系起来，或者某物偶然地加入这种联系，那末，这多少可使这种占有方式扩大范围；至于利用其他中介作用也可达到同样结果。"① 法学家通过根据手、又超越手的抽象与构思，构建包括法律拟制等各种有效的法律调整手段。"在罗马法的许多情形之中，占有也能够通过并没有此种直接接触的物理行为被获得，这种行为就被认为是象征性行为，借助于法律拟制，此种行为就能够体现真正的占有获取"②。

交付，是指将动产的占有权由一个人转让给另一个人，交付可以是移交某货物的实际交付，也可以根据法律而推定交付。交付，就是转手，即出手与入手的组合。罗马法有一条"长手让渡"规则，如果我要你将你欠我的钱或其他物放在我能够看到的地方，你这样做了，那么你的责任就会被免除，物就成为我的；因为在这种情形下，没有其他人能够对物或钱进行实际控制，它被我取得。③ 在英国法中，"长手交付"的最明显例子，就是交付（有时须背书）海上货物的"提单"。货物虽远在海上，遥隔数千里，但这行为就使受背书人取得货物的占有；因为船主于到达之时，必须凭单交货。美国的"长臂法"（long arm statutes）规定，对非本州居民或法人的被告，如果和本州存在某种联系，则可通过传票的替代送达对之行使对人管辖权。④ 为了交易、诉讼的便利，人们通过法律拟制的方式，有意地将不同的事项等同看待，赋予相同的法律效果，

---

① ［德］黑格尔：《法哲学原理》，范扬、张企泰译，62 页，北京，商务印书馆，1961。

② ［德］弗里德里希·卡尔·冯·萨维尼：《论占有》，朱虎、刘智慧译，153 页，北京，法律出版社，2007。

③ 参见上书，164 页。

④ 参见薛波主编：《元照英美法词典》，866 页，北京，法律出版社，2003。

且不许人们反驳，以化解纠纷、保障权利、维护社会秩序。

　　在法学中，曾经地位显赫的"手"，其将来的走势到底如何，值得人们深思。现代生产活动，预先都被技术理性以数学方式加以描述和设定，并通过相应的技术手段向现代工具转化。从根本上割裂物我关系的技术理性，为现代工具装上非人格化的"机心"，促使它不断"自我扩张"。日趋综合自动化的技术法则、性能和品质，对人显示出无法"在手"的异己性、庞大性和复杂性。冷漠的"机心"透过技术界面，表达了咄咄逼人的技术意志，它逼人"撒手"、与之"离异"。它不再"授人以柄"，受人掌控把握的"把柄"消失了。① 在当今社会，肉身之手的功能逐渐被机器之"手"所替代，这迫使人们思考：它还能在多大程度上继续为法学发展提供制度性想象？

---

① 参见吕品田：《动手有功》，86～87 页，重庆，重庆大学出版社，2014。

第11章　颜色的法律隐喻

隐喻是一种语义的替代和转换，是从知识的一个领域转换到另一个领域的选择活动。法律隐喻，是法学家为了理解或解释某一法律问题（本体）而借用其他领域的概念（喻体），以实现从其他知识领域到法律领域的意义转换的思维活动，是法学中常用的定义方式和认知方法。其中，对象域是法学家意欲解释或解决的概念或问题，而来源域则是法学家用来理解或解释对象而借自另一领域的概念。在法律领域，人们也往往选择各种各样的喻体，来表征作为认识目标的法律现象。而颜色是一种重要的自然现象，它映入大脑后，会条件反射式地触发人们某种积极或消极的情感，使人们在理性思考的同时产生某种强烈的情感暗示。颜色唤起各种情绪，表达情绪，甚至影响人们正常的生理心理感受。[①] 在国际政治领域，颜色往往成为传递特定政治理念的媒介与手段。例如，在塞尔维亚、格鲁吉亚、乌克兰和吉尔吉斯斯坦等国家，人们通常采用一种特别的颜色或者花朵来作为其标志。参与者们通常通过非暴力手段来抵制他们所认为的独裁政府，拥护民主、自由以及国家的独立，发动所谓的"颜色革命"（Colour Revolution），并取得了成功。同样，在法律领域，颜色的象征意义也不可小视。人类在熟悉、掌握了颜色的基本类型与特点之后，可将其投射于对法律现象的认知与表达，从而形成大量的以颜色为喻体的法律隐喻。本书将在搜集散在、杂多的相关素材的基础上，根据一定的标准进行分类组合，粗线条地描绘出一幅颜色法律隐喻的图画。

一、白色法律隐喻

白色容易让人们联想起自然界中的白天、白云、白雪，它表示高洁、

---

①　参见 ［美］卡洛琳·M·布鲁墨：《视觉原理》，张功钤译，130 页，北京，北京大学出版社，1987。

纯净、素雅。例如，白领犯罪，指受社会尊重及具有较高社会与经济地位者，在其职业活动中谋取不法利益而破坏刑法的行为。"白领"指接受过高等教育，拥有较高的社会地位、良好工作条件和丰厚薪酬的非体力劳动者，因为这类工作者往往打扮得干净体面，故得称。用"白领"一词隐喻此类犯罪，一则直观地反映了此类犯罪的鲜明主体特征，二则生动地体现了此类犯罪的非暴力性、技术性及对权力的依附性。例如，白帽（White Bonnet），是英国律师所佩戴的一种象征其地位的装饰物，是一种系住下巴、紧贴着头的白色亚麻布或丝质的帽子，其上还会系戴一顶黑色便帽。后为一块不足一英寸宽的白色皱褶取代，它的周围有一圈直径不到两英寸、圆而光滑的黑丝，用以代表白帽和黑便帽。所谓白帽阶层是指英格兰律师界中的高级律师阶层。① 再如，"白色骑士"，也称为"友好的投资者"，是对某个陷入危机的公司提供帮助的公司或个人。它分为两种类型：一种类型是将目标公司从一场恶意收购中解救出来的个人或公司。它或掌握目标公司的决定性股权，或进行竞争性投标，以此向陷入敌意收购的目标公司提供援助。另一种类型是对陷入债务危机的公司进行收购的公司或个人。"白色骑士"对这类公司进行收购后，或者重建它，或者合并它。白色在西方国家象征着正义和光明，骑士更是勇敢的化身，用"白色骑士"来代表恶意收购的解救者，非常生动地表现其救人于危难之中、雪中送炭的形象。

　　白色并不尽是褒义的，它也可能意指空白无物、无端虚构、凭空编造。例如，白条抵库，是指以不符合财务制度和会计凭证手续的字条和单据，抵充库存现金或实物的行为。在借出、挪用或暂付财物时，没有发票或收据等正规付款凭证，只是用白纸写一张收条作为凭据用以库存。白条抵库轻则属违法行为，重则可以演变为犯罪行为，它不仅扰乱单位的财务管理，更为挪用公款提供了途径，所以被严厉禁止。白发票，是指不符合会计制度和正规凭证要求的收款证明和发货票等，这种凭证一般不能作为记账依据。最典型的是在白纸上直接书写而成的字条或单据，其格式和所经手续都不符合制度要求，故称为"白发票"，也即"白条"②。白契是中国古代不动产买卖、典当契约的一种，因未向官府纳税

---

① 参见［英］戴维·M·沃克：《牛津法律大辞典》，李双元等译，219 页，北京，法律出版社，2003。

② 曾庆敏：《法学大辞典》，134 页，上海，上海辞书出版社，1998。

加盖官印，与经官府加盖官印并纳税的红契相对，故称白契，它是没有法律效力的。白状，指古时民间自诉状。元代巡检司在执行公务的时候常常扰民，"捏合事端，私授白状"，故在《元典章》中被明令禁止。

二、黑色法律隐喻

黑色容易让人联想起夜晚、墨汁等物，它象征着深沉、庄严、有力。例如，法官的黑色方帽（Black Cap）。英国高等法院法官在各种隆重仪式和庄严场合上佩戴的一种形帽。此帽是置于法官假发上的一种丝质方形帽子，帽子四角中的一角必须朝着正前方。以前，法官在宣判犯人死刑的时候戴该种帽子。如今英国虽然已经废除死刑，但佩戴黑色方帽的习俗依然延续下来，例如每年 9 月份伦敦市长旁听法庭审判时，法官就必须佩戴该帽。黑色代表隆重、庄严、权威之意，正与法庭的庄严氛围和法律的严肃特征相符；同时，黑色也象征着死亡，在宣告死刑时佩戴该帽，显出了一种悲哀、消沉之感。黑暗会议（Black Parliament），是 1320 年在斯克恩举行的一次苏格兰议会。由于这次议会针对那些与威廉·戴·梭利爵士反对国王罗伯特一世（布鲁斯）阴谋有牵连的人施加了非常野蛮的刑罚，暴力、血腥而恐怖，因而命名为"黑色"。英格兰改革议会各项措施的反对者们有时用此词来指称改革议会。① 财政黑皮书（Black Book of the Exchequer）是英国历史上的一种记录书，其中包含条约、惯例、宪章、教皇命令及英国其他官方文件。在中国法律文化中，黑脸包公是刚直不阿、执法如山的法官象征，其中的"黑"脸更是铁面无私、不讲情面的符号。

黑颜色在某些场合也暗示着来路不明，不能认清其本来面目，进而也指涉为主流社会所否认的地下活动，甚至是违法犯罪行为。此类法律隐喻有："黑色法典"，即 1685 年路易十四颁布的一个法典。它命令将犹太人赶出法国殖民地，禁止非天主教徒在那里开业，并为法国奴隶社会统治提供了一种基本结构。② 黑名单（Blacklist），是英国对敌贸易法中对敌性商行所列的名单，此名单中所列国家的商行被禁止与英国商行交易，英国借此对敌对国进行经济封锁；或指记录被驱逐或被判处刑罚的

---

① 参见［英］戴维·M·沃克：《牛津法律大辞典》，李双元等译，122 页，北京，法律出版社，2003。

② 参见薛波主编：《元照英美法词典》，155 页，北京，法律出版社，2006。

人名字的名单。黑包（black bag），即贿金，如东道国给予来访的美国政界要人一笔以当地货币支付的钱，通常相当于 75 美元一天，这笔钱多数从美国给该国的援助基金里提取。[①]"黑暗之袋"工作（black bag job），美国俚语，指秘密调查工作，是美国联邦调查局的一种调查活动，此类调查往往在无搜查证的情况下进行（例如非法闯入住宅，未经批准进行窃听和扣押邮件等），故其合法性受到质疑。这些活动通常以国家安全的名义进行，但实际上常为政治目的而被滥用。[②] 黑社会性质组织，是指以暴力、威胁或者其他手段，有组织地进行犯罪活动，称霸一方，为非作恶、欺压、残害群众，严重破坏经济、社会生活秩序的反社会组织。"黑社会"是英语 under-world society 的译语，主要指具有一定政治、经济目的，秘密从事卖淫、贩毒、盗窃、抢劫等非法活动的社会集团。还有，"黑钱"是指用不法手段得来的钱，由此又派生出相关联的"洗钱"一词，形成法律隐喻的词语链。我国《反洗钱法》第 2 条规定，洗钱是指通过各种方式掩饰、隐瞒毒品犯罪、黑社会性质的组织犯罪、恐怖活动犯罪、走私犯罪、贪污贿赂犯罪、破坏金融管理秩序犯罪、金融诈骗犯罪等犯罪所得及其收益的来源和性质的洗钱活动。在汉语中"洗"的主要含义是用水或汽油等去掉泥污，例如洗衣服、洗车。《辞海》中对"洗钱"的解释是，将非法所得的钱财（俗称"黑钱"）通过一定方式变为合法收入。毒品交易、贿赂、走私、逃税等都会产生"黑钱"，为掩饰、隐瞒其来源和性质，采取提供资金账户、资金转移、存入境外银行、复杂的金融交易等手段，将"黑钱""洗"得合法化，这一过程即为"洗钱"。

三、灰色法律隐喻

灰色是介于黑色和白色之间的颜色，并不如后两者那样色调分明，它有模糊、中庸、暗沉、压抑之意，在法律领域内常常被用来指称介于合法与非法之间的法律行为。例如，灰色市场进口（Grey Market Importation），又称平行进口，指同一知识产权在两个国家分别获得法律保护，其中一国进口商在未经本国权利人许可的情况下将另一国含有该知识产权的产品进口至本国的行为。灰色市场进口行为介于合法与违法之间，

---

① 参见薛波主编：《元照英美法词典》，165 页，北京，法律出版社，2006。
② 参见上书，155 页。

对于其是否侵权仍然存在争议，故称为"灰色"①。"灰色区域"论，是指某一技术成果难以确定是职务发明还是非职务发明，该技术成果的归属也因此存在争议：一种理论认为该成果应由单位与发明者个人共同享有，另一种理论认为应由一方单独享有。灰市收养（gray-market adoption），是生父母和养父母之间直接进行的，不通过政府代理机构办理手续的收养行为。通常，灰市收养由律师、法律顾问或医生等作为中间人进行。在收养手续完善之前，生父母仍保留对子女的法律监护权。灰色区域（gray area），指关贸总协定成员国采取的游离于合法与非法之间的贸易政策措施，这些措施处在关贸总协定的监督措施所不及的漏洞之中；在刑法中，它指处于"非法"和"犯罪"中间地带的行为。

四、红色法律隐喻

红色象征着热量、活力、意志力、火焰、力量，通常有激励作用，生活中红色通常被赋予冒险精神，代表意志力坚强，积极与豁达，庄严、吉祥、喜庆、鲜艳，激情四溢。尤其在中国，红色特别象征着吉利、欢喜，也是象征革命、进步的色彩，最为人们所钟爱。1949 年 7 月新政治协商会议筹备会征求新中国国旗图案时，即要求"色彩以红色为主"②。自从政协筹备会发起征求国旗图案以来，为时不久，应征的图案即达2992 幅。据此，政协筹委会编印了一本"国旗图案参考资料"，上面有38 种国旗草案，旗底均为红色。开会讨论国旗图案时，政协代表对此也都予以肯定，认为红色象征革命，应是新中国国旗的主要颜色。1949 年9 月 28 日，中国人民政治协商会议第一届全体会议最终确定了国旗图案。旗面为红色，长方形，其长与高为三与二之比，旗面左上方缀黄色五角星五颗。一星较大，其外接圆直径为旗高十分之三，居左；四星较小，其外接圆直径为旗高十分之一，环拱于大星之右。旗杆套为白色。③ 再如，"红包"，最初在民间是指用红纸包裹的钱，它往往由长辈送给晚辈，寓意吉祥平安；或者在婚嫁喜事期间作为贺礼；或者是表达诚挚的感谢之情的酬谢。但随着时间的推移，红包又发展出衍生义，送红包表示贿

---

①　中国社会科学院法学研究所法律辞典编委会编：《法律词典》，676 页，北京，法律出版社，2003。

②　《新政协筹备会制定条例　征求国旗国徽图案及国歌辞谱》，载《人民日报》，1949 - 07 - 13。

③　参见《人民政协主席团公布国旗制法说明》，载《人民日报》，1949 - 09 - 28。

赂行为，接红包是一种受贿行为。红鲱鱼招股说明书（Red Herring Pro-spectus）是有价证券发行人提交给证券交易委员会的一种招股说明书，它象征着证券发行的申请已经被证交会记录在案且尚待审批，在审批核准前该有价证券尚不能被用于买卖。红鲱鱼是英语俚语，本意是一种腌制的青鱼，由于味道鲜美，常用来做钓大鱼的饵。红鲱鱼招股说明书虽然仍不具备效力（未被批准），但也不失为吸引买方注意力的鱼饵。

另外，红色由于其波长最长，人眼对其比较敏感，因而红色也有警示作用。例如，"红头文件"，指行政机关针对不特定的公民和组织而制发的文件，这类文件对公众有约束力，涉及他们的权利和义务，也就是法律用语所称的行政法规、规章以外的其他具有普遍约束力的规范性文件。"白契"，是在土地交易时不向政府注册以避免纳税的契约；与此不同，"红契"是向县府注册过并纳过税的契约。① 清朝规定，买卖、典当房屋、土地，须向州县纳税，由州县将税据粘连于布政使司颁发的契约纸的契尾，加盖钤印，才能成为正式的合法契约。

五、绿色法律隐喻

树叶和青草都是绿色的，故绿色是有生命力、安全、健康的代表色，常与环境保护与资源合理利用的相关法律制度相联系。例如，徐国栋先生将体现永续发展理念的民法典草案，称为"绿色民法典草案"。在现代生活条件下，人类与资源的紧张关系以及由此而产生的人与人之间的紧张关系是法律的基本课题。人类正倾向于耗尽地球上的资源，从而给人类本身的继续生存带来了危机。在中国这样的人口大国，人与资源的关系更加紧张，因而以法律维持人与资源的平衡关系的任务更加迫切。因此，民法典应将"节约资源，保护环境"当作基本原则和所有权的义务加以规定，并在一切其他规定中体现这一原则。② 绿色食品标志（Brand of Green Food），是经中国国家工商行政管理局注册的质量证明商标，用以标识、证明无污染的安全、优质、营养类食品及与此类食品相关的事物。③ 绿色壁垒（Green Rampart），也称"环境壁垒"，指为了保护本国

---

① 参见黄宗智：《清代的法律、社会与文化：民法的表达与实践》，40 页，上海，上海书店出版社，2001。

② 参见徐国栋：《中国民法典起草思路论战》，60 页，北京，中国政法大学出版社，2001。

③ 参见中国社会科学院法学研究所法律辞典编委会编：《法律词典》，926 页，北京，法律出版社，2003。

或本地区环境和经济利益而附加的进口贸易条件及限制措施。绿色标识（Green Marker）也称环境标识，用来表明产品的生产、使用及处置过程全部符合环保要求。绿色犯罪（Green Crime）即危害环境的犯罪。还有，绿色是由蓝色和黄色对半混合而成，因此绿色也被看作是一种和谐的颜色，让人联想到朝气、宁静、平和。例如，常青合同（evergreen contract）是指除非任一缔约方通知其他缔约方终止之，否则到期之后自动续期的一种合同。

六、黄色法律隐喻

在中国古代，黄色是至尊、至贵的象征，因此，把它奉为"帝王之色"，明亮的黄色烘托出一种皇家气象。帝王的服饰、车骑、仪仗多以黄色为饰。北京的故宫是明清两代的皇宫，被视为尊位的屋顶盖有黄色的琉璃瓦。在现代，黄色是秋叶、黄金、黄花的颜色，可以象征崇高、美好、神圣。另外，黄色也有衰败、庸俗、下流之意。在法律领域，黄色往往表达的是负面意义。例如，黄狗合同（Yellow Dog Contract），是19世纪末20世纪初在美国常见的一种契约，它规定雇员在其受雇期间不得参加工会，这使得雇主能够对试图使工人参加工会的工会组织者提起法律诉讼。① 黄狗（yellow-dog）一词源于美国矿工联合会发表的一篇文章，其中称：签订此类条约（即黄狗条约）意味着自动放弃宪法和法律赋予自己的权利，使自己无助地屈从于雇主，让自己陷入像黄狗一样的境地。黄色工会，是指被资产阶级、右翼社会党人所把持，阻止罢工、破坏工人阶级团结的工会。在工人与工厂主之间产生矛盾时，他们往往主张劳资谈判而不支持罢工。黄色工会一词最初源于19世纪法国，当时有一个工会被工厂主收买，阻止工人罢工，工人知道后愤怒地砸破工会的玻璃，工会不得不用黄色的纸糊住窗户来挡风遮阳，故该工会被工人们称为黄色工会。黄色文化，指内容低级、下流、颓废或者具体描绘凶杀、性行为，露骨宣扬色情的文化。②

结语

在日常生活中，颜色往往引起特定的生理反应，进而被赋予了特定

---

① 参见［美］克米特·L·霍尔主编：《牛津美国联邦最高法院指南》，许明月等译，1038页，北京，北京大学出版社，2009。
② 参见高铭暄：《中华法学大辞典·刑法学卷》，309页，北京，中国检察出版社，1996。

的价值意蕴。而在法律领域，许多的法律术语、法律思维与颜色文化、颜色心理相结合，形成了独特的法律文化，极大地丰富了法律的表现力；同时，颜色法律隐喻也增强了法律的娱人、化人功能，改变了社会成员对于法律的束缚性、约束性、压迫性的消极意象，有助于将权利义务内化为心理的自觉追求，从而主动地遵守、信仰、爱护、捍卫法律。本书初步描述了白色、黑色、灰色、红色、绿色和黄色这六种常见的颜色法律隐喻，实际上，在法律领域还存在紫色、棕色、金色、蓝色等纯色，以及各式混合颜色的炫目斑斓的颜色法律隐喻，需要法学家们从芜杂的素材中做披沙拣金式的发现与筛选。

在法学中，"比喻说法往往来自类推（analogy）"[①]，"隐喻就是一种类比"[②]。类比推理是根据两个事物在一系列属性上是相同的，而且已知其中的一个事物还具有其他特定属性，由此推出另一个事物也具有同样的其他属性的结论。法律隐喻以某种特定的价值取向为前提，通过将法律现象与其他事物并置，可以发现两种事物之间存在着事先未被注意到或未被发现的相似性。与其他喻体不同，颜色与特定法律现象之间的"相似"，更侧重于内在的社会心理层面的联系与把握。虽然有些色彩人类对其有着普遍的心理反应，但还有些色彩人们对其则有着各自不同的特殊反应。在不同的文化背景中，颜色可能具有相异的象征意义，因而在研究颜色法律隐喻时，必须基于社会的色彩心理学，做"语境论"的分析。

---

① ［奥］凯尔森：《法与国家的一般理论》，沈宗灵译，37 页，北京，中国大百科全书出版社，1996。

② ［美］理查德·A·波斯纳：《法理学问题》，苏力译，116 页，北京，中国政法大学出版社，2002。

图书在版编目（CIP）数据

法律隐喻学/刘风景著 . —北京：中国人民大学出版社，2016.11
（国家社科基金后期资助项目）
ISBN 978-7-300-23577-6

Ⅰ.①法… Ⅱ.①刘… Ⅲ.①法学—隐喻—研究 Ⅳ.①D90

中国版本图书馆 CIP 数据核字（2016）第 270359 号

国家社科基金后期资助项目
法律隐喻学
刘风景　著
Falü Yinyuxue

出版发行	中国人民大学出版社			
社　　址	北京中关村大街 31 号	**邮政编码**	100080	
电　　话	010－62511242（总编室）	010－62511770（质管部）		
	010－82501766（邮购部）	010－62514148（门市部）		
	010－62515195（发行公司）	010－62515275（盗版举报）		
网　　址	http://www.crup.com.cn			
经　　销	新华书店			
印　　刷	涿州市星河印刷有限公司			
开　　本	720 mm×1000 mm　1/16	**版　　次**	2016 年 11 月第 1 版	
印　　张	14.25 插页 2	**印　　次**	2024 年 5 月第 2 次印刷	
字　　数	223 000	**定　　价**	84.00 元	

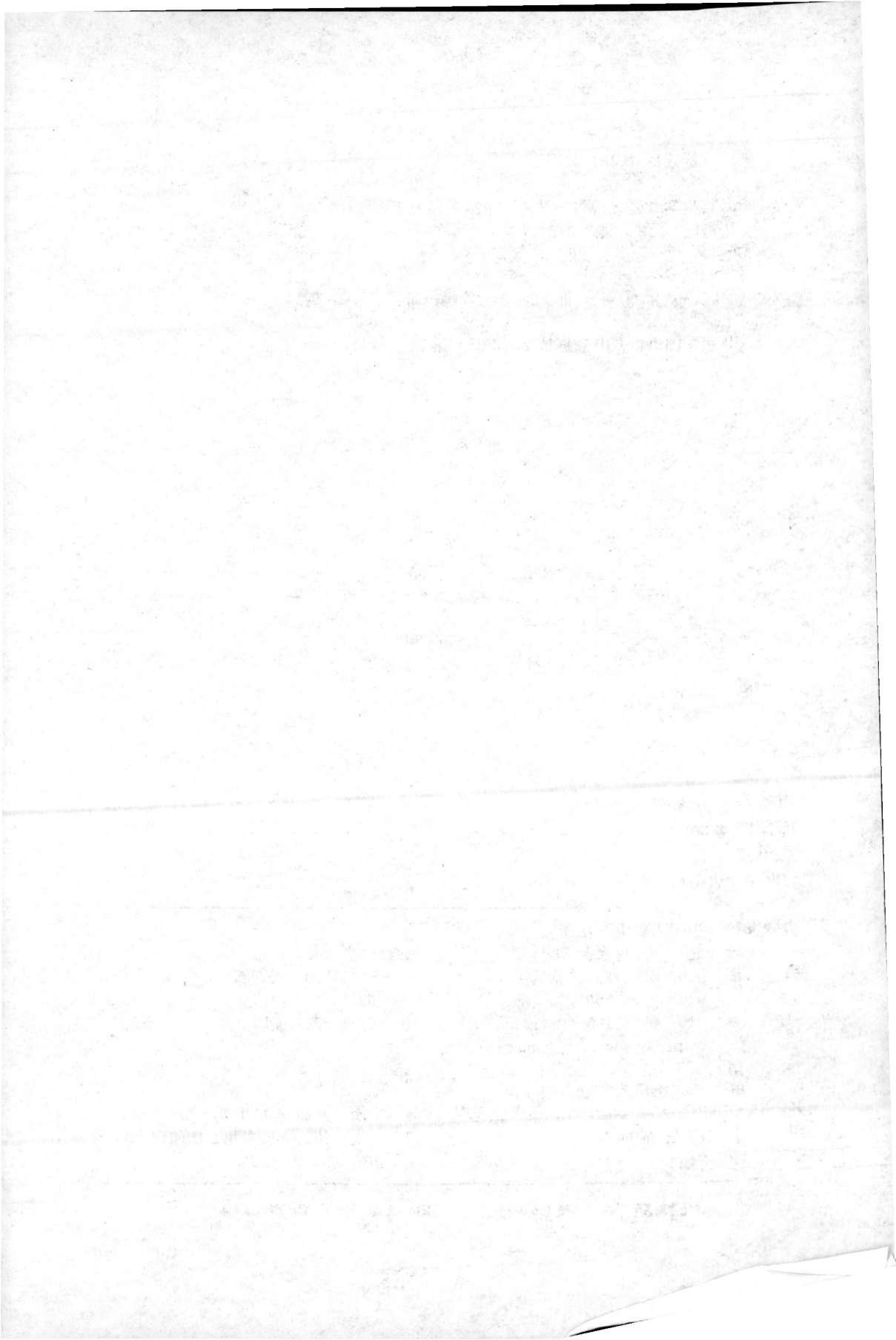